服装企业信息化工程

谢 红 编著

东华大学 出版社

图书在版编目(CIP)数据

服装企业信息化工程/谢红编著. —上海:东华大学出版社,
2013.10

ISBN 978 - 7 - 5669 - 0363 - 1

Ⅰ. ①服… Ⅱ. ①谢… Ⅲ. ①服装企业—企业信息化
Ⅳ. ①F407.866.14

中国版本图书馆 CIP 数据核字(2013)第 218264 号

服装企业信息化工程

Fuzhuang Qiye Xinxihua Gongcheng

编著/ 谢 红

责任编辑/ 谭 英

封面设计/ 陈南山

出版发行/东华大学出版社

上海市延安西路 1882 号

邮政编码:200051

网址/www.dhupress.net

天猫旗舰店/ dhdx.tmall.com

经销/ 全国新华书店

印刷/ 上海龙腾印务有限公司

开本/ 787mm×1096mm 1/16

印张/ 12.25 字数/ 323 千字

版次/ 2013 年 10 月第 1 版

印次/ 2019 年 8 月第 3 次印刷

书号/ ISBN 978 - 7 - 5669 - 0363 - 1

定价/ 35.00 元

目　录

第一章　企业信息化概述

授课重点:本章节重点阐述企业信息化概念、核心思想和基本理论,通过分析其内在本质属性,揭示企业信息化与企业发展的内在关系,明确企业信息化的途径。

知　识　点:企业信息化概念与特征。

思考问题:1)如何理解企业信息化的定义?

　　　　　2)为什么要推进企业信息化建设?

　　　　　3)企业信息化包含哪些内容?

一、信息

信息可以提高人们快速、有效地控制经济社会中各种潜在风险的能力。企业面对的市场总是存在大量不确定的因素,经济决策都是在不确定的情况下做出的,而信息则是不确定性的负量度,即通过获取信息可以减少不确定性。

信息具有许多物质资源不具备的特性,其中最重要的是共享性与增值性。信息是可以共享的,而且信息一旦被发现并公布后,增加信息使用者的边际成本极低,特别是信息技术的迅速发展使信息传播的成本更为降低。而当一个成员的信息与其他成员共享时,企业组织的信息存量会成倍增长,而转让信息的成员并不损失任何东西,而且还有可能在转让过程中使其原有信息得以深化。信息对经济增长的作用是边际收益的递增,这一点与传统经济中生产要素的边际收益递减规律正好相反。

有的学者认为信息是指传递中的知识差。这个定义反映了信息发生的基础与过程,解释了信息价值存在的基础,揭示了信息与经济增长间的关系,表明了信息具有层次性、不可分性和共享性,说明了噪声、信息失真或误差的根本所在。在经济活动中,知识差存在于信息源与用户之间的经济知识度的逻辑差,它表明经济信息存在的事实与度量。

以下为国内外具代表性的关于"信息"的定义:

肯尼斯·阿罗(K. J. ATZow)认为,所谓信息就是根据条件概率原则有效地改变概率的任何观察结果。具体地说,先验概率决定了所有的事件,但某一事件是通过描述与个人福利相关的变量和规定可能观察范围的变量测定的。这样,已知某种观察结果,就将出现有关福利变量概率的条件分布或后验分布。对于某一特定的事件,一切有助于行为者选择行为方式的知识和经验都是有用的信息,通过信息的获取可以减少行为的不确定性。不确定性具有经济成本,因此不确定性的减少就是一项收益。

我国学者孟广均等人认为信息是指人们所感知与表述的事物运动的状态和方式。信息资源是经过人类开发和组织的信息的集合。信息资源根据其加工的纯度和精度分为一般形态的信息资源、知识形态的信息资源和情报形态的资源。一般形态信息资源是经过人类初步加工的信息,是产生知识的基础;知识是在一般形态信息资源的基础上经过进一步的加工和提炼而形成的纯度较高的产品,所有的知识都是信息资源,但并非所有的信息资源都可称为知识;情报是在一般形态信息资源和知识的基础上经过再提炼而形成的纯度更高的信息产品。孟广均等学者把信息分为三个层次,并探讨了三者之间的关系。从中我们可以看出信息链的思想。信息链是指信息从低级向高级运动的过程。信息链主要由五个部分组成:事实(Facts)、数据(Data)、信息(Information)、知识(Knowledge)、智能(Intelligence)。

二、企业信息化

(一) 概念

信息化(informatization)的概念是 20 世纪 60 年代末由日本最先提出来的。1967 年日本政府的一个科学、技术、经济研究小组比照工业化的概念正式提出了信息化的概念,并尝试从经济学的角度界定其内涵:信息化是向信息产业高度发达且在产业结构中具有优势地位的社会——信息社会前进的动态过程,它反映了从可触摸的物质产品起主导作用到难以捉摸的信息产品起主导作用的根本性改变。尽管这一定义并不全面,但它无疑为后来的信息化理论研究及其实践应用确立了一个基本方向,即信息产业。后来美国国家信息基础设施(NII)以及全球信息基础设施(GII)计划的引入,又将信息化研究的重点引向技术层面的探讨。

我国的专家和学者从不同的角度对企业信息化进行了定义:

乌家培认为,企业信息化是指"企业应用信息技术,开发利用信息资源,目的是为了在提高企业活动的效率和水平基础上,最终增加企业的经济效益和增强企业的竞争力,企业信息化的实质是从生产力发展角度考察,企业信息化是要使传统企业向现代企业转化,并不断提高企业的现代化程度"。

张瑜、陈禹认为:"企业信息化是一个战略高效能、多元化平台。"他们指出:"市场经济的现代企业,是一个自我约束、自我适应、自我学习和自我发展的社会经济型组织系统,因此,获得战略优势的内在根据在于围绕战略目标优化组合和充分利用所有资源,形成一个先进的自组织机制。这一切的一个重要的顺应时代要求的战略基础或战略平台,便是企业信息化。"这一定义是少有的从企业组织角度来研究企业信息化,因为大部分学者都是从侧重于生产、设备方面的技术问题入手进行企业信息化研究。

梁滨先生在《企业信息化的基础理论与评价方法》一书中是这样定义企业信息化的:"企业信息化是指信息法人利用现代信息技术,开发企业信息资源,调动人力资源潜能,并建立与之相适应的组织模式,推进企业现代化,提高企业的经济效益和竞争力的过程。"在该定义里,其特别强调了人力资源与企业信息化的关系,即信息化的过程包含了开发人力资源的信息潜能。

企业信息化的核心过程是信息的增值过程,图 1-1 中信息价值曲线可以表达这一过程。

数据负债阶段可以看作是企业信息化的初级阶段,此时只进行了信息化的基础性投入,为数据的收集投入很多,但是对拥有的数据未充分挖掘和利用,没有产生大通效益的阶段;信息

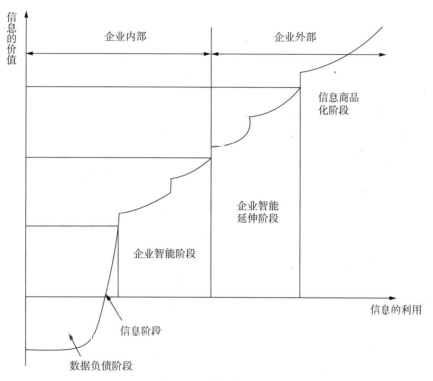

图 1-1 信息价值曲线

阶段是企业开始进行数据挖掘和利用,注重信息的作用的发挥,信息化的效益开始显现出来;企业智能阶段充分体现了共享的思想,从而使企业能够对环境变化迅速反应的阶段;企业智能延伸阶段是企业从智能阶段向信息商品化阶段的过渡;在信息商品化阶段,信息不仅能满足企业自身的需要,而且能够像其他商品一样进行交易,并为企业获利。

理解企业信息化可从以下三方面考虑:

首先,企业信息化不仅仅是引进先进的管理信息系统。一提到企业信息化,很多人马上想到的是 MRP(物料需求计划)、ERP(企业资源计划)等管理信息系统,往往把引进这些管理信息系统看成企业信息化的全部。其实这些只是企业信息化的一部分,企业信息化的内涵要比管理信息系统更加丰富。管理信息系统只是为企业信息化提供了一种技术支持。企业信息化不单纯是技术问题,而是包括企业管理制度、组织结构、运行机制、企业文化在内的深层变革,是一种企业管理的转变。有很多企业认为只要引进管理信息系统就可以产生利益,而没有对管理进行变革,这往往导致投入大量的资金而没有取得效果。

其次,企业信息化强调了企业知识的积累。企业信息化的核心过程是信息的增值过程,是企业知识的积累过程。在当代能取得巨大成功的组织通常是那些知识增长最快的组织。企业通过知识的整合功能将使企业资源得到充分利用,增强了组织的适应能力。

最后,虽然企业信息化的定义多种多样,但其内涵和核心思想是一致的,即将信息技术适时地应用于企业生产和经营,以提高其核心竞争力。

（二）企业信息化的内涵

1. 范围

企业信息化普遍适用于所有行业的各种企业，既涉及到企业经营管理的各个环节，如企业的生产、设计、制造、管理、决策和市场营销等，又涉及到企业经营管理的各个部门，如经营管理部门、研究开发部门、生产部门、销售部门、情报部门等。

2. 内容

企业信息化的内容是多方面的，概括地讲就是利用计算机、软件、网络、通信等各种技术和手段，建设信息网络和应用系统，充分应用信息技术，全面开发和利用信息资源。企业信息化是一个人机合一的系统工程，包括人、计算机、网络硬件、系统平台、数据库平台、软件系统、数字设备等。

3. 目标

企业信息化的目标是加强企业的核心竞争力，增强企业生存和发展的能力。企业通过信息技术整合各种信息资源，进行深度的开发和利用，通过实现企业经营管理、生产管理的信息化，来提高企业对市场需求变化的应对能力和运作效率，增强企业的市场竞争力。

4. 手段

广泛应用计算机、通信和网络等现代信息技术，是企业信息化的基本手段。以往由于信息技术的限制，大多数信息资源都处于闲置状态，未能发挥应有的作用。而现在，信息技术的迅猛发展使信息资源的开发和利用变成现实，信息资源的重要性也日益受到重视。

（三）企业信息化的外延

企业信息化包括销售、生产、服务等方面的内容，而实质是企业管理的信息化，是企业将融合世界先进管理思想的信息技术进一步应用于管理，提高企业管理的效率和效益。企业信息化可以按照企业所处的行业、运营模式、信息化集成度等来进行分类。按企业所处行业分，有制造业信息化、商业信息化、金融业信息化、服务业信息化；按照企业的运营模式分，有离散型企业信息化、流程型企业信息化；按照企业的信息化集成度分，有单元技术、技术部门集成、企业内部集成、企业联盟集成。

从技术手段看，信息技术的发展和在企业中的广泛应用构成了企业信息化的一个显著特征。

从作用对象看，企业信息化是企业对信息资源的组织、开发和利用。

从驱动机制看，企业信息化是以提高企业的生产、管理和决策的效率和水平为目的。

从演化过程看，企业信息化是一个不断提高和改善企业竞争力、效率和效益的动态发展过程。

从系统角度看，企业信息化是一项复杂的系统工程。

三、企业信息化发展过程

信息化浪潮的兴起源于20世纪40年代中期电子计算机的问世。1946年美国研制成功世界上第一台电子计算机,标志着人类计算工具的历史性变革。与蒸汽机的发明开创工业经济时代和扩展人类体力的里程碑一样,电子计算机开创了信息经济时代和扩展人类脑力的里程碑。电子计算机问世,标志着信息革命的开始,此后在全世界范围内兴起信息技术革命,对人类社会产生了空前的影响。信息产业、信息经济应运而生,并蓬勃发展,人类阔步迈向信息化社会。以信息技术为基础的产业已占发达国家国内生产总值的一半以上。在美国,信息的生产、分配、交换和消费已成为社会经济的主要活动。继美国之后,在日本、法国、英国、加拿大等发达国家,信息技术、信息产业、信息经济也惊人的发展。20 世纪 70 年代中后期以来,世界上掀起了一股高新技术的发展热潮,各国都把信息技术等高新技术看作是争夺和抢占 21 世纪领先地位的关键武器,集中力量发展信息搜集、处理、存储、传递、分析和使用等技术及其集成技术,大力开发信息资源,生产高附加值的信息产品,迅速大幅度地增强和提高国力。20 世纪 90 年以来,继美国总统克林顿提出"信息基础结构行动计划"后,信息化成为世界各国政府普遍关注的焦点。英国、法国、德国、俄罗斯、日本、新加坡等许多国家都相继制定并实施了"信息高速公路"计划。整个世界呈现出蓬勃的信息化发展势头。

就信息化系统而言,20 世纪 60 年代出现了电子数据处理系统(EDP)和事务处理系统(TPS),70 年代出现了管理信息系统(MIS)和办公自动化系统(OA),80 年代出现了战略信息系统(SIS)和集成信息系统(IIS),90 年代出现了企业内部网(INTRANET)、外部网(EXTRANET)和国际互联网(INTERNET),还有传统的 CAD/CAE/CAM/CMIS/MRP/ERP 以及发展中的 SCM/CRM/EC/ERPII 等。

四、企业信息化的特征

1. 动态性

无论从总体还是从单个企业考察,企业信息化都呈现出动态过程的特征。就总体而言,企业信息化经历了计算机单项应用、计算机综合应用和计算机网络应用的发展过程;就单个企业而言,计算机的网络应用经历了计算机基层班组联网、部门联网、企业联网的发展过程。

2. 外部关联性

企业外部环境与企业信息化有密切的联系。企业信息化既离不开信息产业的发展和信息技术的进步,也离不开全社会信息网络的完善和供应链上下游企业的信息化的普及。

3. 内部关联性

内部关联性主要是指企业生产经营管理体制以及企业的组织结构和业务流程对企业信息化成败有重要的影响。由于这种内在联系,要成功实现企业信息化,就必须经常对这些因素进行变革。

4. 效益难估性

企业信息化的目的是为了增强企业竞争力,提高生存和发展的能力。然而,信息化究竟在多大程度上实现了这个目标,却是难以精确量化的。另外,企业信息化给企业带来的效益除经济效益外,还有社会效益,而社会效益对企业的影响是间接的,也是难以量化计算的。这些因素都使企业信息化效益难以估计。

五、企业信息化的阶段划分

企业信息化是一项长期的,持久的系统工程,是一个渐进的过程,有其客观的发展阶段和过程,必须分阶段、分系统、分步实施。国外学者提出的诺兰模型、四阶段推移说、米歇模型、系统渐进模型等,我国学者提出的渐进式企业信息化模型均指出了企业信息化的建设应由内向外,由战术层向战略层转变。本书依据其发展过程中信息技术含量和信息内容含量的高低及其整合的程度和范围的不同,将企业信息化过程划分为四个发展阶段。

(一) 第一阶段:单点散状信息化阶段

该阶段是从企业购买第一台计算机开始。开始企业也许只将计算机用于打字,但是对于传统产业的企业而言,第一台计算机的购买和使用具有里程碑的意义,这使得企业知识第一次有了数字化的存在形式,标志着企业对数字化生存的认可,企业的信息化进程从此开始。随后,计算机的购买逐渐增多,并开始在个别部门内应用字处理软件、CAD 软件和财务软件处理数据和文件,个别部门的管理人员开始使用拨号上网等单机形式从互联网上获得信息。该阶段对计算机和软件的应用仅限于对企业某些部门某些信息的数字化,如:打印合同,打印工资报表等,其目的是便于重新使用和更改。企业还没有使用数据库,或使用了数据库但仅限于编辑、查询、输出,没有进一步的数据统计分析和功能开发,更不可能为企业部门决策提供支持。企业内任何计算机之间都还没有联网,企业内的部门信息均以静态的、孤立的状态存在。所以,将该阶段称为单点散状信息化阶段。在该阶段后期,个别部门内应用了办公自动化、工程自动化、管理自动化和工作流程软件,支持部门业务流程的自动化。在该期间企业某些部门可能对其内部信息已开始从单纯的收集整理逐步转化到应用,并已表现出某些部门间因工作流程原因,对相关信息进行了无意识的整合现象。

(二) 第二阶段:企业部门内信息整合阶段

在该阶段的企业,内部各部门的基本数据和文件已经数字化,同时企业已拥有信息中心、网管中心等专门的信息技术服务部门;企业各部门普遍使用办公自动化、工程自动化、管理自动化软件处理文件和数据。企业实现局部或全局的数字信息沟通,即存在一个或几个局域网,使用 Email、BBS 等方式实现数据和资源的共享。处于该阶段的企业,其内部的信息仍是隔离的,并没有形成完整的信息流。此时,企业对内部信息的获取已经趋于完整,而且已经逐步体现出了利用计算机、利用互联网来改进企业经营环境的愿望。但是,该阶段的企业对信息的整合还处于初级阶段,企业还没有从战略角度,有组织地进行企业内部信息整合。

(三) 第三阶段:企业内部跨部门信息整合阶段

该阶段企业有了全局的电子化业务流程。企业的组织结构和业务运行不再基于传统的部门制,组织结构实现扁平化,以团队或项目组形式进行业务运行。企业使用了自动化过程管理工具;具有了全局的基于 LAN 或 INTRANET 的集成框架。企业的信息沟通和数据交换基于统一的国际国内标准,不存在任何障碍;信息和数据自动、合理地流向正确的人:所有与决策有关的数据被采集、整理、分析,供管理层参考;应用了专家系统、决策支持系统等软件;有面向各层次的简单易用的知识管理工具。处于该阶段的企业,其内部已经形成了完整的信息流,实现了资金流、物流和信息流的互动,企业的内部资源得到了充分利用,降低了内部成本,对外可以进行一定程度的柔性制造。但是,其资源的整合局限在企业内部,缺乏和外部资源的及时互动。该阶段中后期,企业有意识地接入互联网,通过网络获取外部信息,或向外界宣传本公司。

(四)第四阶段:企业与外部的信息整合和信息互动阶段

在该阶段的企业已经形成为一个智能主体,能基于广域网和 web 技术与上下游企业之间集成,在不同的项目中,企业能迅速找到合适的合作伙伴,将自己不擅长或赢利少的业务分包出去。同时,能通过网络信息和对自身采购、营销、售后服务数据的分析,及时了解市场信息和顾客需求。处于该阶段的企业是最成熟的,它已将整个企业改变成为了一个开放的社会信息系统,能够很好的进行内、外部资源的整合,充分调动各方面的积极性,扩大企业的外延,进行充分的柔性制造和个性化服务。

可以看到,企业信息化各阶段的演进和发展是一个渐进的过程,前一个阶段均是后一个阶段的发展基础,而后一个阶段是前一个阶段的升华。企业在信息化过程中,除了信息技术手段(主要是指软件)可以跨越式地直接采用最新型的,其信息化,必须先加强企业的基础管理工作,尤其需要对有关人员进行培训。采取总体规划,分步实现,边投入,边收益,边进行企业整改,边锻炼应用队伍,不仅经济上、技术上可行,成功的把握也比较大。在信息化建设过程中,因为企业的发展及企业管理的进步,会使得需求不断发生变化,如果企业一味追求一步到位、贪大求全,就会在建设期间造成管理失控的局面,造成员工素质、管理基础和系统需求之间不可逾越的"巨大鸿沟",甚至会因无资金追加,难以把项目进行下去。对每个企业而言,都不可能一次性完成信息化工作,多数需求是在应用及发展中产生的。因此,分阶段地逐步推行信息化,可以减少投资风险、提高成功率,从而使得信息化建设和企业的发展相辅相成、相互促进。

六、企业信息化意义

(一)宏观意义

(1) 企业信息化有利于增强国家经济的可持续性快速发展,增强国家的综合实力。

(2) 企业信息化有利于企业适应国际化竞争。

(3) 企业信息化有利于企业实现国有企业改革与脱困目标。

(4) 企业信息化有利于企业抓住新的发展机遇。

(5) 企业信息化增加企业间的技术流通,总体提升整个行业的技术水平。

(二)微观意义

1. 促进企业管理模式的变革

早期信息系统的工作方式大多是现行系统业务处理方式的翻版,可以认为是现行管理模式的计算机化。这样的信息系统被动地适应旧的管理模式,只能在一定程度上提高业务处理的效率。但往往会造成信息的冗余和不一致,难以真正发挥计算机系统应有的效率。自从进入 20 世纪 90 年代中期以来,人们充分意识到信息系统和企业管理模式之间的相互作用,即有效的管理离不开信息系统的支持,信息系统效能的充分发挥有赖于对管理模式和业务流程的改革。因此,人们在进行信息系统的规划和建设时,首先强调的是应用并行工程、企业流程重组等新管理理论对企业旧有的管理模式和业务流程进行改革,使之具有简单化、平面化、并行化等特点,以满足信息系统的要求。

2. 企业信息化有助于提高员工素质

企业信息化的主要特征就是计算机技术广泛且深入的应用。为了做到这一步,就要求企业必须制定严格的操作规程和工作规范,要求实现文明生产,也要求经常性的对员工进行培训和教育。久而久之,员工就会摒弃随心所欲的旧工作方式,按照操作规程进行操作,从而提高了全体员工的整体素质,这也有助于企业信息文化的形成。

3. 加快信息流动,提高信息资源利用率

在建设企业信息系统过程中,对企业的信息资源作了总体规划,同时采用企业重组理论对业务流程和组织机构进行了改革和简化,使得信息流动的路径大为缩短,也使得信息流动更为顺畅,从而提高了信息资源的利用率。信息资源利用率的提高,往往会给企业带来巨大的经济效益。

4. 加强对外交流,创造更多的商机

企业信息化工程的实施,特别是 INTRANET 和 EXTRANET 网络环境的建立,为企业在网上做广告,利用网络宣传自己提供了物质基础。网络环境的建立还方便了企业对外的交流,不仅可以改善企业的形象,而且还可以创造更多的商机。事实上,随着整个国际社会普遍采用信息技术,电子数据交换、E-Mail、电子商务、电子报关等技术得到普遍应用,企业如不实现信息化,就无法实现对外交流,无疑是自己关上了通往国内外市场的大门。

5. 提高企业的市场竞争能力

企业的市场竞争能力主要体现在以下几个方面,称为竞争力六要素:

(1) 产品的功能应简单、实用、无冗余、花色品种多;

(2) 产品的寿命周期质量应高,包括精度满足要求,精度保持性好,可靠性高,动态特性好,可维修性好等;

(3) 产品的寿命周期成本要低,即不仅产品在上市前的设计、制造成本要低,产品在上市后的运行成本也应是最低的,甚至连报废后回收处理成本也是最低的,对于像汽车这样的产品尤其重要;

(4) 寿命周期服务要好,要为顾客提供良好、周到的售前、售中和售后服务;

(5) 产品的上市时间应尽可能的短。由于顾客追求产品的个性,造成制造过程的单件、小批量化,加大了产品快速上市的难度。但目前占领国际市场最为强调的是缩短交货期,交货期被认为是企业占领市场的瓶颈环节。目前国际市场上流行"三个三",即产品的设计周期三周,上市周期三个月,市场寿命周期三年。这"三个三"充分反映了缩短交货期的重要性;

(6) 寿命周期绿色特性好,即产品是所谓的绿色商品,制造过程应是清洁的。绿色特性好意味着产品的生产过程、运输过程、使用过程、用后处理过程均应是节省资源和能源,保护环境和宜人化的。企业采用信息化技术后,对企业竞争力六要素的水平均会有较大的提高。

6.提高企业的经济效益

诚然,企业建立信息系统需要投入一定的资金,包括硬件的购置,软件的购买或开发,系统的运行及维护费用等。

(1) 机构和业务流程的精简,一是提高工作效率,二是可以大量节省劳动力。国外某大型企业,其财务部门原有 400 多人,但工作效率很低,后来借助于信息技术进行业务流程重组,使总人数一下子减少到 50 多人,工作效率反而提高不少,由此带来的工资、劳保福利、办公费用的节省是十分可观的;

(2) 实现办公无纸化和无纸化设计与制造,可以节省大量纸张和相关的费用,效益也是很显著的;

(3) 采用信息技术后可以大量压缩库存,减少库存流动资金的占用,由此带来人员、设备和库房面积的减少,这也是一项不小的收入;

(4) 可以减少废品损失。

总之,企业信息化工程的实施,不仅可以给企业带来巨额的直接经济效益,而且对企业的长远发展起着十分重要的作用。在全球知识经济和信息化高速发展的今天,信息化是决定企业成败的关键因素,也是企业实现跨地区、跨行业、跨所有制,特别是跨国经营的重要前提。

七、企业信息化的相关理论

(一) 约束理论

1989 年,以色列物理学家高德拉特(Goldratt)提出的约束理论(Theory of Constraints,以下简称 TOC)是一套管理理念与管理工具的结合,它把系统在实现其目标的过程中现存的或潜伏的制约因素称为"约束",通过逐个识别和消除这些约束,使得系统的改进方向和改进策略明确化,从而帮助系统更有效地实现其目标。TOC 可以应用到任何行业、任何领域。以企业信息化建设为例,它经常为各种不确定的因素所困扰,无法顺利实现系统目标。识别企业信息化进程中的最薄弱环节及其约束因素,并消除这些约束,就可以保证信息化建设的顺利进行。

TOC 有一套思考的方法和持续改善的程序,称为五大核心步骤:第一步,找出系统中存在哪些约束;第二步,寻找突破这些约束的办法;第三步,使企业的所有其他活动服从于第二步中提出的各种措施;第四步,具体实施第二步中提出的措施,使第一步中找出的约束环节不再是系统的约束;第五步,回到步骤一,不让惰性成为约束,持续不断地改善。

处于信息化建设的不同阶段,企业会面临不同的问题,例如:

(1) 关于硬件投资费用,高层领导争议很大。

(2) 软件先从哪里开始编制?

(3) 各个部门以局部利益为条件对新系统提出需求。

(4) 企业现有的业务流程与计算机化管理的企业中的流程之间到底有多少差异?

(5) 在资金有限的情况下,企业只能先让必须用计算机信息系统进行管理的部分实现信息化。

(6) 企业存在一些"信息孤岛",它们之间信息互相闭塞。

（7）大部分企业人员缺乏计算机运用的系统培训。

（8）由信息部门牵头去负责信息化工作时，很多工作难以协调。

似乎这里的所有问题都会绊住我们信息化建设的脚步。企业领导该怎么办？先解决哪个问题？处于信息化建设的不同阶段，企业会面临不同的问题，在这个进程中应如何以最直接的思维方式面对问题和消除障碍。TOC 的五步诊断方法可以提供一些有益的思考，使企业在认清存在的问题和寻找解决办法的时候更加简单明了。

（二）协同理论

协同理论是一门综合性较强的新兴学科，20 世纪 70 年代兴起于美国，成为世界上应者云集的理论，并延伸于教育领域，它重在揭示自然界普遍存在的有序、无序及其相互转化的基本规律，将有序与无序统一起来，强调系统的各要素之间，要素与系统之间或系统与环境之间都存在着"协同作用"，即合作、同步、协调、互补，协同导致有序，否则，产生无序，系统产生有序状态，会使各种力量汇集起来，形成一股强大的合力，产生 $1+1>2$ 的整体功能；反之，如果系统呈现混乱无序状态，会使各种力量相互排斥或抵消，发挥不了整体功能。

协同理论的主要内容，可以概括为三个方面：

1. 协同效应

协同效应是指由于协同作用而产生的结果，是指复杂开放系统中大量子系统相互作用而产生的整体效应或集体效应。对千差万别的自然系统或社会系统而言，均存在着协同作用。协同作用是系统有序结构形成的内驱力。任何复杂系统，当在外来能量的作用下或物质的聚集态达到某种临界值时，子系统之间就会产生协同作用。这种协同作用能使系统在临界点发生质变产生协同效应，使系统从无序变为有序，从混沌中产生某种稳定结构。

2. 伺服原理

伺服原理用一句话来概括，即快变量服从慢变量，序参量支配子系统行为。它从系统内部稳定因素和不稳定因素间的相互作用方面描述了系统的自组织的过程。其实质在于规定了临界点上系统的简化原则——"快速衰减组态被迫跟随于缓慢增长的组态"，即系统在接近不稳定点或临界点时，系统的动力学和突现结构通常由少数几个集体变量即序参量决定，而系统其他变量的行为则由这些序参量支配或规定。

3. 自组织原理

自组织是相对于他组织而言的。他组织是指组织指令和组织能力来自系统外部，而自组织则指系统在没有外部指令的条件下，其内部子系统之间能够按照某种规则自动形成一定的结构或功能，具有内在性和自生性特点。自组织原理解释了在一定的外部能量流、信息流和物质流输入的条件下，系统会通过大量子系统之间的协同作用而形成新的时间、空间或功能有序结构。

在企业信息化领域，随着企业自身组织结构的日益复杂以及企业与市场、合作伙伴等组成的复杂系统关系越来越紧密，协同理论开始出现在指导企业管理并进而影响企业信息化建设。很重要的一个例子就是从 MRP 到 ERP 的变革。MRP 是基于物料库存计划管理的生产管理系统，是基于企业内部的单一功能实现。但是随着企业发展，MRP 逐渐发展，开始把越来越多的企业资源纳入系统当中进行综合分析和管理；直到发展到 ERP，实现了企业与外部供应商、客户等资源的协同管理,与电子商务、供应链管理、协同商务融合,从而实现各子系统之间更大范围的协同,促进企业提高竞争能力。

八、企业信息化的应用技术

企业信息化通常体现在三大领域:

(1) 企业设计与生产过程的信息化。企业生产过程信息化是在机械化的基础上实现监测和控制的自动化。目前已经有各种自动化形式,如计算机辅助设计(CAD)、计算机辅助制造(CAM)、计算机辅助生产准备(CAPP)、产品数据管理(PDM)、现代集成制造系统(CIMS)等。

(2) 企业管理决策的信息化。在现代化的企业管理决策中,信息的获取、加工处理与利用是必不可少的。目前,企业主要通过管理信息系统(MIS)、办公自动化系统(OA)、决策支持系统(DSS)、制造资源计划(MRPII)和企业资源计划(EPR)等,将物资、财务、计划、销售、库存等管理信息进行处理,使企业管理决策科学化、信息化。

(3) 企业商务活动电子化。企业通过供应链管理(SCM)、客户关系管理(CRM)、电子商务(EC)以及企业内部网(INTRANET)、外部网(EXTRANET)、因特网(INTERNET)等,使企业与外部的商务交易实现网络化。

对于服装企业来说,目前实施信息化所应用到的技术,可以归纳为以下几种:

1. 计算机辅助测量(CAT)

计算机辅助测量是以现代光学为基础,融光电子学、计算机图像学、信息处理、计算机视觉等科学技术为一体的测量技术,具有比传统测量方法更快速、准确、效率高等特点。

2. 计算机辅助设计与制造(CAD/CAM)

服装 CAD 是信息技术在服装领域的最初应用,目前,CAD 系统不但具备款式设计、结构设计、花纹图案设计、面料组织设计、自动配色、产品资料管理、行销、试衣等计算机自动处理功能,还朝着一体化和网络化发展。多媒体和虚拟现实技术的发展,也为 CAD 系统注入了新的活力,从而最终实现服装的三维展示和自动试衣功能。CAM 系统包括自动拉布和裁剪系统。

CAD/CAM 的应用大大提高了服装设计效率,缩短了新产品的开发周期,提高了产品质量,节省了空间,降低了成本,并且 CAD/CAM 系统通过控制信息流,确保了服装企业在设计与生产过程中设立并保持统一的标准,这些标准有助于提高产品的质量,优化工艺流程,并为企业获得诸如 ISO9000 族的标准认证奠定了基础。

3. 计算机辅助工艺过程计划(CAPP)

计算机辅助工艺过程计划系统 20 世纪 80 年代开始在服装行业应用。随着服装生产向多品种、小批量、短周期方向发展,传统的工艺设计已无法适应当前服装工业的发展需求。CAPP 系统是服装 CIMS 系统的重要组成部分,是联系设计和生产的纽带。该系统从 CAD 系统中获取相关的工艺信息,并根据企业生产条件、物料资源以及工人的技术水平等信息,用计算机系统代替人工进行工艺设计,形成工艺流程图、工序流程表、工艺单及自动加工的控制指令,并指导柔性加工系统(FMS)进行动态调度。CAPP 系统的应用缩短了设计周期,降低了设计成本,实现了工艺设计的标准化和最优化。

4. 计算机集成制造系统(CIMS)

计算机集成制造系统(CIMS)是采用先进的信息技术、计算机技术、自动化技术和综合管理技术等将信息、设计、制造、管理、经营等活动所需的各种自动化系统,通过新的生产模式、工艺理论、计算机网络等有机地集合起来组成的计算机集成技术。CIMS 能组织协调、通盘处理好设计、生产、工艺、设备、管理等诸环节,将产品从设计到投放市场所需的工作量减少到最低程度,能满足服装市场"多款式、少批量、高品质、快交货"的要求,对市场做出快速反应。因此,CIMS 系统的应用从整体上实现了服装企业的优化运作。

5. 产品数据管理(PDM)

产品数据管理(PDM)系统提供了在产品开发、生产、销售等各个环节中数据管理、流程管理与控制的集成环境。服装 PDM 系统是以服装产品为中心,通过计算机网络和数据库技术把服装生产过程中及与服装产品相关的信息包括订单、产品样衣、样板图、技术规格、设计数据、工艺资料等集成起来,实现 CAD/CAM 系统、CAPP 系统等的数据共享和统一管理,从而提高服装企业的市场竞争力。

6. 产品生命周期管理(PLM)

产品生命周期管理(PLM),是一种应用于单一地点的企业内部、分散在多个地点的企业内部,以及在产品研发领域具有协作关系的企业之间的,支持产品全生命周期的信息的创建、管理、分发和应用的一系列应用解决方案,它能够集成与产品相关的人力资源、流程、应用系统和信息。

7. 企业资源计划(ERP)

企业资源计划(ERP)系统,是建立在信息技术基础上,以系统化的管理思想,为企业决策层及员工提供决策运行手段的管理平台。ERP 系统不仅以计划、生产制造、作业控制为主线,将企业的所有部门、所有人员紧密地联系起来,使之根据最有效的管理规范开展自己的业务,实现企业管理事物的集成并进行模拟,优选决策方案;而且还能适应许多新的管理思想,如准时制生产(JIT)、全面质量管理(TQC)、优化生产技术、同步生产、成组技术、柔性制造、敏捷生产、精良制造等等。

8. 供应链管理(SCM)

供应链管理(SCM)是一种新的经营与运作模式。SCM 强调核心企业与最杰出企业的战略合作关系,委托这些企业完成一部分业务工作,自己则集中精力和各种资源,通过重新设计业务流程,做好本企业能创造特殊价值、比竞争对手更擅长的关键性业务工作,这样不仅可以大大提高本企业的竞争能力,而且使供应链上的其他企业都能受益。

9. 客户关系管理(CRM)

客户关系管理(CRM)系统,将技术、渠道、人员紧密联结在一起,网聚成反应迅捷的服务有机体。企业可以通过网络、数据库技术与客户实现信息互动,从而不断改进自己的产品,并把服务做得更加快速优质,让客户满意;另一方面,也促使企业与客户之间建立起更巩固而长远的协作关系。

10. 电子商务(EC)

电子商务(EC)是以电子方式来采购商品和提供服务开发市场,它可以在跨过中间商环节,实现快速交易的前提下,改进企业传统的采购和销售手段,降低交易费用,提高交易效率。服装企业可以考虑通过网络与其他企业如银行的互联,处理包括合同的签订、确认、付款、到货等问题。因此,服装企业在信息化过程中,要引起对电子商务的注意。

本章结语

●企业信息化是一个不断发展的概念

随着信息技术的进步和经营管理、生产管理思想和方法的发展以及信息化实践的深入,企业信息化的概念也必然会不断地发展。这意味着企业信息化建设不能一劳永逸、一步到位,必须不断更新和发展。随着新思想和新技术的变化,企业信息化的内容也不断地发展和变化。

●企业信息化是一个系统工程

企业信息化建设是一个人机合一、涉及企业各个层面的系统工程。它不仅涉及到经营管理、研究开发、生产管理、市场营销、信息情报的各个环节、各个部门,而且内容广泛,包括企业决策和管理的信息化、企业经营手段的信息化,设计、加工应用的信息化等诸多方面。因此,企业信息化建设应统筹规划,统一实施,避免各部门各自为政,形成信息孤岛,造成资源的浪费和信息的混乱。

第二章　服装设计与制造信息化技术

授课重点:本章节重点阐述服装设计与制造过程的信息化技术,包括服装 CAD/CAM、服装 CAPP、服装 PDM、服装 PLM 等服装企业常用的信息化技术的内容、功能及工具。

知　识　点:各类服装设计与制造信息化技术。

思考问题:1) 计算机人体测量技术的现状如何?

2) 服装 CAD/CAM 在服装设计与生产中的作用是什么? 未来有何趋势?

3) 为什么说服装 CAPP 是连接服装设计与生产的必要技术?

4) 服装 PDM 及 PLM 的主要功能是什么?

第一节　计算机人体测量系统(CAT)

人体测量内容一般有三类:

(1) 形态的测量,可得到人体的基本尺度、体形和其他数据,主要包括人体长度测定(包括廓径)、人体体形测定、人体体积和重量的测定及人体表面积测定;

(2) 生理测定,包括人体体力测定、人体触觉反应测定、任意疲劳测定等;

(3) 运动测定,包括动作范围测定、动作过程测定、体形变化测定和皮肤变化测定等。

实际上,对于人体的测量不仅仅在服装行业,其他任何与人体外形相关的产品设计和生产都会涉及到人体测量,例如医学、家具设计等,只是在测量时所关注的参数不同,使得对形体的判别也会存在差异。在服装设计和生产中,最主要的是获得人体外形尺寸上的大小及形态特征,而医学上则更多地需要人体组织结构的大小、形状、位置等。

通常在服装行业中,对于形体的测量分为标准测量和个体测量两种。标准测量是指依照国家人体测量标准对被测量者进行测量,主要获得 62 个部位的数据;个体测量则是在服装定制加工时,根据服装的款式需要对被测量者进行测量,这种测量具有灵活性和特殊性。例如,在衬衫定制中需要测量的数据一般只有领围、胸围、衣长、袖长、肩宽、袖口等六七个,而在旗袍定制中则需要十几个数据,并要增加各部位的形态描述。

一、人体形态测量方法

人体形态测量方式可分为接触式和非接触式两种(图 2-1)。

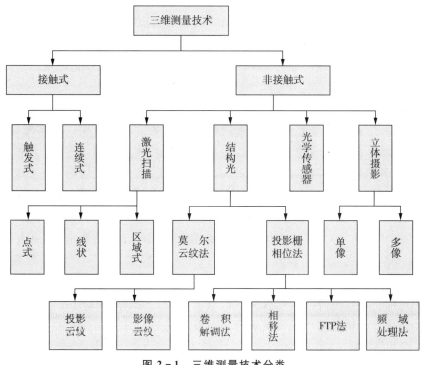

图 2-1 三维测量技术分类

（一）接触式测量

人体形态测量的传统方法是接触式测量。在对人体的测量中,主要测量工具为软尺、角度计、测高计、测距计和滑动计等。依据测量基准对人体进行接触式测量,可以直接测出人体各部位竖向、横向、斜向及周长等表面长度,方法简便、直观,可以获得较细致的测量数据,因而它在服装业中长期被使用。但是,这种方法大多在手工测量的基础上凭经验观察,因而人体的某些特征数据难以取得。由于是接触测量,测量时间比较长,往往使被测者感到疲劳和窘迫,同时测量的精确度与测量者的技巧有很大关系,容易给测量结果带来一定的误差。此外,人体所具有的复杂形状,传统的测量方法无法进行更深入的研究。再者,我国是一个多民族的国家,人口众多,不同民族、地区的人体体型差异也很大,现有手工测量人体尺寸的方式也无法快速准确地进行人体的测量,从而阻碍了与国际标准的接轨及我国在人体测量方面整体科技水平的提高。

在工业领域中,测量仪器以三坐标测量仪为主。其数据采集方式分为触发式和连续式。触发式数据采集,即采样头的探针每次接触被测物体表面就采集一个轮廓的数据,然后再横向移动一个间距,采集相邻的轮廓数据,最后构筑整个表面的线框模型。触发式数据采集的速度较低(每秒一至几点),但精度较高(可达 $0.5\mu m$ 左右)。连续式数据采集,即采样头的探针沿着被测物体表面以某一切向速度移动后就产生对应各坐标偏移量的电流或电压信号并转换成对应点的坐标值。连续式数据采集速度比触发式有了很大提高,如英国 RENISHOW 公司推出的 CYCLONE 高速数字扫描机,其扫描速度可达 140 点/s,精度达到 $50\mu m$。

接触式测量技术的发展虽然已经非常成熟,但这类方法与现代科学技术的发展和要求相比显出很多的不足之处:如在测量过程中要求必须与实物接触,因而不适合柔软物体的测量,且对探针无法触及的表面不能测量;由于接触式测量的扫描数字化速度都要受到机械限制,所以数据采集速度较慢,影响了测量效率。而且测量仪的机械结构复杂,对工作环境要求很高,必须防震、防灰、恒温等,因此接触式三维测量技术的应用范围受到很大限制。

(二) 非接触式测量

随着计算机视觉技术的兴起和发展,非接触式三维测量已成为现代人体测量技术的主要方向。作为现代图像测量技术的一个分支,它是以现代光学为基础,融光电子学、计算机图像学、信息处理、计算机视觉等科学技术为一体的测量技术,具有比传统测量方法更快速、准确、效率高等特点。与传统的测量方法相比,具有测量时间短、数据精确度高且全面等特点;多数软件可以对获得的数字化人体进行互动测量。激光三维扫描技术发展较为成熟,应用比较广泛。利用人体测量技术,可为建立人体尺寸标准、生理解剖、人机工效学、专业人群选材(运动员、特种部队、艺术专业)、服装设计等科研单位的人体数据采集和自动处理提供全面解决方案。

目前,应用非接触式三维测量已成为大的发展趋势,其主要方法有立体摄像法、激光扫描法、计算机体层摄影法以及结构光测量法等。

1. 立体摄像法(Stereophotography)

人类视觉之所以为立体,是由于左右两只眼睛与观察物的所成的角度略有差异,形成两个稍不同的影像,再经过大脑的精细综合,形成有长、宽、高度的立体像。立体摄影法就是依照人类用双目感知距离的方法,实现对三维信息的感知,在实现上采用基于三维测量的方法,运用两个摄像机对同一物体从不同位置成像,进而恢复出被测物体的三维形貌。该方法已能够达到一定的测量精度,在测绘学和遥感技术中,这种方法是测量三维形貌的主要手段,并配有完备和测量精度较高的测绘仪器。现在较流行的机器人视觉系统,也常采用这种方法。然而,这种方法的原理复杂、计算量大,在测量过程中需要对物体表面的特征点进行识别,不易实现自动化处理。

2. 激光扫描法(Laser scanning)

激光的测量系统是在 20 世纪 70 年代末 80 年代初发展起来的,根据光源特点和性质可分为点式激光扫描、线状激光扫描和区域式激光扫描三种方式。目前这三种方式都有商品化的激光扫描器,如英国的 Cyberware 公司的人体测量设备。激光扫描的速度比三坐标测量仪快,但是扫描精度却受到工件材料及表面特性影响。如光泽的镜面,暗而无光的表面,透明或半透明的材料都难以进行测量,而且激光扫描系统的价格十分昂贵,同时人们对激光缺乏了解,测量时可能有心理压力。

3. 计算机体层摄影法(Computer Tomography)

又称为计算机断层摄影,简称 CT 技术,最早出现于 20 世纪 70 年代,是无损检测领域的重要技术手段之一。它可以在不破坏被测物的情况下准确地测量出其内部特征,是其他三维测量方法难以做到的。目前这种技术已广泛应用于医学细胞和肿瘤的检测。工业 CT 主要用于测量零件的内外表面、零件的内部特征、空隙和裂缝,其测量精度可与三坐标测量仪相媲美,对零件的复杂程度和材料没有限制。当 X 线束环绕某一部位作断层扫描,通常是横断扫描时,部分 X 线(光子)被吸收,X 线强度因此衰减。未被吸收的 X 线穿进人体后,被探测器所接收。探测器接收到的大量信息经 A/D 将模拟量转换成数字量输入到计算机中,计算机计算出断层面上各单位体积的 X 线吸收值(CT 值),并排列成数字矩阵,再经 D/A 转换器用黑白不同的灰度等级在荧屏上显示,就获得该层面的解剖结构图像。

4. 结构光测量法

结构光测量法是近年来的研究热点之一,它包括莫尔云纹法(Moiretopography)和投影栅相位法。莫尔云纹法是将结构光投射到被测物表面,由于物体高度信息的调制而使栅线发生畸变,畸变的栅线与基准栅线干涉得到云纹图,即被测物体表面的等高线,对生成的云纹图进行处理就可获得高度信息。由于云纹图形象直观,具有广泛的应用范围。

莫尔云纹法又可分为影像云纹法和投影云纹法。影像云纹法最早于 1970 年由 Meadows、Takasaki 等提出并用于人体形态的测量。该方法是把基准光栅放在靠近被测试件表面处,将基准光栅(采用点光源或平行光源)投影到被测物体表面,通过同一栅板观察物体,从而形成干涉条纹。投影云纹法于 1971 年由日本学者 Suzuki 和 Yashizau 提出。该方法利用光源将基准栅经过聚光镜投影到被测试件表面,经物体表面调制后的栅线与观察点处的参考栅相互干涉,从而形成云纹。这两种方法都是通过基准栅和试件栅的干涉得到云纹图。由于云纹图是等位移曲线(即等高线),二维的图像可反映出三维的信息,比较直观、形象,所以在一定程度上得到应用。

与莫尔云纹法不同,投影栅相位法不进行光学干涉,而是直接利用被调制栅线的相位畸变信息得到被测物体的三维信息,它采用数学的方法调解相位。这样就避免了提取云纹中心线、确定云纹级数等过程,而且可以自动判别物体的凹凸性,图像处理宜于实现自动化、具有较高的精度和灵敏度。

二、非接触式人体形态测量技术现状

世界各国在 20 世纪 70 年代就开始进行三维人体自动测量在服装领域的应用研究,现在已研制开发出了具有一定功能的各种人体测量系统,有些已在实际中得到使用,其中有代表性的有:

(1) 英国拉夫堡(Loughborough)大学的人体测量阴影扫描仪 LASS,是以三角测量学为基础的电脑自动化三维测量系统。被测者站在一个可旋转 360° 的平台上,背景光源穿过轴心的垂直面射到人体上,用一行照相机读取投射光的图像,计算出人体的高度和水平半径,测量结果为三维柱状坐标形式的数据。

(2) 法国的 SYMCAD Turbo Flash/3D 是 Telmat 的三维人体扫描系统,该扫描系统需要暗房操作。被测者进入房间后脱去外衣,只穿内衣站立在唯一被照亮的墙壁前。摄像机拍摄下实验对象侧面,正面和背面三种不同规定姿势,在形成的图像上进行扫描计算后,系统能产生 70 个精确的人体尺寸,该系统测量数据可以和服装 CAD 系统结合使用。

(3) 美国纺织服装技术公司(TC2)使用一个相位测量面(PMP)技术,生产了一系列的扫描仪如:2T4,ZT4S 等。每个系统使用六个静止的表面传感器。单个传感器捕获人体表面片段范围的信号。当所有的传感器组合起来,形成一个用于服装生产的身体关键性区域的混合表面。每个传感器和每个光栅获得四幅图像。PMP 方法的过渡产物是所有六个视图的数据云。这种信息可用于计算 3D 身体尺寸,最后可获得带有身体图像和测量结果的打印报表。

（4）Triform 是英国 Wicks 和 Wilson 有限公司的非接触三维图像捕捉系统,它是利用卤素灯泡作为光源的白光扫描系统,以白光为基础的技术是莫尔条纹技术的变形,物体的三维形状在显示器上是有色的点云,看起来像物体的照片。

（5）美国的 Halnamatsu 人体线性扫描系统使用红外发射二极管得到扫描数据。这一系统利用较少的标记便可以抽取三维人体数据,而且错漏的数据较少。光源从发射镜头以脉冲的形式产生,由物体反射后,最后由探测器镜头收集。探测器镜头是圆柱形镜头和球形透镜的组合,能在位敏探测器（PSD）上产生一片光柱,用于确定大量象素的中心位置,人体尺寸由一个特殊的尺寸装置从三维点云中析取。

（6）美国 Cyberware 的 WB4、WBX、ARN 扫描、FAST 扫描和 vstus 系统采用激光扫描法。这种方法将一束光从激光二级管射到被扫描体表面,然后使用一个镜面组合从两个位置同时取景。从一个角度取景时,激光条纹因物体的形状而产生形变,传感器记录这些形变,产生人体的数字图像。当扫描头沿着扫描高度空间上下移动时,定位在四个扫描头内的照相机纪录人体表面信息。将每个扫描头得到的分离数据文件在软件中合并,产生一个全方位的 RGB 彩色人体图像,可用三角测量法得到相关数据。

（7）TecMath 是一家以德国为基地的科研公司,致力于人体模拟、数字化媒体的研究。它开发了一个全自动非接触式的测量方法来获取及运算人体测量数据,这种三维人体扫描机是便携式的,可以摄取人体的不同姿势,特制摄像机则放在四支两极管激光绕射光源前面,准确度是 1 cm 之内。经电脑检测的数据也可输送到电脑辅助设计系统,用于合身纸样的自动生成。

（8）VOXELAN 是 Halnano 的一种用安全激光扫描人体的非接触式光学三维扫描系统。它最初由日本的 NKK 研制,1990 年由 Halnan 工程有限公司转接。还有 VOXELAN: HEV—1800HSV 用于全身人体测量;VOXELAN:HEC—300DS 用于表面描述;VOXELAN: HEV—505 用于测量缩量;它们可以提供非常精确的信息,分辨率范围从相对于全身的 0.8mm 到相对缩量的 0.02mm。

此外,日本 Hamamatsu 生产的 Hamamatsu Body Lines（BL）扫描系统使用近红外 LED 作为光源,采用位置敏感元件（PSD）探测光点质心,应用双 PSD 技术消除阴影的影响,10 s 内完成人体扫描。

Wicks & Wilson,Limited 生产的 Triform 扫描仪采用卤素灯作为光源,变种的 Moiré 轮廓技术捕获被测物体的表面形状,12 s 扫描得到三维彩色点云图。

法国的 Telmat 在 7.2 s 内获得信息资源,照相机需 30 s 沿着光移动获得整个人体数据,再用 15 s 提取 70 个精确的人体尺寸,准确度±2 mm。

日本 NKK 开发的 VOXELAN,后由 Hamano Engineering 公司生产的非接触光学三维扫描系统,同样采用激光光源。

德国 Vitronic 公司生产的 Vitus Smart 也是专门用于服装设计的人体轮廓扫描仪,采用线激光条纹竖直扫描方式,在 12 s 内可完成人体扫描,三方向扫描分辨率也为 2 mm,扫描范围为宽×深×高＝2.1 m×1.2 m×1.2 m;

英国的 RSI‐DigiScan 2000 系统采用复杂相位跟踪技术开发的三维扫描仪,使用 2.5 m×2.5 m×2.5 m 的小房子、2 个投影仪和 12 个照相机,在 2 s 内完成形状尺寸和结构的测量,准确度达 0.2 mm。

国内的同类产品中,北京博维恒信科技发展有限公司研制了两套人体扫描系统,DCS‐Ⅰ型系统 X、Y 分辨率 0.312 mm,测量精度 0.06 mm,图像分辨率 1280×1024 像素;DCS‐Ⅱ型单次拍摄范围 1000 mm×800 mm,X、Y 分辨率 0.8 mm,测量精度 0.2 mm,行程 500 mm。

深圳市华朗科技有限公司应用结构光非接触照相测量原理,采用一种结合结构光技术、相位测量技术、计算机视觉技术的复合三维非接触式测量技术研制了光栅投影照相式三维测量仪。

三、人体测量技术的应用

近年来,随着计算机技术、电子技术及光学技术等学科的飞速发展,三维测量技术作为一门新兴的科学,也得到了长足的发展,由于这种技术具有快速、非接触、高精度、自动化等特点,所以越来越受到各方面的重视与广泛应用。目前,三维测量技术主要应用于以下几个领域.

1. 建立人体测量数据库

目前,世界上已建立有 90 多个大规模的人体测量数据库,其中欧美国家占了大部分,亚洲国家约有 10 个,而日本占了一半以上。如 CASER 人体测量研究计划,在美国、荷兰、意大利等得到了广泛应用;日本 HQLD 会提出了人体测量和增进人类福祉计划;英国 3D 电子商务中心(The center for 3D Electronic Commerce)在网上开展了三维人体数据方面的商务活动。我国在 20 世纪 80 年代进行了第一次全国范围内的成年人尺寸调查工作,测量的项目包括腰围、胸围、臀围、肩宽、腿肚围、身高等共 80 个项目,并据此制定和颁布了《中国成年人人体尺寸》国家标准。1986 年,国家服装行业开展了全国性人体测量工作,制定了《服装号型》国家标准,这些国标为工业生产、服装设计及人体尺寸提取提供了依据。

2. 服装 MTM(量身定制)

可用于服装设计,即用光学测量的方法来代替传统的皮尺进行实时测量,高质量的服装必须适合人体体型,符合穿着个性要求。如今的"量身定制",或者称为"单量单裁",已不是传统意义上的完全手工操作,也不同于传统的按型号批量生产的方式,而是一种完全以顾客为中心的服装生产制作系统,一种高度自动化的工业化生产方式。其流程如图 2‐2 所示。

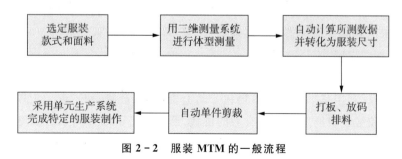

图 2‐2　服装 MTM 的一般流程

服装 MTM 系统采用先进的制版和裁剪技术,最主要的是自动量体系统采用人体扫描仪等先进手段取代了传统的手工测量,从而使所测数据更能令人满意地适用于度身定做服装。比如英国的 Baird Menswear 西服公司,其销售到国内和国际市场的西服中有 80% 是通过 MTM 系统完成的,并且服装系列涵盖了由不同款式、颜色和规格的成千上万种组合。

3. 服装 NAD(网络辅助设计)

NAD(Net Aided Design,网络辅助设计)是充分利用网络技术和数据库技术,面向服装产品设计制造全过程,并支持动态建模与产品性能设计技术。为适应网络时代对服装产品的设计制造要求,NAD 将改变现有服装 CAD 的方式,使服装业进入一个网络辅助设计制造的新时期。NAD 可以真正实现全球化的并行设计,用户就某一产品使用全球统一的网络数据库,实现全球化的分散网络设计制造全过程。在美国,一些 NAD 的设计网站上已经利用网络出现了顾客和设计师的在线共同设计。通过人体三维测量系统建立人体三维模型,利用人体三维服装模型,进行二维服装片的设计,并把服装片缝合穿戴在模特身上,利用计算机软件制作出的服装效果可以真实地模拟出服装的款式、色彩和面料材质,同时配合虚拟试衣技术,实现成衣展示的数字化。设置实际的穿着环境,动态模拟服装的穿着效果。该技术必须依靠三维测量技术获得人体数据,才可以建立与客户相同的试衣模型,满足客户完成网络购物或定制的要求。

第二节 服装计算机辅助设计/制造(CAD/CAM)

一、服装 CAD/CAM 技术内容

服装 CAD/CAM 技术是指从服装 CAD 的设计、打板、排料到服装 CAM 进行自动铺布、裁剪的一体化信息技术,在服装企业,尤其是国外发达国家的服装企业中较为普遍存在。确切地说,服装 CAD/CAM 的应用使设计过程与生产过程融为一体。设计系统对输入的数据进行处理,然后将设计结果直接输出给生产系统,而无须将信息在纸张、卡片或其他任何非电子形式媒体上输出。

在早期阶段,服装 CAD 和 CAM 是相互独立的。CAD(Computer Aided Design)是"计算机辅助设计"一词的英文缩写,它是应用计算机实现产品设计和工程设计的一门计算机高新技术。20 世纪 60 年代末,美国麻省理工学院(MIT)的 Evansouthland 教授发明了计算机图形处理技术,从而使计算机不仅能进行科学计算和处理文字信息,而且有了处理和显示图形的能力,为 CAD 技术的发展开辟了道路。在航空、汽车、电子等技术密集型行业中,CAD 系统首先研制成功,并被推广应用。

相比之下,服装 CAD 技术起步较晚,20 世纪 70 年代以亚洲"四小龙"为先锋的劳动力成本低的发展中国家,利用其丰富的原材料和劳动力资源,生产物美价廉的纺织品和服装,向发达国家的纺织品和服装市场发动了强有力的挑战,严重冲击了西方国家的服装市场,甚至使许多企业濒临破产。为了求生存、求发展,许多发达国家避开劣势,把着眼点放在自身的科技优势上。以电子、自动化、人体工程和信息科学等为基础,于 1972 年美国研制出首套服装 CAD 系统——MARCON,美国格柏(Gerber)公司率先把服装 CAD 系统推向市场,受到服装企业

的欢迎。包括有放码、排料两大功能的系统，为缓解工业化大批量服装制作过程中的瓶颈环节——服装工艺设计，起了重要的作用。之后，法国、日本、英国、西班牙、瑞士等国家也纷纷推出了类似的系统。目前，在欧美的一些发达国家，服装 CAD 技术已基本普及，是否应用计算机绘制服装样板，已成为衡量企业设计水平和产品质量的重要标志。

　　服装 CAD/CAM 系统在服装行业的应用始于 20 世纪 70 年代初。最初主要是用于排料，显示衣片的排列和裁剪规律，此项应用能最大限度地提高面料的利用率。美国的格柏(Gerber)公司和法国的力克(Lectra)公司开发了最早的计算机排料系统。80 年代末，由于个人计算机的出现，有能力购置 CAD/CAM 系统的公司越来越多，小至个人设计室，大至拥有许多设计生产基地的大公司都在应用 CAD/CAM 系统。一些以往只能在大型机上运行的软件，如设备控制软件、排料软件和放码软件，也针对个人计算机进行重新编写，同时增加了服装板型设计和面料设计等新的功能。个人计算机的广泛应用意味着包括文件处理、标签和包装设计等工作都可以在一个终端上由一人完成。一些图形设计软件的大量涌现，对服装设计师们有着强烈的吸引力。软件市场的竞争，促使软件商们重新审视自己的产品是否符合市场需求。他们将 CAD、CAM 两种系统有时完全集成在一起，有时相对独立但又相互兼容。90 年代初的经济萧条时期，有些公司因不能改进工作方式、产品质量和发货方式而最终导致破产。而那些幸存的企业，在很大程度上归功于及时采用了服装 CAD/CAM 系统，有效地改进了设计、计划和生产，从而保证了企业在竞争中的有利地位。21 世纪，随着服装零售市场发生了巨大变化，商店不再按照固定的标准一次性地购进整个季节的销售货物，而是尽可能减少库存、灵活进货。消费者追求的是"货真价实"，他们希望能买到品种多、质量高的服装。市场的压力迫使企业要高效、快捷、灵活地组织生产，并及时有效地提供货源。在整个供应链中，同样也要求设计师能提供设计水平高、反应迅速的新款设计。这使得服装 CAD/CAM 系统成为至关重要的信息化技术，支撑企业应对快速变化的市场。

二、服装 CAD/CAM 的组成

（一）硬件构成

　　服装 CAD 系统硬件包括起核心控制作用的计算机和绘图机、打印机、数字化仪、扫描仪、摄像机和数码相机等外部设备，分别执行绘图、打印输出、输入等特定任务。大体包括三大类，即工作站主机、输入设备、输出设备等。

　　1. 工作站主机

　　可完成设计的计算机系统，包括显示设备、主机、设计辅助工具，如光笔、鼠标等。

　　2. 图形输入设备

　　（1）数字化仪（Digitizer）

　　数字化仪是一种重要的图形输入装置，能方便地实现图形数据的输入。图形数字化仪由数字化基板、游标或触笔组成。数字化基板有电磁感应式、磁致伸缩式、静电感应式和超声延时式等，常用的是电磁感应式数字化基板。游标有四键、十六键等不同种类。触笔也已经从有线的发展到无线的。在服装 CAD 系统中输入服装样片时，应先将样片平放于基板上，然后沿样片的轮廓线移动游标,则可将衣片轮廓线上各点的坐标输入到计算机内。同时利用游标定位器上附加小键盘,把该点所对应的附加信息(如放码点,内点,钮位,剪口等)送到计算机内。

(2) 扫描仪(Scanner)

这是一种将图片通过投射光线和一组光学镜头传输到感光元器件上,并把读取的一行行象素转换成数据存入计算机的设备。扫描仪按所持颜色可分为单色扫描仪和彩色扫描仪;按扫描宽度和操作方式可分为手持式扫描仪(6 cm×4 cm 照片大小)、台式扫描仪(A3、A4 纸张大小)和大型扫描仪(A0 图纸大小)。扫描仪的主要技术指标是分辨率、灰度级和速率。分辨率是指在原稿上每英寸上的采样点数,单位是 dpi(Dot Per Inch)。灰度级是指对颜色的明亮度的分辨能力。

(3) 摄像机、数码相机

可供选择的有两种摄像机(即监控系统所用的彩色摄像机和专业或家用的彩色摄像机)和数码相机。一般应选择扫描线数较高的型号以及色彩保真度较高的设备,如数码相机。

3. 图形输出设备

(1) 打印机(Printer)

这是一种利用点阵方法逐行打印的设备,主要分针式、激光、喷墨和热感应四类。针式打印机是一种钢针撞击式的低速打印机,其成本低,维修方便;激光打印机是用激光束沿着圆柱形转鼓轴向不断地扫描,把要打印的图像"写"在转鼓上,再把这一图像转移到纸上;喷墨式打印机是利用连续流电荷引导油墨或采用按需滴墨电振法的喷墨技术进行混色调墨的打印机;热感打印机有两种,一种是利用热感应纸,由热感应头的温度变化在纸上形成图像。另一种是热感应色带,由热感应头的温度变化,把色带上的油墨转印到纸上形成图像。其打印质量较高,但价格较为昂贵。

(2) 绘图机

绘图机可把计算机生成的图形用绘图笔或喷墨方式画在绘图纸上保存下来。服装 CAD 系统中样片设计和放码系统所生成的样片图,排料系统所生成的排料图,都要以 1∶1 的比例绘制在绘图纸上,供裁剪工序使用。因此大幅面绘图机是服装 CAD 系统的重要输出设备。绘图机的主要技术指标有:绘图速度、步距(分辨率一般在 0.1mm～0.01mm 之间)、绘图精度、重复精度、零位精度,及其他功能(图形大小、画笔颜色、插补线型等)。绘图机有两种类型:滚筒式绘图机是一种通过绘图笔或喷墨头横向移动,绘图纸纵向运动而产生图形轨迹的绘图机,其结构简单、价格便宜、易于操作,已成为通用的绘图设备;平板绘图机是将绘图纸平铺在绘图平台上,绘图笔进行纵向和横向的运动而产生图形轨迹。这种绘图机结构复杂,价格昂贵,绘图速度低。其绘图面积由绘图板面积决定,绘图宽度受台板宽度限制,若有自动走纸机构,绘图长度可达 30 m,甚至更长。

服装 CAM 系统硬件一般包括电脑控制部分和裁床两部分。控制部分以电脑为主体,配以数个微处理器,将来自电脑的数据控制裁刀运行;裁床一般表面有棕毛垫并配以强力真空泵,使布层压实,提高了裁片质量。

(二) 软件组成

服装 CAD 软件一般由三个部分组成:系统软件、支撑软件、应用软件。

　　系统软件主要用于计算机管理、维护、控制及运行,以及计算机程序的翻译和执行,它分为操作系统、编译系统、图形接口及接口标准等。支撑软件是在系统软件的基础上开发的满足 CAD 用户一些共同需要的通用软件或工具软件,它是 CAD 软件系统的核心。应用软件是在系统软件、支撑软件的基础上,针对某一专门应用领域的需要而研制的软件。这类软件通常由用户结合当前设计工作需要自行开发,也称"二次开发"。比如自动打板系统也是一种应用软件。在设计过程中有相当一部分工作不是计算及绘图,而是依赖领域专家丰富的实践经验和专门知识,经过专家们进行思考、推理和判断才获得解决。

　　服装 CAM 软件则包括三个部分:一是文件管理部分,服装 CAD 中形成的排料图通过数据传输线或移动数据盘引入服装 CAM 系统,服装 CAM 系统可以读取文件,选择和排列文件,生成代加工列表;二是参数设置部分,服装 CAM 系统在确定裁剪任务后,可根据裁剪对象设置相关的裁剪参数后进行裁剪;三是监控部分,在软件界面上可以清楚地显示裁剪过程的状态,为管理裁剪工作提供帮助。

三、服装 CAD/CAM 的常规功能

　　服装 CAD/CAM 系统都具有三个主要特性:灵活性、高效性和可存储性。公司要在竞争激烈的市场中求得生存,系统的灵活性显得日益重要。为客户提供用途广泛的辅助工具已成为最基本的要求。CAD/CAM 系统允许用户在设计和生产过程中修改自己的设计。完整的系统功能还可以促使管理者改进企业的供求关系,以确保材料购进、生产制作和成品发货能够准时地进行。与传统手工方法相比,CAD/CAM 系统在单位时间内能提供更多产品,从而有助于提高生产率。由于电子数据可以存储在硬盘或光盘上,CAD/CAM 系统利用最小的存储空间,便可提供比纸张、卡片等传统介质大得多的存储量。CAD/CAM 系统最本质的特性就是其灵活性。它能够从款式库中调出服装款式,对其进行版型设计后,再根据服装号型表进行放码,接着在几分钟内即可完成排料过程。进行新型面料设计时,在用织布机或针织机制作样品之前,仅用几小时便可将机织或针织结构在计算机屏幕上显示出来。通过更换标签、字体、颜色和商标,在数小时内即可按顾客的要求设计出满意的包装。对于一些劳动密集型的工作,如:面料设计中的分色或给褶裥裙加缝份等,由于通过计算机只需几秒钟就可完成,因此,应用 CAD 系统可节省大量时间。通常,设计结果可以通过彩色打印机或绘图机打印出来,或通过数据线直接输入激光雕刻设备、电子针织机或自动裁床。利用计算机排料系统,可以测定材料的利用率,由此管理人员可精确地了解材料的使用情况,从而控制面料成本。通过计算机系统进行查询,可以迅速了解整个设计与生产过程中任何阶段的实际情况。由于准确掌握了产品开发的各个环节,因此,就可以清楚地表达对客户的要求以及对供应商的需要。当然,采用 CAD/CAM 系统还有很多其他好处。如:在设计与生产过程各个阶段,可以非常容易地设立并始终保持统一的标准。这些标准将有助于提高产品质量,优化工艺流程,为公司获得如 ISO9000 一类标准的认定奠定基础。使用 CAD 系统的设计师可以有更多的时间进行创造性研究,因为他们已将许多繁琐的工作甩给了 CAD 系统。研究时间的增多不仅可以提高产品质量,而且还可以加强对市场的了解,为新产品开发提供更多机会。还有公司利用电信网络以电子形式异地传输信息,从设计到销售的反应时间的缩短,并形成设计、生产及销售三个环节

间电子网络环境。

服装 CAD、服装 CAM 分别具有各自的技术功能特点,服装 CAD 的功能包括以下几个方面。

(一) 打板系统(Pattern System)

打板功能的建立,旨在为设计师提供便捷的制图工具,并将样板数据化,便于传输。最初的服装 CAD 中的打板功能仅仅是绘图工具,软件中包含各种各样的控件符号,但使用效果并不是很好。这是因为打板是一个具有个性化的过程,传统打板师在打板时很多情况下是基于自身的经验和习惯,有的是比例裁剪,有的是原型裁剪,每种打板方法的思路都不一样。为满足不同的打板需要,现在的服装 CAD 系统具有多种打板模式。同时出现了自动打板、单量单裁或量身打板的功能。这些具有自动打板或量身打板功能的服装 CAD 系统,在某种程度上具有了智能处理数据的能力,系统往往能够记忆用户的打板操作步骤或过程,从而建立起用户满意的某种款式的打板模式。这些模式可以是某一打板师的经验数据或计算公式,也可以是按某种打板方法建立的打板步骤。这样就为这种款式的服装留下了某一打板师或打板方法的操作步骤记录,以后不管谁来操作该系统,只需按尺寸的要求修改某几个尺寸,都可以得出满意的该款式的衣片图。对于系统记录下的这些打板步骤或数据计算公式,系统允许用户修改其中的部分或全部数据而保持其运算关系不变,因此,这样的功能非常适合应用于改变某一个或几个尺寸而得出一个款式服装的全部衣片图。

(二) 放码系统(Grading System)

放码系统是服装 CAD 中最早研制成功,应用最为广泛的分系统。放码是服装设计和生产的一个重要环节。电脑放码的基本原理是通过大幅面数字化仪,把设计师手工绘制的样片输入到计算机内,或利用样片设计系统直接在屏幕上打板,建立起用直线、曲线、点等图形元素描述的样片的数字化模型;通过逐点位移法、公式法、网状法等建立起放码规则;并可进行曲线修改调整,经过放缝边,贴边等得到衣片的毛样,若考虑到缩水等因素也可以将裁剪净样加上放缩量得到最终的样片。样片放码后可通过绘图机,将全部码号或所选码号的样片绘出,供后工序使用。也可在计算机内直接将放码处理好的样片传送到排料系统,进行排板工作。在放码系统中,样片放码规则是至关重要的。其方法有以下几种:

逐点位移法是根据经验,给各放码点以放大或缩小的增量,即 x 坐标和 y 坐标的变化值,产生新样片的关键点。经曲线拟合,即可生成新号型的样片。

公式法是对样片上的所有关键点,用服装基本尺寸公式表示其坐标值。放码时,只需重新输入服装的基本尺寸或改变码号(号型),由系统重新计算样片各关键点的坐标值,再将各点连线或曲线拟合以产生新号型的样片。即放缩规则依据关键部位尺寸进行计算产生。只要在样片设计系统中设计样片时用公式法,系统可自动实现放码,并可根据需要将所有码号或被选中的码号显示出来,使放码工作更为便捷。

网状法是应用数字化仪,把放码点的网状规则输入。即用数字化仪输入最大号型及最小号型片,再输入两者之间的号型种类个数,计算机会自动算出放码规则进行推档。

（三）排料系统（Marking System）

排料系统的设计目标是在计算机的显示屏幕上给排板师建立起模拟裁床的工作环境。操作人员将已完成推档（放码）的各种尺码的服装样片，在布幅、布纹、花格对齐、尺码搭配等限制条件下，合理地、最优化地确定衣片在布料上的位置，以便裁剪加工。其方法有以下几种：

（1）互式排料。排板师先要组织和编辑全部待排样片的待排料文件，经过放码和加缝边的所有待排衣片将显示在待排衣片区内，用光笔或鼠标等人机交互工具，排板师可逐一从屏幕上点取待排衣片，放到模拟裁床上。同时可对衣片进行翻转、旋转等操作。若选好初始位置和靠拢方向，衣片将自动优化靠拢和紧贴，放到最优位置上。每排定一个衣片，系统会随时报告已排定的衣片数、待排衣片数、用料长度和用布率等信息。交互式排料模仿了人工排板过程，可充分发挥排板师的智慧和作用。同时，因在屏幕上排板，衣片排放位置的调整和重放无痕迹，操作灵活方便，又无需铺布和占用裁床，大大缩短排料时间，提高效率，降低劳动强度和提高用布率等。

（2）自动排料。利用这种方式，排板师也先要进行待排料文件编辑，在指定布幅等限制条件之后，就不要再人为干预，而在软件系统控制下，电脑自动地从待排衣片中选取衣片，逐一地放到最优位置上，直到把全部待排衣片排放完毕，即自动排料。为了获得更高的用布率，可以反复进行多次自动排料操作，设置自动排料次数，每次都会获得不同的排料结果。在无人干预的条件下，电脑会反复进行各种方案的计算和比较，从中选出最优的结果以供参考。

（四）服装 CAM 的功能

除了上述三种功能外，服装 CAD 还包含服装 CAM 的功能。服装 CAM 即服装计算机辅助制造（Apparel Computer Aided Manufacture System），理论上它包括自动裁割系统、自动缝纫系统、自动整理系统等。服装 CAM 主要功能是根据定单组织完成服装的生产加工。实际上服装 CAM 是执行服装 CAD 的设计，其中的连接依靠服装 CAPP（服装计算机服装工艺设计）技术来完成。但在实际生产中，由于服装缝纫加工系统具有很强的专业性，需要有专门的缝纫管理系统，如智能吊挂系统来承担，因此在服装行业中，服装 CAM 系统特指服装自动裁剪系统。

从裁剪层数来划分，服装 CAM 系统包括单层、少层和多层三种。从加工对象来分，可以分为普通和特种两种。另外从技术的角度还可以分为半自动、全自动、智能型等。总之，现在的服装 CAM 技术已经很成熟，可以应对各种服装加工的需要。

在实际应用中，服装 CAM 系统必须与服装 CAD 系统相连，形成一体化操作系统。服装 CAM 系统由软件和硬件组成。硬件包括机头、裁床、操纵板、真空吸气装置。软件则包括两个部分，一是文件管理部分，服装 CAD 中形成的排料图通过数据传输线或移动数据盘引入服装 CAM 系统，服装 CAM 系统可以读取文件，选择和排列文件，生成代加工列表；二是参数设置部分，服装 CAM 系统在确定裁剪任务后，可根据裁剪对象设置相关的裁剪参数后进行裁剪；三是监控部分，在软件界面上可以清楚地显示裁剪过程的状态，为管理裁剪工作提供帮助。

四、服装 CAD/CAM 新技术

1. 信息和网络通信

计算机网络和远程通信技术的发展与各国政府制定和推行的信息高速公路计划,使人类社会进入到信息时代,服装产业本身就是对信息极其敏感的产业,服装的流行趋势,服装市场的动向,对于服装设计和生产都是至关重要的信息。在当今激烈的市场竞争中,信息的及时获取、传送和快速反应,是企业生存和发展的基础。因此服装信息库、网络信息交换和远程通信技术,正受到服装企业越来越广泛的重视。

2. 多媒体技术

被称之为 20 世纪 90 年代计算机的时代特征和发展主流的多媒体技术,以其集图、文、声、像于一体的新概念给计算机领域带来新的革命。这一新技术在服装设计与加工领域有着广泛的影响和直接的应用。例如,多媒体领域中的图像压缩技术和海量存储介质光盘,CD-ROM 等技术的结合,让以示意图形、图像为主的服装设计信息,能以数字化形式存储在计算机内;多媒体图文数据库、图像/图形编辑处理软件和信息咨询等软件技术的发展,为服装信息数据库的研制和发展提供了理论基础和开发环境及工具;多媒体技术与有线和无线电话、广播和闭路电视、微波和卫星通信、远程和地区性局域网络等各种通信技术相结合,将使服装信息的收集、传播和应用进入新时代,将使服装生产和供销发生变化和变革;图文、声像并茂的多媒体教学和培训软件开发环境和工具,将为服装设计师的培养开辟新天地。

3. 三维服装

迄今为止,实用的商品化的服装 CAD 系统都是以平面图形学原理为基础的,无论是款式设计、样片设计还是试衣系统,其中的基本数学模型都是平面二维模型。随着对着装合体性、舒适性要求的提高,服装、款式变化的加快,建立三维人体模型,研究三维服装 CAD 技术已成为服装 CAD 技术当前最重要的研究方向和研究热点。1992 年在美国举行的著名的国际图形学会议——SIGGRAPH'92 上,就有两篇有关三维服装 CAD 技术的论文发表。在欧美的一些大学和研究机构内计算机三维服装设计的有关课题,成为图形学学科研究的热点之一。作为这一领域的先驱,美国 CDI 公司几年前推出了三维服装设计软件,日本的一些有关公司也正在积极的开展这一领域的研究和系统开发工作。

4. 智能化

迄今为止服装 CAD 系统是辅助设计系统,其设计的指导原则是采用交互式工作方式,为设计师提供灵活而有效的设计工具。计算机科学领域中富有智能化的学科和技术,例如知识工程机器学习、联想启发和推理机制、专家系统等技术,尚未被成功地应用到服装 CAD 系统中。随着计算机硬件性能的迅速提高和二维服装 CAD 技术的逐步完善,在辅助设计的基础上,融合机器学习、智能推理和知识工程等智能化机理和技术,使服装 CAD 系统提高到智能化的水平,起到启发设计灵感,激发创造力和想象力的作用,具有学习能力、应用专家的经验和知识的机制,已成为众所瞩目的发展方向。

5. 集成化

20 世纪 80 年代的 CAD 技术基本处于弧岛的状态,随着计算机集成制造 CIMS 概念的提出,并逐渐被世界各国各个制造行业所接受,CAD技术成为企业全面自动化现代化的发展方向。服装CAD系统与自动裁床(CAM)、吊挂运输和单元生产系统(FMS)以及企业信息管理系统(MIS)的集成,构成服装企业的CISM:计算机集成制造系统正在被先进的企业接受和发展,并成为企业技术改造和向现代化迈进的目标和方向。国际上一些著名的服装CAD系统制造商顺应这一潮流,正在推出服装CAD、自动裁床和柔性加工单元等组成的一体化的计算机集成制造系统。例如美国Gerber公司、法国Lectra公司等都推出了类似的技术和系统。

第三节 计算机辅助工艺过程计划(CAPP)

一、概念

服装计算机辅助工艺设计(CAPP)是利用计算机快速、准确的信息储存能力实现对工艺设计所需的工艺数据信息资料如典型工艺、国家标准、缝口示意图等,包括各种数据、文字、图片等媒体信息进行方便、快捷地汇总、编辑,为后续工艺设计提供更加准确、规范的信息软件系统。服装CAPP系统从CAD系统中获取相关工艺信息,并根据集成制造系统(CIMS)和管理信息系统(MIS)提供的企业生产条件、物质资源以及工人的技术水平等信息,用计算机系统代替人工进行工艺设计,形成工艺流程图、工艺分析表、工艺单以及自动化的控制指令,并指导柔性制造系统(FMS)进行动态调度。

服装CAPP是将企业产品设计数据转换为产品制造数据的一种技术,它不仅能实现工艺设计的标准化和优化,而且还能缩短设计周期,提高企业适应小批量、多品种、短周期高质量的生产能力。

服装CAPP是连接服装设计与服装制造的中间环节,是服装设计与生产的纽带,是经验性很强且随环境变化而多变的决策过程。它具有工艺数据信息量大、重复性强、工艺可变因素多等特点,是成衣生产过程的重要组成部分。传统的手工操作工期长,其准确性与规范性完全取决于个人经验,随着现今生产类型向多品种、小批量、短周期的方向发展,这种落后的生产模式已不适应生产发展的趋势,CAPP就是要从根本上改变传统的工艺过程设计方法,把服装设计专家的经验知识、专业知识、规则等加以总结、归纳并予以表达。

二、服装CAPP的系统功能与组成

服装CAPP包含的内容很多,它可以从CAD系统中获取样板的图形信息、工艺信息,从工艺数据库中获取企业生产条件,资源情况及企业工人的技术水平等信息,进行工艺设计,形成工艺流程图、工序分析表、工序单及自动加工设备的控制指令(图2-3)。

服装CAPP的主要功能应是生成和检索产品整个生命周期中的基础工艺数据(含有关工程信息及产品工艺信息),并保证产品工艺数据的完整性、一致性,实现企业产品工艺信息的集成与共享,而不应是孤立地编制衣片工艺规程及输出工艺卡片。此外,系统还应具有技术管理功能,能自动完成有关工装设备、工具、材料、工时定额等各类统计汇总,以及能进行设计任务

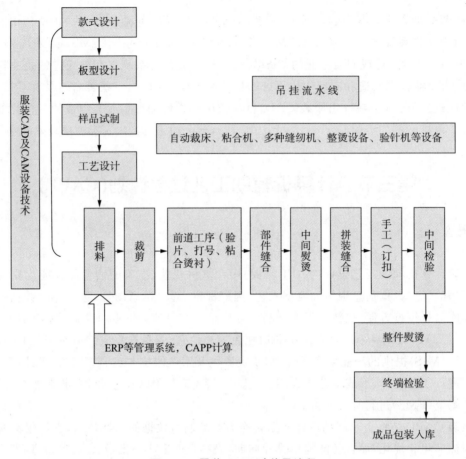

图 2-3 服装 CAPP 功能及流程

管理和流程管理等。CAPP 上可接收 CAD 的设计信息,包括几何信息、服装构成的拓扑关系信息、缝制(装配)工艺特征信息及特殊的缝制工艺信息;下可产生指导 FMS 生产线进行动态调度的工艺信息。服装 FMS 生产线所缝制的衣片柔软易变形,缝制设备必须由工人进行操作,通过由计算机控制的缝制吊挂传输系统完成各工序之间的衣片自动传输(图 2-4)。

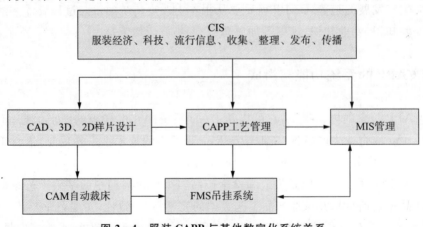

图 2-4 服装 CAPP 与其他数字化系统关系

为了更好地理解服装 CAPP 的功能及开发技术,有必要介绍一下柔性制造系统 FMS (Flexible Manufacturing System)的基本原理和功能。

FMS 是由数控加工设备,物料运储装置,计算机控制系统等组成的自动化制造系统。它包括多个柔性制造单元,能根据制造任务或生产的变化迅速进行调整。FMS 系统对不同款式、不同颜色以及不同型号的服装在同一流水线上生产,适应服装行业向多品种、小批量方向发展所要求的快速反应能力。采用生产调度控制软件和计算机控制的吊挂运输线、加工生产单元所组成的柔性加工线,可以使缝制过程高度自动化、加速生产流程。通过对各工位的信息采集,可以对在线品的质量进行监控,提高产量。

采用轨道式吊挂运输的方式,将衣片或衣片组合件悬挂运行在轨道上,输送到每一个工位,由电脑监测控制,可调节生产,同时也可在同一轨道上运行几个不同款式、不同颜色、不同号型的衣片,形成一个小批量多品种生产的柔性加工系统,包含三个内容,即自动平衡生产线、自动选择最优流程、生产管理等。这种新的生产系统具有以下特征:

(1)用自动输送取代人工输送,生产效率可提高 25%～35%;生产周期可缩短 50%～60%;而且各道缝制工序自然串联成线,减少辅助工作时间,降低了劳动强度,真正实现了服装生产的流水作业。

(2)吊杆输送时,服装呈自然悬挂状态,可以避免其他输送方式通常存在的衣料有皱纹、压痕等问题,缝制弊病能被及时发现,得到纠正。

(3)吊挂输送使得整个服装线的作业情况、衔接关系、生产进度一目了然。检验人员可以自如地进行流检、抽检。

(4)吊挂输送形成了服装生产线的经络,生产工艺组合编排灵活,更换产品快,总编程效率提高,缝纫工操作培养易掌握等。

因此,服装 CAPP 产生的工艺文件应包括缝制工艺路线、缝制工艺内容、所使用的设备、工时定额等内容,但不需要详细准确的几何参数描述和严格的几何关系描述。一个完整且实用的服装 CAPP 系统应由工艺生成、工时分析、工序分配、设备布置四个子系统组成。每一个子系统既可自成体系,独立运行,完成自己的功能,又可和其他子系统进行信息传递,构成一个完整的工艺设计系统。

(一) 工艺生成子系统

该子系统的核心是工艺设计专家系统。在非集成环境下,计算机提供用户界面,通过人工选择菜单,输入生成工艺所需的特征参数,根据输入的特征参数和工艺规则库,生成工艺。该子系统的结果既可直接输出,供用户使用,又可作为工时分析子系统和工序分配子系统的输入。在集成环境下,服装 CAD 已有的工艺特征信息,MIS 的生产安排计划及 FMS 的设备情况等均可直接提供给该子系统,系统的输出结果也可直接提供给 FMS 使用,实现 CAD/CAPP/FMS 的集成。

(二) 工时分析子系统

该系统的核心是动作要素和标准工时库。在该子系统独立使用时,用户可利用系统提供的工具和动作要素及标准工时库,通过对各个工序的分解,将作业要素转化为动作要素,计算各工序的工时及产品的总工时,供用户计算生产成本,确定交货期及合理安排生产。当工艺生成子系统的输出结果作为该子系统的输入时,用户可将系统生成的工序直接分解成作业要素及动作要素,并计算出各工序的工时,大大减少了用户繁杂的输入工作。该子系统的结果可直接输出,又可作为工序分配子系统的输入,供系统进行最优设计时使用。

(三) 工序分配子系统

该系统的核心是流水线的最优算法。在产量确定的前提下,算法不仅要考虑流水线的节拍平衡问题,而且要考虑人员编制,设备配置、生产效率等诸多问题。系统在接受了工艺生成和工时分析结果后,可自动进行流水线的优化组合,并向用户提供数种排列方案,供用户选择。其结果可输出,供班组长进行工序安排时参考,也可作为设备布置子系统的输入。

在与 FMS 集成环境下,有一点必须考虑:在实际生产中,并不是每道工序都必须在吊挂线上完成。企业在吊挂线投入正式生产之前,必须对每道工序进行周密的测试和细致的规划,分析比较不同工序在吊挂线与不在吊挂线上的生产情况,这样一方面可节省工位,另一方面可充分发挥传统流水方式和吊挂生产方式各自的优势,从而提高企业的综合生产能力。一般情况,可将零部件加工工序从吊挂生产线上调整出来,用传统方式组成零部件加工流水线,再将完成后的零部件投入吊挂线组装。

例如,某企业引进服装吊挂生产系统 67 工位,其中上衣线 44 个工位,下衣线 23 个工位。按外国专家编排的生产工艺,上衣用了 23 个工位,15 个备用,下衣用了 13 个工位,10 个备用,利用率为 63%。试生产后发现,有些工序在生产线上完成,不但不能提高产品质量,反而约束其生产能力,如果这些工序从生产线上调整下来,则系统的利用率只要 52%。该企业经过反复研究,把不适宜在生产线上加工的工序调整下来,组成领、袖子、衬里、小片(口袋等)、大身等零部件加工线,而把原来设计的一个上下衣生产联组改为两个联组。这样调整后,既提高了吊挂系统的利用率,又发挥了零部件集中加工生产效率高的生产特点。

因此,服装 CAPP 的工序分配取决于企业整体的信息化环境,必须依据企业实际情况进行设计,切记盲目照搬。

(四) 设备布置子系统

随着生产品种的增多,为了提高生产率,适应市场,经常需要调整设备布局,以尽量加快衣片的传递速度。然而,用人工绘制工厂平面图、制作机器样板到最后设备的安排,要花费大量的时间。设备布置子系统可向用户提供一种交互工具,使用户方便地进行设备布置工作,大大减少排置时间。当该子系统接受工序分配子系统的输出信息时,系统可自动进行优化设计,绘出设备平面布置图。若用户对排置结果不满意,可使系统重新进行工序分配,直至用户满意。

三、服装 CAPP 的发展过程

20 世纪 80 年代初期,日本通产省完成了"三维立体缝纫系统"的开发与研究。该系统从面料的检验到产品的后处理全过程自动化,将复杂的生产工艺高度集成到智能化的立体缝纫子系统中,利用计算机辅助、编排、计划各类款式与造型的服装制品的生产工艺。

　　法国力克((Lectra)公司与日本兄弟((Brother)公司联合推出的服装 CAD/CAM/CIMS 系统 BL-100。该系统可以自动编制生产流程、自动控制生产线平衡,并能参照企业现有的设备重新组织生产线和编排新的生产工艺。

　　20 世纪 90 年代初,美国制定了实施"无人缝纫 2000"的服装工业改造计划,计划针对传统服装制造业的滑坡现象,强调了服装生产的工艺流程高度自动化,提高生产效率和缩短加工周期,以适应日趋激烈的市场需求。美国 GGT 公司推出 IMPACT 900 系统,该系统的工艺分析员可根据确立的设计款式,进行工艺分析、工序分解,将作业要素转化为动作要素,利用系统提供的动作要素和标准工时库,计算该产品的总工时及劳动成本。并可根据面料的厚度、针迹形态及缝纫长度、设备性能、机器类型,计算缝纫线消费量,并记入该产品的原料成本,从而快速准确地完成产品的工序工时分析及成本分析。还可将此分析结果下传 FMS 系统,为吊挂生产系统提供调度信息,使部分信息达到集成。

　　我国 CAPP 的开发从 20 世纪 80 年代初期开始,在相当长时间内,一直以代替工艺人员的自动化系统为目标,强调工艺决策的自动化,开发了若干派生式(Variant)、创成式(Generative)以及综合式(Hybrid)的 CAPP 系统。早期 CAPP 系统中,无论是派生式或创成式,都以利用智能化和专家系统方法,自动或半自动编制工艺规程为主要目标。至今为止国内外还没有兼具实用性和通用性、真正商品化的、自动工艺设计的 CAPP 系统。

　　20 世纪 90 年代中后期,CAPP 工具系统在实用性、通用性和商品化等方面取得了突破性进展。基于服务顾客、优先解决事务性、管理性工作理念开发的 CAPP 工具系统,以解决工艺管理问题为主要目标。该 CAPP 系统对企业需求进行了认真分析,并在认真分析顾客需求的基础上,以解决工艺设计中的事务性、管理性工作为首要目标,首先解决工艺设计中资料查找、表格填写、数据计算与分类汇总等繁琐、重复而又适合使用计算机辅助方法的工作。但是在将工艺专家的经验、知识集中起来指导工艺设计、为工艺设计人员提供合理的参考工艺方案、与 CAD/CAM/PDM/ERP 等系统共享信息等方面都有所局限。21 世纪后,直接由二维或三维 CAD 设计模型获取工艺输入信息,基于知识库和数据库、关键环节采用交互式设计方式并提供参考工艺方案的 CAPP 工具系统。此类系统在保持解决事务性、管理性工作优点的同时,在更高的层次上致力于加强 CAPP 系统的智能化能力,将 CAPP 技术与系统视为企业信息化集成软件中的一环,为 CAD/CAPP/CAM/PDM 集成提供全面基础。现有的 CAPP 系统在解决事务性、管理性任务的同时,在自动工艺设计和信息化软件系统集成方面也已经开展了一些工作。如兼容某些典型衣片的派生式工艺设计、基于设计模型可视化工艺尺寸链分析等工作。

　　国内服装 CAPP 的研发最早见于"八五"期间由国家科委下达了编号为 85-52、名为"服装设计加工新技术"的攻关计划(CIMS 课题之一)。该计划由原纺织工业部科技发展司主持,相关科研院所、高校、企业参加,计划分 4 个专题进行,即信息网络与处理技术(GIS)、工艺计划研究(CAPP)、柔性加工技术(FMS)。之后的服装 CAPP 研发多由服装信息化供应商主持开展,如时高服装 CAD,MIS(Management Information System)集成系统基本实现了由 CAD 向 CAPP 的过度,缩短从接单、工艺文件制作、打板、排料直至缝纫工段投产的周期。其工序工时分析子系统运用于服装生产企业,能辅助技术人员快速准确的进行服装加工流程的设计,包括投料口、工序类型、工序流向、工时的制定及统计等,能形象清晰的表达工序流程,便于合理安排流水线。北京六合生科技发展有限公司的服装 MIS 工艺管理系统,其数据接口,使工艺部门能直接调用和使用工序文件和板房传来的 CAD 纸样文件、排料图,不用手工制图,减少重复劳动,方便修改和保存技术资料。另一服装工序工位设计系统,能针对服装企业中对不同款式和批量的订单,流水线的变化特点和工序安排的需要而设计,帮助企业在最短的时间内根据企业自身的人力资源状况,制定出最有效、省时、经济的生产安排。有效改进工序流程,降低生产总时间和生产成本。大大提高工作效率,使原有的"经验活儿"逐渐朝科学化过渡。而且这两系统既可单独使用,又可与其他系统相连,为用户带来很大的方便。

四、服装 CAPP 的开发原理与模式

(一) 开发原理

服装 CAPP 是一个复杂的系统工程,它能否成功地在应用中实用化并保持长久的生命力,主要是取决于 CAPP 系统的设计方法。其开发原理如下:

(1) 将产品的特征信息以代码或数据的形式,输入计算机,并建立起产品信息的数据库。

(2) 把工艺人员编制工艺的经验、工艺知识和逻辑思想以工艺决策规则的形式输入计算机,建立起工艺决策规则(工艺知识库)。

(3) 把制造资源、工艺参数以适当的形式输入计算机、建立制造资源和工艺参数库。

(4) 通过程序设计充分利用计算机的计算、逻辑分析判断、存贮以及编写查询等功能来自动生成工艺规程(图 2-5)。

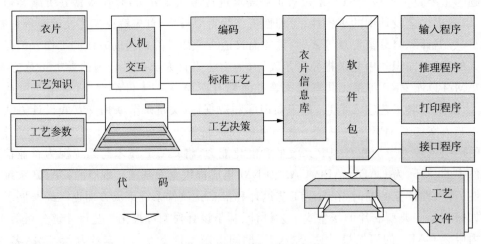

图 2-5 服装 CAPP 的开发原理

(二) 系统模式

目前,按照传统的设计方式 CAPP 系统可分为以下五类:交互式(Interactive)、派生式(Variant)、创成式(Generative)、综合式(Hybrid)、专家系统(Expert systems)。

1. 交互式 CAPP 系统

交互式 CAPP 系统采用人机交互为主的工作方式,用户在系统的提示引导下,回答工艺设计中的一系列问题,对工艺过程进行相应的决策。系统主要由衣片工艺设计模块和一系列工艺设计数据库组成,用户在系统指引下,按照工艺设计流程,基于工艺设计资源库和工艺设

计习惯、经验等,交互完成工艺过程设计、工时计算和成本估算等工作,并由系统进行统一信息存储、分类统计,以输出供生产用的工艺规程卡片、供计划调度用的产品(零部件)工艺流程,生产过程中使用的设备清单和工艺辅助清单等。

交互式 CAPP 系统的特点:

(1) 采用人机对话的方式输入信息,根据系统运行中的提示进行回答,如参数选择,包括工艺方法、所用设备等。

(2) 灵活性大,它将一些经验性强、难确定的、模糊的问题留给用户,因而有可能开发出较通用的 CAPP 系统。

(3) 系统运行效率低、工艺规程的设计质量对人的依赖性大。

(4) 对用户界面的开发要求高。

2. 派生式 CAPP 系统

派生式 CAPP 系统也称"变异式"或"检索修订式"CAPP 系统。是以成组技术(GT: Group Technology)揭示和利用事物之间的相似性,按照一定的准则分类成组,同组事物能够采用同一方法进行处理,以便提高效益的技术为基础。其基本工作原理是基于相似衣片有相似工艺规程的特点(如衬衣领和翻领的工艺流程),通过筛选或编辑系统中已存储的相似衣片的工艺流程(包括标准工艺过程和标准工序),实现添加新的衣片工艺规程的功能。计算机内存储的是一些标准工艺过程和标准工序,从设计角度看,即用计算机模拟人工设计的方式,与常规工艺设计中的类比设计相同,即继承和应用已有的标准工艺和标准工序。显然,派生式系统必须拥有一定量的样板(标准)工艺文件,才能为编制生成新的工艺文件提供重要的数据信息资源。本方法需要对全企业的所有工艺特征进行整理,工作量较大。派生式 CAPP 系统工艺设计模型如图 2-6 所示。

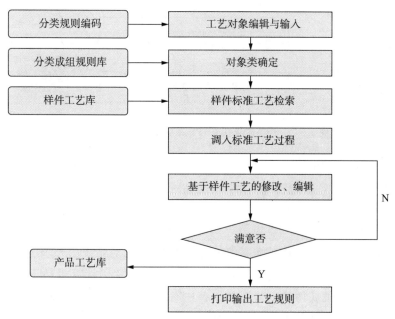

图 2-6　派生式服装 CAPP 系统工艺设计模型

派生式 CAPP 系统的特点：

（1）利用衣片的相似性，即相似衣片有相似工艺规程。一个新衣片的工艺规程是通过检索系统中已有的相似衣片的工艺规程并加以筛选或编辑而成的。计算机内存储的是一些标准工艺过程和标准工序；派生式系统必须有一定量的样板（标准）工艺文件，在已有工艺文件的基础上修改编制生成新的工艺文件。

（2）原理简单，针对性和实用性强。企业的大多数衣片相似程度较高，因而划分的衣片族数量较少，且每个族中包括的衣片种数很多时，该系统有明显优点。

（3）从设计角度看，派生式 CAPP 与常规手工设计中的类比设计相同，也就是说用计算机模拟人工设计，因而继承和应用的是标准（典型）工艺，故不能摆脱对人的工艺知识和经验的依赖。

3. 创成式 CAPP 系统

创成式 CAPP 系统是一个能够综合工艺设计对象的生产要求，依据实际生产条件自动地创建或生成多份工艺规程的系统。在创成式 CAPP 系统中，工艺规程是根据工艺数据库的信息在没有人工干预的条件下创造出来的。根据工艺设计对象的信息模型，系统能自动产生衣片加工和缝制过程中所需的各个工序和加工顺序，自动提取制作知识，自动完成设备选择，工具选择和加工缝制过程的优化，通过应用决策逻辑，模拟工艺设计人员的思维和决策过程。创成式 CAPP 系统的工艺设计流程如图 2-7 所示。

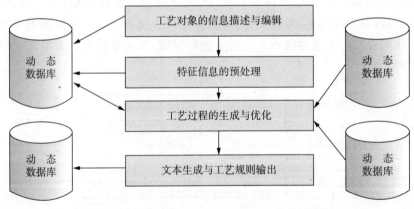

图 2-7　创成式服装 CAPP 系统的工艺设计流程

创成式 CAPP 系统的特点：

（1）创成式 CAPP 系统在运行时一般不需要进行技术性的干预，即对用户的工艺知识要求低，并易于保证工艺规程的一致性。同时，可以通过决策逻辑的程序实现将工艺专家的智能和技术诀窍存储起来。

（2）理论上讲，创成式 CAPP 系统适用于各种衣片，因而对系统的要求也极高。系统必须具备相当复杂的逻辑判断能力；系统必须能将工艺设计的衣片用计算机易于识别的形式作清楚和精确的描述；必须能把获得的工艺逻辑和衣片描述数据放入统一的数据库中；还需具备工厂中所有加工方法的专业知识和经验；具备有关的可能工序、可替代的加工方法等方面的信息。

（3）从设计角度看,该方法接近人类解决问题的思维方式。但是由于工艺设计的复杂性,工艺设计理论的不成熟,工艺知识的不确定,使得通用的、完全排除人工干预的创成式 CAPP 系统的开发遇到了极大的困难。创成式 CAPP 系统的理论和实践都还在探索中。但是,随着低成本超级计算机和人工智能领域研究成果的不断出现,完全创成式 CAPP 系统将会在制造业中发挥重要作用。

4. 综合式 CAPP 系统

除了综合采用交互式、派生式、创成式方法以及各种智能技术进行工艺决策外,强调人在决策中的作用,可充分发挥人的作用,弥补各种智能技术的不足,其决策和规划能力是无限的。由于在工艺过程设计中,工艺人员的经验起着巨大的作用。工艺设计在决策中包含了很多非确定性的逻辑决策,工艺设计人员对于信息的判断和决策,经常需要从事件的概率出发,且具有一定的模糊性。因此,采用综合式工艺决策方法是今后的发展方向。

5. CAPP 专家系统

是一种基于人工智能(AI：Artificial Intelligence)技术的 CAPP 系统,也称智能型 CAPP 系统。它是将人工智能应用于工艺自动设计,其实质仍属于创成式 CAPP。传统程序系统以数据为处理对象,以算法为主进行处理,处理中常用重复、迭代等方法。CAPP 专家系统以知识为处理对象,以启发性方法为主进行处理,处理中常用推理方法。CAPP 专家系统主要由综合数据库(状态库)、知识库(规则集)和推理机(控制策略)三部分组成,知识库和推理机严格分开。系统根据输入的衣片信息,通过推理机的控制策略频繁访问知识库,从中搜索能够处理衣片当前状态的规则,一旦搜索成功,就执行这条规则,并把每一次执行的结果按先后次序记录下来,直到最终状态,这个记录就成为衣片的工艺规程。

五、服装 CAPP 的开发难点

1. 服装产品多元化

服装产品是一种多元化的柔性产品,款式变化多样,工艺要求也各不相同,加上面料性能与花色品种千差万别,企业资源状况(如设备、技术水平等)不同,导致系统数据库结构的复杂性。

2. 技术人员知识结构不一

服装业是一个传统的劳动密集型行业,技术人员缺乏专业理论知识,大多是凭经验进行生产,生产过程中人为因素较大,这使得知识的总结与表达有一定的难度。

3. 服装标准多样化

服装生产不仅有国家标准、行业标准、企业标准,通常客户的要求就是产品生产的标准,客户的要求往往是随着人们的消费条件、消费理念、文化素养等的不同,要求也有变化,这种要求的不确定性为服装 CAPP 系统的数据处理、计算、归纳、总结、分析等增加了难度。

4. 对 CAPP 系统缺乏足够的认识

服装行业受传统生产模式的影响,工艺方案的编制完全依靠有经验的技术人员,管理者缺乏长远的目光,对 CAPP 系统缺乏足够的认识,加之系统开发还存在一定的不足,所以市场较为冷淡。

六、服装 CAPP 的发展趋势

(一) 服装 CAPP 的技术发展方向

1. 集成与兼容性

用端口技术解决 CAPP 软件与其他软件的集成与兼容性问题,加大服装 CAPP 软件与其他 CAPP 软件的兼容性,有利于信息的获取及资源的共享,提高工艺设计的效率。

2. 辅助管理功能与辅助设计功能

将软件辅助管理功能与辅助设计功能并重。一款好的 CAPP 系统,不仅要能很好地协助工艺人员设计出规范的工艺文件,还要协助工艺管理人员更加方便地进行工艺管理。除工艺资源管理外,还应有权限与日志管理、流程与监控、协同工作、传递管理、工艺性审查、车间工艺管理、工艺报表汇总、统计处理和工艺 BOM 管理等。

3. CAPP 辅助动作研究

将工业工程(IE)中关于动作研究的原理用于 CAPP 辅助工艺管理中,可以提高生产效率。工业工程中动作研究与 5S 原则的应用,一方面可以为 CAPP 系统提供科学的基础数据,另一方面 CAPP 的应用有利于 IE 的实现。这就要求在 CAPP 软件开发时,建立相关的版块。

4. 智能导航技术的应用

应用智能导航技术,降低用户使用难度。服装 CAPP 系统的智能导航技术按照系统规则,引导已有数据的利用和获取,解决工艺设计描述与编码问题;工艺设计规范的导航式生成技术,解决工艺设计思想的数字化问题;工艺方案的导航式生成技术,解决工艺设计过程自动化程度提高问题;导航的人性化、格式化技术,解决工艺设计方案的优化;智能知识信息提示技术,解决相对智能的工艺设计即时辅助问题。

(二) 服装 CAPP 的软件发展趋势

1. 指引生产工艺文件的设计步骤

指引生产工艺文件的设计步骤,把处理生产过程中出现的管理和质量问题的方法作为反馈信息不断完善知识库和规则库,以智能引导和提示人机对话的操作方式,交互生成工艺文件,并进行工艺文件的编辑和修改。

2. 服装系统导航技术作用

服装 CAPP 系统的智能导航技术引导已有数据的利用和获取,完善工艺设计描述与编码的问题;工艺设计规范的导航式生成技术,完善、解决工艺设计思想的数字化问题及工艺方案的导航生成技术,提高工艺设计自动化;导航的人性化、格式化技术,解决工艺设计方案的优化与更新问题,智能知识信息提示技术,解决相对智能的工艺设计即时辅助问题。

3. 服装 CAD 与 FMS 的桥梁作用

服装 CAPP 系统与通用 FMS 的接口及控制代码生成的提高与完善服装 FMS(柔性加工技术)是流程化工业的特色装备,主要完成 CAPP 流程工艺控制设计成果在吊挂式流水线的后置输出。在服装行业中,CAPP 是唯一与 FMS 连接最为紧密的软件组成,还是连接服装

CAD 与 FMS 的桥梁,同时也是企业服装 CIMS 及 CRM 的需要。

4. 服装成本核算和工序工资资源共享

服装 CAPP 与 ERP 等系统的开发性接口,实现与 MIS、ERP 等系统的服装成本核算和工序工资资源共享。

第四节　服装计算机集成制造系统(CIMS)

一、CIMS 概念

1974 年 Josph Harriton 教授提出了计算机集成制造系统,即 CIMS(Computer Integrated Manufacturing System)的概念,它当时提出两个基本观点:①企业生产的各个环节,即从市场分析、产品设计、加工制造、经营管理到售后服务的全部生产活动是一个不可分割的整体,要紧密连接,统一考虑;②整个生产过程实质上是一个数据的采集、传递和加工处理的过程,最终形成的产品可以看作是数据的物质表现。这两个基本观点至今仍是 CIMS 的核心内容。其基本思想是对当时还处于孤岛状态的计算机系统:CAD、CAPP、CAM、FMS、MIS 等进行集成,在企业中实现信息和资源的共享,使企业实现全面的高度的自动化和现代化,从而在激烈的市场竞争中获胜。

CIMS 可定义为采用先进的信息技术、计算机技术、自动化技术和综合管理技术等,将信息、设计、制造、管理、经营等,通过新的生产模式、工艺理论、计算机网络等有机地集成起来,组成计算机集成技术。这里的集成不仅是物、设备的集成,更主要的是体现以信息集成为特征的技术集成,以至与人的集成。

CIMS 系统通过建立一套能将数据传递到企业内部系统中任何一个部分的信息结构而将设计、生产、管理、质量控制和销售等所有的运作环节进行集成。因此,企业作为一个统一的整体,必须从系统的观点、全局的观点广泛采用计算机等高新技术,加速信息的采集、传递和加工处理过程,提高工作效率和质量,从而提高企业的总体水平。制造业的各种生产经营活动,从人的手工劳动变为 CIMS。采用机械的、自动化的设备,并进而采用计算机是一个大的飞跃,而从计算机单机运行到集成运行是更大的一个飞跃。作为制造自动化技术的最新发展、工业自动化的革命性成果,CIMS 代表了当今工厂综合自动化的最高水平,被誉为是未来的工厂。

从 CIMS 的概念的提出到现在已有 20 余年。20 多年来,CIMS 的概念已从美国等发达国家传播到发展中国家,已从典型的离散型机械制造业扩展到化工、冶金等连续或半连续制造业。CIMS 概念已被越来越多的人所接受,成为指导工厂自动化的原则,有越来越多的工厂按 CIMS,采用计算机技术实现信息集成,建成了不同水平的计算机集成制造系统。CIMS 与计算机综合自动化制造系统是同义词,后者是 CIMS 在中国早期的另一种叫法,虽然通俗些,但因此无法表达集成的内涵,使用得较少。

二、CIMS 的发展过程

1987 年,我国 863 计划 CIMS 主题专家组认为:"CIMS 是未来工厂自动化的一种模式。

它把以往企业内相互分离的技术和人员通过计算机有机地综合起来,使企业内部各种活动高速度、有节奏、灵活和相互协调地进行,以提高企业对多变竞争环境的适应能力,使企业经济效益持续稳步地增长。"

1991 年,日本能源协会提出:"CIMS 是以信息为媒介,用计算机把企业活动中多种业务领域及其职能集成起来,追求整体效益的新型生产系统"。

1992 年,ISO TC184/SC5/WG1 提出:"CIM 是把人、经营知识和能力与信息技术、制造技术综合应用,以提高制造企业的生产率和灵活性,将企业所有的人员、功能、信息和组织诸方面集成为一个整体"。

1993 年,美国 SME 提出 CIM 的新版轮图。轮图将顾客作为制造业一切活动的核心,强调了人和组织协同工作,以及基于制造基础设施、资源和企业责任之下的组织、管理生产的全面考虑。

经过十多年的实践,我国 863 计划 CIMS 主题专家组在 1998 年提出的新定义为"将信息技术、现代管理技术和制造技术相结合,并应用于企业产品全生命周期(从市场需求分析到最终报废处理)的各个阶段。通过信息集成、过程优化及资源优化,实现物流、信息流、价值流的集成和优化运行,达到人(组织、管理)、经营和技术三要素的集成,以加强企业新产品开发,从而提高企业的市场应变能力和竞争能力。"

在当前全球经济环境下,CIMS 被赋予了新的含义,即现代集成制造系统(Contemporary Integrated Manufacturing System)。将信息技术、现代管理技术和制造技术相结合,并应用于企业全生命周期各个阶段,通过信息集成、过程优化及资源优化,实现物流、信息流、价值流的集成和优化运行,达到人(组织及管理)、经营和技术三要素的集成,以加强企业新产品开发的 T(时间)、Q(质量)、C(成本)、S(服务)、E(环境),从而提高企业的市场应变能力和竞争力。

三、服装 CIMS 的组成

服装 CIMS 是 CIMS 系统在服装生产中的应用,可将产品从设计到投放市场所需的工作量减少到最低程度,从而提高我国服装企业对市场的反应速度,整体上实现了我国服装企业的优化运作。

从功能上看,CIMS 包括了 4 个功能分系统和 2 个支撑分系统。四个功能分系统为:
(1)管理信息分系统。
(2)产品设计与制造工程设计自动化分系统。
(3)制造自动化或柔性制造分系统。
(4)质量保证分系统。
两个支撑分系统为:
(1)计算机网络分系统。
(2)数据库分系统。

服装企业中服装设计、生产和销售的各个环节都是企业整个经营活动的组成部分,它们彼此衔接、相互关联、缺一不可,必须在全面和整体的观念指导下,进行统一考虑。而企业的整个经营过程主要是对产品信息的采集、传递和加工处理的过程。服装 CIMS 实现对服装设计、加工、市场销售等全过程的控制和管理。具体是指：服装工业信息系统（简称 GIS）、服装计算机辅助设计系统（简称 CAD）、服装计算机辅助制造系统（简称 CAM，内含自动裁剪系统）、柔性缝制加工系统（简称 FMS）、服装计算机辅助工艺计划（简称 CAPP）、服装自动整烫和立体包装仓储系统、服装电子贸易系统、计算机在线检测系统，服装企业计算机管理系统（简称 MIS）等等。

四、服装 CIMS 的技术特点

在服装 CIMS 项目中，采用成组技术（GT）实现 CAD/ CAPP/FMS 集成。成组技术是利用实际中相似性的特点，把相似的对象识别出来并成组在一起。它提供了一种组织和存储信息的方法，能实现多品种、小批量生产的设计、制造和生产管理的合理化及科学化。为了使信息有效地组织，基于成组技术建立共享数据库是实现信息集成的一条有效途径。服装 CIMS 系统可帮助将服装从设计到面料投入、打样板、裁剪、缝制整理加工、管理到营销所需的工作量降至最低。

服装企业实施 CIMS 与机械制造企业 CIMS 不同，由服装制造业自身的特点所决定的：

（1）服装市场变化快，产品差异大，决定了服装的生产属性是多品种、少批量、短周期。

（2）服装面（辅）料是柔软物，易皱、易变形、有疵点，加工过程中衣片零部件难自动抓取输送和定位。

（3）服装是技术和文化艺术结晶产品，设计艺术含量大，其设计通常分为两部分，即按流行趋势和创意主题进行款式设计和衣片设计，这两者之间没有数据上的联接。其次，二维衣片设计要覆盖到三维人体上才能进行款式设计的评价与修改，然后再返回二维平面衣片，这一难度远比机械刚体零部件二、三维设计复杂得多。

（4）服装加工时，特别是缝纫工位主要由人来完成，不像机械加工自动化程度高，人的熟练程度和情绪均会直接影响生产，因而调度管理也困难得多。

（5）服装市场品牌效应强，产品质量档次和层次多，市场竞争无序，成本、营销管理困难。

基于以上原因，服装企业的 CIMS 技术构成、技术关键以及实施方面应不同于其他行业。以中国服装集团公司在北京建成的我国第一个服装 CIMS 应用示范企业为例，该系统用于生产加工中高档西服，其 CIMS 系统总体构成分为五个子系统：即企业信息管理系统（MIS）、服装 CAD 系统、服装 CAM 系统、柔性缝制加工系统（FMS）、服装信息网络系统（GIS），这是一个以 CMIS 为核心的 GIS/CAD/CAM/FMS/MIS 集成系统。

该系统工程要点如下：

（1）MIS 子系统采用客户服务器方式，运行环境服务器端为 Windows NT 4.0，用 SQL Server 做后台的数据库，客户机运行 win95，Aces 作前台开发工具，该子系统采用 MRPI 管理模式，做到向各子系统下达生产计划和安排生产并接受反馈信息。

（2）由 CAM 裁剪衣片到 FMS 缝制之间缺乏电脑控制的衣片自动输送装置，是一个物流中断点。

（3）GIS 子系统利用国家科技部"全国生产力促进中心信息网"（PPNet）作为它的一个区域网，由于 PPNet 网与 Intemet 网连接，因而可利用网发布和检索浏览服装流行趋势和服装产品信息,为企业生产和营销服务。

（4）整个 CIMS 集成系统的网络构架考虑到进口的 FMS 系统的网络协议和 IP 地址的不可变,其他系统只能与它取得一致,所以网络采用 10BaSe－2、10BaSe－5、10BaSe.T 混合方式连接来实现信息共享,同时还保留向 1010BaSe.T 或更高网络系统环境扩充的能力。

该系统开发时间较久远,相关技术与当前有一定差距,但其开发思想仍然值得借鉴。

五、服装 CIMS 的发展趋势

CIMS 技术的发展趋势体现如下：

（1）集成化。从当前的企业内部的信息集成发展到过程集成（以并行工程为代表）,并正在步入实现企业间集成的阶段（以敏捷制造为代表）。

（2）数字化/虚拟化。从产品的数字化设计开始,发展到产品全生命周期中各类活动、设备及实体的数字化。

（3）网络化。从基于局域网发展到基于 Internet/Intranet/Extranet 的分布网络制造,以支持全球制造策略的实现。

（4）柔性化。正积极研究发展企业间的动态联盟技术、敏捷设计生产技术、柔性可重组机器技术等,以实现敏捷制造。

（5）智能化。智能化是制造系统在柔性化和集成化的基础上进一步发展与延伸,引入各类人工智能技术和智能控制技术,实现具有自律、分布、智能、仿生、敏捷、分形等特点的新一代制造系统。

（6）绿色化。包括绿色制造、环境意识的设计与制造、生态工厂、清洁化生产等。它是全球可持续发展战略在制造业中的体现,是摆在现代制造业面前的一个崭新的课题。

应用于服装的 CIMS 技术发展趋势则是基于服装行业的发展方向,呈现出以下特点：

（1）发展智能化的服装 CAD 系统,将优秀服装设计师、样板师、排料师的经验编制成一个能从设计到排料输出的全自动专家系统。

（2）向三维立体设计发展,要求对三维人体外型及运动效应进行严格的理论分析和研究,应用交互式计算机图形学和计算机几何学的技术成果,建立三维动态的人体模型,实现立体放码,并将三维服装设计图转化为二维的衣片输出,应用于实际的生产。

（3）发展自动量体和试衣系统,适应服装多品种,小批量以及单件的生产需要,从顾客选定款式和面料起,就对顾客进行人体尺寸的测量,经过自动样片生成、放码排料、自动单件裁片机、单元生产系统 、最后到成品,是一个高度自动化,直接面向顾客的服装制作系统。

（4）研制用户界面友好的管理模式,采用多窗口,图形菜单,朝多媒体用户界面发展。

（5）保证图形数据、结构化数据以及非图形非结构化数据的一致性和对用户的透明度。

第五节　服装产品数据管理(PDM)

一、概念

产品数据管理(PDM:Product Data Management)是近年来的一个技术热点。国际咨询公司总裁 ED Miller 在《PDM Today》一文中给了简单的定义:"PDM 是一门用来管理所有与产品相关信息和所有与产品相关过程的技术。"而 Gartner Group 公司的 D. Burdick《CIM 策略分析报告》中把 PDM 定义为"PDM 是为企业设计和生产构筑一个并行产品艺术环境的关键智能技术。一个成熟的 PDM 系统能够使所有参与创建、交流、维护设计意图的人在整个信息生命周期中自由共享和传递与产品相关的所有异构数据。"

服装 PDM 系统是以服装产品为对象,通过计算机网络和网络数据库把服装生产过程中与服装产品相关的信息如订单、产品款式、产品纸样、技术规格、设计数据、工艺资料等集成起来,实现 CAD、CAM、CAPP 等系统的数据共享和统一管理,有效的解决它们之间的"信息孤岛"问题,同时也是 ERP、CRM 的基础,并能有效地改变服装企业传统的设计方式、制造方式、营销方式和管理模式。

二、PDM 系统的发展过程

(一) 第一代 PDM 系统

早期的 PDM 产品诞生于 20 世纪 80 年代初。当时,CAD 已经在企业中得到了广泛的应用,工程师们在享受 CAD 带来好处的同时,也不得不将大量的时间浪费在查找设计所需信息上,对于电子数据的存储和获取新方法的需求变得越来越迫切了。针对这种需求,各 CAD 厂家配合自己的 CAD 软件推出了第一代 PDM 产品,这些产品的目标主要是解决大量电子数据的存储和管理问题,提供了维护"电子绘图仓库"的功能。第一代 PDM 产品仅在一定程度上缓解了"信息孤岛"问题,仍然普遍存在系统功能较弱、集成能力和开放程度较低等问题。

(二) 第二代 PDM 系统

通过对早期 PDM 产品功能的不断扩展,最终出现了专业化的 PDM 产品,如 SDRC 公司的 Metaphase 等就是第二代 PDM 产品的代表。与第一代 PDM 产品相比,在第二代 PDM 产品中出现了许多新功能,如对产品生命周期内各种形式的产品数据的管理能力、对产品结构与配置的管理、对电子数据的发布和更改的控制以及基于成组技术的零件分类管理与查询等,同时软件的集成能力和开放程度也有较大的提高,少数优秀的 PDM 产品可以真正实现企业级的信息集成和过程集成。第二代 PDM 产品在技术上取得巨大进步的同时,在商业上也获得了很大的成功。PDM 开始成为一个产业,出现了许多专业开发、销售和实施 PDM 的公司。

（三）PDM 标准化阶段

1997 年 2 月,对象管理组织(OMG:Object Management Group)公布了其 PDM 使能部件(PDM Enabler)标准草案。作为 PDM 领域的第一个国际标准,本草案由许多 PDM 领域的主导厂商参与制订,如 IBM、SDRC、PTC 等。PDM Enabler 的公布标志着 PDM 技术在标准化方面迈出了崭新的一步。PDM Enabler 基于 CORBA (Common Object Request Broker Architecture,公共对象请求代理体系结构技术),就 PDM 的系统功能、PDM 的逻辑模型和多个 PDM 系统间的互操作提出了一个标准。这一标准的制订为新一代标准化 PDM 产品的发展奠定了基础。

（四）PDM 新技术阶段

20 世纪 90 年代末期,PDM 技术的发展出现了一些新动向,在企业需求和技术发展的推动下,产生了新一代 PDM 产品。新的企业需求是产生新一代 PDM 系统的牵引力。长期以来,人们对于企业功能的分析主要采用这样的方法:首先是定企业的职能边界,确定哪些是企业本身的职能,哪些不是企业的职能。然后对于企业的职能采用"自顶向下"逐层分解的方法,将企业的功能按照从粗到细进行分解形成企业的功能分解树。随着现代科技飞速发展,任何企业要想建立一个大而全的体系都越来越难,任何企业都要经常与其他企业进行联合,甚至许多来自不同企业的职能部门临时组织在一起,组成所谓"虚拟企业"共同完成某项社会生产任务。这些新的社会生产方式要求人们对于企业功能的分析思路和方法也有所改变。如果说第二代 PDM 产品配合了"自顶向下"企业信息分析方法的话,第三代 PDM 产品就应当支持以"标准企业职能"和"动态企业"思想为中心的新的企业信息分析方法。新技术的发展是产生新一代 PDM 产品的推动力。近年来,互联网获得了巨大的发展,互联网已经深入并影响到我们生活的方方面面,"电子商务"的概念也已经深入人心,互联网的广泛普及,给企业传统经营管理方法带来巨大冲击。如何面对网络时代的挑战,已经成为了企业信息化过程中必须面对的问题。

三、PDM 系统的结构框架

PDM 系统的体系结构共分四层:第一层为支持层,采用目前流行的通用商业化的关系数据库平台;第二层是面向对象层,因为商用关系型数据库侧重事务性数据管理,不能满足产品数据动态变化的管理,因此在 PDM 系统中,采用若干个二维关系表格来描述产品数据动态变化,实现面向对象管理要求;第三层是功能层,面向对象层提供了描述产品数据动态变化的数字模型,在此基础上,根据 PDM 系统管理目标,在 PDM 系统中建立相应功能模块;第四层是用户层,包括开发工具层和界面层,不同用户在不同计算机上操作,PDM 系统都要提供友好的人机交互界面,以满足各类用户的专门特殊要求(图 2-8)。

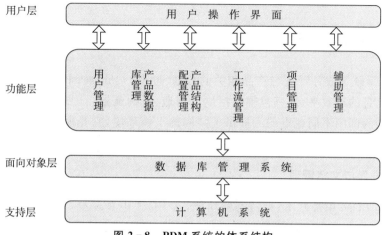

图 2-8 PDM 系统的体系结构

PDM 系统的一个主要作用就是把 CAX(CAD、CAPP、CAM 等)集成起来,一方面为 CAX 系统提供数据管理与协同工作环境,同时为 CAX 系统的集成提供支持。如图 2-9 所示,CAD 系统产生的图纸、衣片的基本属性、板式图、放码图等资料需要 PDM 来管理,而 CAD 系统也需要从 PDM 系统中获取设计要求、技术参数、原有图表、资料等;CAPP 产生的工艺信息,如工序、工步等由 PDM 管理,且 CAPP 系统需从 PDM 中获取原材料信息、设备管理信息等;CAM 系统将其产生的刀位文件、设备文件、窄轨距(NG:Narrow Gauge)代码由 PDM 管理,同时从 PDM 中获取产品模型信息、工艺信息等。由于系统图像数据信息庞大且图像格式多样,数据库难以负荷,因此本系统将 CAX 产生的文件资料分两种格式保存,一种以 BMP 格式存储在数据库中,作为浏览之用;另一种以 CAX 的可编辑文件格式保存在公用的文件柜里,并保存此图形的物理地址,通过 PDM 系统在数据库里查找地址,用 CAX 接口从公用文件柜罩打开该文件,直接在 CAX 中编辑。

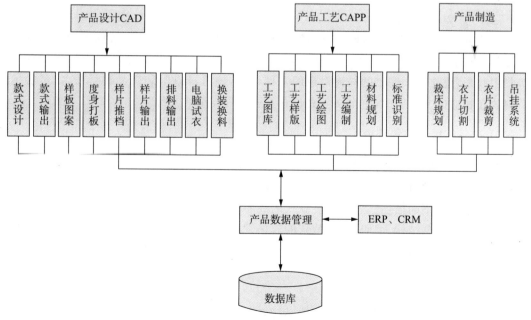

图 2-9 服装 PDM 的信息集成模式

四、服装 PDM 系统的功能

服装 PDM 系统集成并管理与产品相关的数据、过程、人员、时间等信息,它是企业人员管理和共享产品信息的有效平台,其范围包括生产制造、资源配置、计划调度、采购销售、财务预算等。它为不同的部门不同地点的人提供了共同的工作环境,它是所有信息的主要载体。其主要功能如下。

(一) 电子仓库与文档管理

电子仓库是 PDM 中最基本、最核心的功能,在 PDM 中实现与产品有关的文件的元数据和物理数据的存储,以及指向物理数据和文件的指针。PDM 通过建立元数据与物理数据的联系,并将这种联系与元数据保存在电子仓库里,从而达到快速检索与节省存储空间的目的。

文档管理对象包括服装原始文档、服装设计文档、服装工艺文档、产品生产文档。

1. 原始文档

是产品开始设计之前关于产品的文档,它为产品设计和生产过程提供一些要求和规范,它包括订单、设计任务书、产品设计说明书等文件。

2. 设计文档

是在服装设计过程中的所有图片和文字信息,服装包括服装设计与分析数据,一部分是各种设计过程(包括打板、放码、排料设计)的规范和标准以及产品技术参数;另一部分是设计过程中产生的数据。另外,还有产品图形信息、审核信息、验收标准等。

3. 工艺文档

指 CAPP 系统在工艺设计过程中使用和产生的数据,分为静态和动态。静态工艺数据指在工艺设计手册上已经标准化的工艺数据和标准工艺规程等;动态工艺数据主要指工艺决策所需的规则,工艺知识主要分为选择性规则和决策性规则。

4. 生产管理

生产管理指对产品生产的计划与管理,生产中的数据可以分为基础数据和动态数据。这些数据都要求准确和完整。在生命周期中,为了完整的描述服装产品信息,将其有关的图文资料等集中起来,建立一个完整的描述对象的文件目录,该目录以服装产品编号命名,然后把这些资料放在相应的文件夹中,一个文件夹包含不同文件类型的文件。

(二) 产品结构与配置管理

以电子仓库为底层支持,以材料报表为其组织核心。把定义最终产品的所有数据和文档结合起来,实现产品数据的组织、控制和管理,并在一定目标或规则的约束下向用户或应用系统提供产品结构的不同描述。管理服装款式的成品样衣、样板图、技术规格、工艺资料等数据,创建及维护款式数据结构、编码,实现款式的规格管理、结构配置管理,同时实现款式设计数据的查询、发放。产品管理模块主要包括款式结构、款式配置、款式查询、发放管理、规格管理及编码管理等功能。

1. 产品结构管理

该管理主要创建和维护复合服装款式结构,定义款式结构下各种属性及数据类型文件,如款式说明、规格、样板以及相应的数据文件。通过产品的结构化管理,可以很方便地对所有的产品信息进行查询、生成物料清单等。服装设计过程是个动态的过程,需要对设计进行修改,会产生很多版本。一个对象会有很多版本,它们之间应有联系。常见的版本管理有线性和树状两种结构。

2. 配置管理

配置管理根据各种服装款式,建立款式配置方案,产生某种符合用户要求的产品结构。在原有产品的基础上,通过变形设计,开发出新的产品。它适合与系列化产品和 BOM 表的编制。它需要两个工作,开发能够支持变形设计的产品和构建一个变形产品结构。

3. 款式查询

提供高效便捷的查询所需款式的方法,可以根据各种款式属性进行单一查询、复合查询及模糊查询。

4. 发放管理

根据系统设定的流程,按程序向指定的部门(人员)提供服装相关的设计数据和图形资料,包括款式设计图、样板图、放码图、工艺卡等。

5. 编码管理

为了方便产品的存储、管理和查找,需要按照一定的规则设定服装的编码。

(三)工作流管理

该模块主要实现产品设计与修改过程的跟踪与控制。包括工程数据的提交、修改、管理、监督、文档的分布控制和信息的自动通知,主要管理用户对数据进行操作时会发生的情况、人与人之间的数据流动以及在项目的生命周期内跟踪所有事务和数据的活动。修改后的产品数据经提交、审批后变为新版本的产品数据。

1. 设计管理

在企业里设计者设计服装不能只靠灵感,他首先需要产品的设计要求和自己的设计思想,其次需要与设计有关的文档、图表等产品信息或可借鉴别的设计资料。设计管理提供设计者一个工作环境,在这个环境里,设计者可以方便的从数据库或公用文件柜里获取所需的资料用于自己的设计。这些资料都是在工作流程中产生的。

2. 审批管理

设计者完成设计后便可以将信息提交给相应的审批部门。当具有审批权限的人进入系统后,便能收到请求审批的文档信息,他可选择自己的任务产品进行审核,然后将审核的信息反馈给该设计的设计者。当每个工作流程结束时,便可激活下一个流程并提交相关数据信息,通知下个流程开始工作。如设计每段审核结束时,便激活另一个程序通知工艺编制人员开始编写服装工艺,这样使工作流程自动衔接,使产品开发井然有序。

3. 更改管理

在工作流程中,设计提交审核后,审核人员将需要修改的信息返回给上个流程的设计人员,设计人员接受修改意见后进行修改再提交审核。每次更改都会有相应的信息产生,如更改版本、更改时间、更改人员等。更改后的版本都需要保存,以便之后的查询和产品设计的追溯。

(四) 用户管理

1. 用户管理

该系统是面向广大用户的,但用户角色不同其能使用系统的权限范围便不同。因此需要对用户信息进行管理。其主要实现新用户的添加、用户的删除、用户信息的修改等功能。

用户信息包括用户的编号、姓名、用户名、角色、密码,该管理模块仅由系统管理员操作。

2. 角色管理

创建指定系统角色,并赋予角色特定的职能及权限。角色代表系统中的一类用户,具有相同权限和职能。他们完成某一类工作,该模块实现角色的创建、删除及权限设定。

3. 组织管理

建立服装 PDM 环境下的组织部门,类似于现实企业中的组织部门,但系统中的组织仅限于系统管理下的用户所组成的部门,系统可以根据工作需要(如项目需要)创建临时的或虚拟的部门,组织管理完成创建和维护部门结构。

(五) 辅助管理

为了使该系统更加有效和完善地管理产品数据,除了主要的管理功能外,还需要设置一些辅助的功能。包括款式设计数据的备份管理、日志管理、系统邮件管理、打印管理、权限安全管理等。

1. 备份管理

数据在该系统有着重要的地位,是系统的保存对象。为了使数据保存更安全,系统对电子仓库和公用文件柜中的数据(图形、文档等)进行定期自动地或人工地备份,为产品数据套上双保险。

2. 日志管理

如果需要知道在某个时候是谁对某数据进行了操作,查询 R 志便可以解决。日志保存了系统用户的近期工作,包括设计工作、数据修改等行为,提供指定用户进行查询。

3. 系统邮件管理

实现系统用户之间的邮件通讯,制定各种特定的邮件类型和通讯方法,可以和系统的用户管理结合,实现角色间、部门间的特定邮件通讯。

(六) 项目管理

在新产品的实施过程中实现其计划、组织、人员、相关数据的管理和配置,进行项目运动状态的监视并完成计划反馈。它是建立在工作流程管理的基础上的一种管理,包括项目自身信息的定义、修改以及与项目有关的信息,如状态、组织等信息的管理。

1. 项目和任务描述

为了描述项目的完整过程,则要提供一些模式来表达项目中要进行的活动过程,使管理人员能全面、系统、整体的把握项目。

2. 研制阶段状态

在研制过程中每个阶段都要经历不同的状念:工作状念、审核状念、完成状态等。系统管理项目中各任务的数据和数据对象的审批、发放,将数据准确地交给使用成员,保证工作顺利进行。

3. 项目人员

系统提供人员的角色、权限等基本信息,区分参加各项工作的有关人员的身份,例如设计师、审核师、访问人员等。并明确每项任务的执行、审核人员。

4. 项目研制流程

根据需要制定项目流程,协调产品开发活动、处理开发中的冲突事件。包括项目时间管理、项目费用管理、资源管理、自动组织开发过程、监控项目执行过程。

(七)版本管理

在设计过程中,同一个设计对象会有许多的版本,它反映了整个设计的过程。每个设计过程都不是线性的,需要多次反复,每个设计阶段必须经过评审和实验,确保设计的合理性和正确性,然后经过审核批准,最后形成正式版本才能发放。在设计过程中,同一设计对象要经过多次修改,设计人员希望查看设计的先前状态,并保留设计过程中不断改进的中间结果,以便在其后的设计步骤中如发现这些结果不符要求,可再返回到此基础上进行改进,随时对设计历史进行追溯。

1. 文档的版本管理

首先按版本产生的先后顺序排列来管理设计阶段的版本。当产生一个新版本,同时自动赋予版本号,版本号从 0 开始自动加 1,版本号越高,该版本越新。在所有版本中有的是无用版本可以删除,有的是有用版本需要保存。

2. 工作流程版本管理

设计过程是设计对象由一个状态向另一个状态迁移的过程。设计对象版本以及版本的状态反映设计过程的变迁。在工作流程管理中,通常分为四个状态:工作状态、提交状态、发放状态、冻结状态,对应的版本称为工作版本、提交版本、发放版本、冻结版本。

工作版本是处于设计阶段的版本,是设计者的正在设计的版本,它是当前设计者私有的不能被访问的版本。它存在于设计者的私人电脑中。

提交版本是指设计已经完成,需要提交审核的版本。提交版本锁定在公有数据库中,不允许删除和更新,只供设计者和审批人员共享。

发放版本是提交版本通过所有审核批准后,便成为发放版本。版本一旦被发放,对它的修改就被禁止。

冻结版本是指设计达到某种要求,在某阶段时间内保持不变的版本。提交版本是审批过程中的一种冻结版本,在生产完成后发放版本归档,这也是一种冻结版本。

案例:爱科服装 PDM 系统

ECHO 服装 PDM 系统是以产品为中心,集数据库的数据管理功能,网络的通讯能力和过程控制能力于一体,将产品生命周期内与产品相关的信息和所有与产品相关的过程集成到一起,使参与产品生命周期内所有活动的人员能自由地共享和传递与产品相关的所有信息。它应提供产品全生命周期的信息和过程管理,并可在服装企业范围内为企业的设计与制造建立一个并行协同工作环境。服装企业的信息主要包括项目计划、设计数据、成品样衣、样板图、技术规格、工艺资料等数据。ECHO 服装 PDM 系统提供了服装 CAD、CAPP、CAM、ERP 等系统的集成平台,由服装 PDM 系统统一管理各种数据,使产品数据在其生命周期内保持一致、最新和安全。从而解决服装企业在服装设计和生产过程中信息共享程度低、数据传递速度慢、业务数据难以集成、管理水平落后等缺陷,进而提高服装企业的市场竞争力和应变能力。服装 PDM 系统以服装款式数据管理及款式开发、生产过程管理为核心,支持面向服装企业全面信息化改造(图 2-10)。

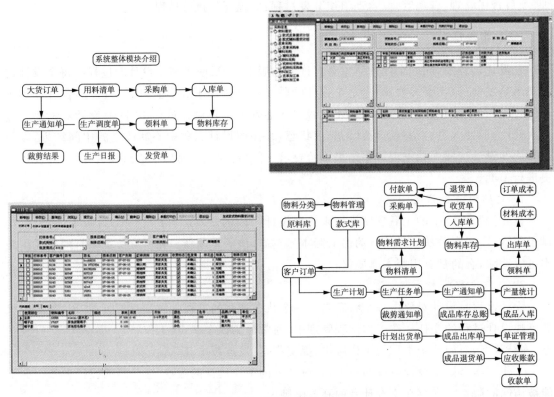

图 2-10 PDM 系统的界面

ECHO 服装 PDM 的体系结构

ECHO 服装 PDM 系统采用 Client/Server 结构,包括计算机网络及操作系统、数据库管理以及应用软件三个层次。网络及操作系统保证工作流程的自动执行,数据库管理系统实现了对服装款式所有数据的管理工作。系统的体系结构如图 2-11 所示。

| 用户管理 | 角色管理 | 组织管理 | 款式结构 | 款式配置 | 款式查询 | 发放管理 | 规格管理 | 编码管理 | 流程管理 | 项目管理 | 辅助管理 |

图 2-11 PDM 系统的体系结构

ECHO 服装 PDM 系统功能模型

根据系统功能划分,ECHO 服装 PDM 系统包括用户管理、产品管理、工作流管理及辅助管理四大组成部分。

1. 用户管理

管理参与服装 PDM 系统所有用户的注册、权限、组织结构的创建及修改,模块包括用户管理、角色管理以及组织管理等功能。

① 用户管理:管理系统用户的注册、注销、登录等。

② 角色管理:创建指定系统角色,并赋予角色特定的职能及权限。角色代表系统中的一类用户,具有相同权限和职能,完成某一类工作。该模块实现角色的创建、删除及权限设定。

③ 组织管理:建立服装 PDM 环境下的组织部门,类似于现实企业中的组织部门,但系统中的组织只限于跟系统管理下的用户所组成的部门,系统可以根据工作需要(如项目需要)创建临时的或虚拟的部门。组织管理完成创建和维护部门结构。

2. 产品管理

管理服装款式的成品样衣、样板图、技术规格、工艺资料等数据,创建及维护款式数据结构、编码,实现款式的规格管理、结构配置管理,同时实现款式设计数据的查询、发放。产品管理模块主要包括款式结构、款式配置、款式查询、发放管理、规格管理及编码管理等功能。

① 款式结构管理:创建和维护复合服装款式结构,定义款式结构下各种属性及数据类型文件,如款式说明,规格,样板以及相应的数据文件。

② 款式配置管理:根据各种服装款式,建立款式配置方案,提供交互式定义个性化服装方法。

③ 款式查询:提供高效便捷的查询所需款式的方法,可以根据各种款式属性进行单一查询、复合查询及模糊查询。

④ 发放管理:根据系统设定的流程,按程序向指定的部门(人员)提供服装相关的设计数据或图形,包括样板图、工艺卡等。

⑤ 规格管理:可以根据不同的服装款式设计不同的规格系列和分类方法。

⑥ 编码管理:设定服装的编码及编码规则。

3. 工作流管理

管理款式设计的工作流程,创建流程模版,实现款式设计、样板设计、推挡、排料、工艺编制等流程控制。工作流管理模块主要包括流程管理及项目管理。

① 流程管理:提供各种服装设计的过程管理模版,允许用户创建自己的工作流程,系统监控设计流程,并可视化地显示工作流程执行状态。

② 项目管理:定义新款服装的完整开发及实施过程,如款式设计、打版、试制、批量生产等过程。

4. 辅助管理

主要包括款式设计数据的备份管理、日志管理,系统邮件管理等。

① 备份管理:对系统的设定,电子仓库中的数据(图形、文档等)进行定期自动地或人工地备份。

② 日志管理:保存系统用户的近期工作,包括设计工作、数据修改等行为。提供指定用户进行查询。

③ 邮件管理:实现系统用户之间的邮件通讯,制定各种特定的邮件类型和通讯方法,可以

和系统的用户管理结合,实现角色间、部门间的特定邮件通讯。

ECHO 服装 PDM 系统的信息化集成构架

在服装企业信息化的整体解决方案中,ECHO 服装 PDM 以不同的方式实现与服装 CAD、服装 CAPP 及 ERP/MRPII 等应用系统进行数据集成、功能集成及过程集成。

(1) 与服装 CAD 系统的集成

服装 CAD 是服装数据的主要来源,支持全面集成是服装 PDM 的技术关键。服装 PDM 系统支持与 ECHO-CAD 的数据、功能及过程集成。在服装 PDM 的集成环境中,ECHO-CAD 的服装设计数据(如成品样衣、样板图、技术规格等)可以直接以结构化数据形式保存在服装 PDM 的电子仓库中,服装 PDM 的工作流管理根据用户设定的设计管理流程,通过 OLE 方式调用 ECHO-CAD,从而实现款式设计、样板设计、推挡、排料等功能,也可以以控件形式根据工作流程分别调用 ECHO-CAD 的款式设计、样板设计、推挡、排料等模块。

与其他服装 CAD 系统的集成中,服装 PDM 以文件形式管理服装设计数据,同时根据工作流以数据文件关联调用方式实现服装 CAD 的功能及过程集成。

(2) 与服装 CAPP 系统的集成

服装 CAPP 是服装从款式设计到组织批量生产的最重要技术数据,CAPP 数据中所包含的工艺路线、生产资源规划直接指导生产计划,服装 CAPP 是一个承上启下的设计过程。有效集成服装 CAPP 的数据、功能及过程是服装 PDM 系统的重要特征。

目前专业服装 CAPP 还不成熟,服装生产过程的工艺表、服装生产资源的工艺规划还未规范化,在表示服装生产工艺时往往借用其他行业的 CAPP 系统(如机械制造 CAPP 等),同时还采用电子表格、文档文件编辑工具(如 MS Excel、MS Word 等)。服装 PDM 系统在集成服装 CAPP 时采用工艺数据文件集成的方式,系统把服装款式的工艺数据作为一个款式属性以文件形式整体加以管理,并在与 ERP 系统集成时通过抽取工艺路线等工艺属性实现与 ERP 的数据集成。服装 PDM 根据服装 CAPP 数据文件属性及其关联设计系统(如机械制造 CAPP、MS Excel、MS Word 等)实现过程集成。

服装 PDM 系统支持服装工艺的工艺单元的输入及工艺路线的编辑生成,同时支持其他 CAPP 系统的格式化数据到服装 PDM 系统工艺单元及工艺路线数据的转换,从而实现真正意义上的工艺数据管理及过程集成。

(3) 与 ERP/MRPII 系统集成

PDM 与 ERP 的系统集成主要考虑系统之间的数据集成,系统之间的工作流程关系不明显。PDM 与 ERP 系统之间的数据集成通常采用材料清单(BOM, bill of materials)实现数据接口。服装 PDM 系统从服装款式及其产品结构特点出发,根据所集成 ERP 系统的需求,客户化定制各种 BOM 格式,从而实现从技术 BOM 到管理 BOM 的接口。

服装 PDM 系统可实现格式化工艺数据的生成,尤其是 ERP 系统所需的工艺路线、材料定额、工时定额等数据的生成。

第六节　服装产品生命周期管理系统(PLM)

一、概念

　　产品生命周期的概念最早出现在经济管理领域,其主要目的是研究产品的市场战略,对产品生命周期的划分也是按照产品在市场中的演化过程,分为推广、成长、成熟和衰亡阶段。20世纪80年代,并行工程的提出将产品生命周期的概念从经济管理领域扩展到了工程领域,将产品生命周期的范围从市场阶段扩展到了研制阶段,产品生命周期的概念覆盖了从产品需求、概念设计、详细设计、制造、销售、售后服务,直到产品报废回收全过程。在制造业中,为了解决大量工程图样的管理问题,通过使用图像扫描技术把图样转换成电子图像,并用软件实现对这些电子图像的浏览和修改,重新生成新的工程图样,这种软件就是产品生命周期管理(PLM)的雏形。

　　21世纪的到来,随着信息技术和企业应用的发展,PLM的内涵也在不断的充实和发展。美国著名的咨询公司CIMdata给PLM下了一个完整定义:PLM是一种战略性的商业方法,它应用一组一致的业务解决方案来支持在广义企业内创建、管理、分发和使用覆盖产品从概念到消亡整个生命周期的定义信息,它集成了人、过程和信息。PLM是一个企业级的信息基础框架,它提供了一个单一的产品信息源和一致的产品信息管理机制,保证正确的人,在正确的时间,以正确的方式访问到正确的信息。国内学者沈建新认为:产品全生命周期管理是指管理产品从规划、概念设计、工程化设计、生产、营销、维修与售后服务的全生命周期中的信息与过程。它既是一门设计制造技术,又是一种设计制造理念。它支持并行设计、敏捷制造、协同设计和制造,网络化制造等先进的设计制造技术手段。

　　PLM是产品数据管理(PDM)的延伸和发展,覆盖了PDM的主要功能,是专门用来管理所有与产品相关信息(包括零件信息、配置、文档、CAD文件、结构、权限信息等)和所有与产品相关过程(包括过程定义和管理)的技术工具。从技术角度上来说,PLM是一种对所有与产品相关的数据在其整个生命周期内进行管理的技术。从企业信息化角度讲,企业需要的是与产品生命周期相关的所有信息的集成。PLM是企业信息化的集成平台,与外部过程(如ERP、SCM、CRM等)的数据交换或系统集成,形成产品生命周期内上下游充分利用产品知识的、自循环的体系结构。

　　综上所述,PLM是以产品数据模型为核心,将产品需求、设计、制造、销售、服务和回收等产品生命周期内涉及的各种数据集成在一个统一的平台上进行管理,通过这个平台,企业内部各部门之间、企业与最终用户之间以及企业与企业之间可以高效地协同工作。

　　PLM为服装企业的实施带来了一系列改变,包括缩短产品上市时间、在设计阶段及时发现错误以避免生产阶段昂贵的修改费用、在产品推向市场的过程中减少参与人员的重复劳动、提取产品数据作为新的信息资源等。一些国际知名服装品牌如Nike、FILA、GUCCI等应用PLM系统实现了企业的大发展。主要有以下4方面的效益:

　　1. 及早获悉进料及成本状况

　　应用PLM前,最后获悉生产线构成的是进料经理;另外,面辅料的供应商也不能及时准确地提供服装企业所需要的材料。应用 PLM 后,进料和生产经理都能够及早看到开发的款式,使他们能够对生产厂家进行评估并制定初步的生产计划;同时便于进料经理查看材料供应商在质量、成本、及时交货等方面的信息,了解以前各季度的表现。此外,向生产厂家发送成本要求前,服装企业可以制定运行报告,说明当前已分配给该生产厂家的业务量,从而确定其生产能力。

2. 调整生产线规划

应用 PLM 前,制定服装的款式、类别、存货和生产线等综合预测分配任务时,繁复的工作很容易使企划人员造成遗漏或重复。应用 PLM 后,这一切均可以在 PLM 解决方案内通过对现有和历史产品及周期性信息进行统一访问来实现。工作人员通过回顾上季度业绩,确定哪些产品类型取得了成功,哪些价位实现了可行利润,然后将此类数据与最新趋势相结合进行分析,为企划人员提供整个生产线的可视化操作。

3. 加快设计速度

服装企业每季度续用的款式一般高达 20% 左右,设计师为了修改这些款式花费了很多时间以致不能集中精力设计新的产品。同时,由于各部门独立工作也造成资源和时间上的浪费。导入 PLM 系统后,设计师可以方便地浏览和使用资料库中以往的产品信息;利用信息库能在一个组件更新后自动更新所有的相关款式,并及时通知到其他部门成员,让他们能够就款式、面料、工艺和色彩等方面进行及时沟通。

4. 节约管理成本

应用 PLM 前,服装企业各部门都是相对独立地工作,在生产过程中很容易出现工作的交叉和重复,从而增加管理费用及成本。应用 PLM 后,可杜绝不必要的会议、流程交接等,使用网络来监督生产进度,并能为服装企业中所有团队成员提供标准化的产品规范。

二、服装 PLM 的功能

随着 PLM 在企业的推广应用,许多不同的 PLM 应用被开发出来,如配置管理、工程变更管理、文档管理等,现在都已成为 PLM 的标准功能。这些应用缩短了 PLM 的实施时间,并将许多成功的实施经验融合在这些应用中。目前,典型的 PLM 应具备以下功能:

(1) 变更管理使数据的修订过程可以被跟踪和管理,它建立在 PLM 核心功能之上,提供一个打包的方案来管理变更请求、变更通知、变更策略,最后到变更的执行和跟踪等一整套方案。

(2) 配置管理建立在产品结构管理功能之上,它使产品配置信息可以被创建、记录和修改,允许产品按照特殊要求被建造,记录某个变形被使用来形成产品的结构。同时,也为产品周期中不同领域提供不同的产品结构表示。

(3) 工作台将完成特定任务必须的所有功能和工具集成到一个界面下,使最终用户可以在一个统一的环境中完成诸如设计协同、数据样机、设计评阅和仿真等工作。

(4) 文档管理提供图档、文档、实体模型安全存取、版本发布、自动迁移、归档、签审过程中的格式转换、浏览、圈阅和标注,以及全文检索、打印、邮戳管理、网络发布等一套完整的管理方案,并提供多语言和多媒体的支持。

（5）项目管理负责项目的计划、执行和控制等活动，以及与这些活动相关的资源。并将它们与产品数据和流程关联在一起，最终达到项目的进度、成本和质量的管理。

（6）产品协同提供一类基于 Internet 的软件和服务，能让产品价值链上每个环节的每个相关人员不论在任何时候、任何地点都能够协同地对产品进行开发、制造和管理。

（7）产品构型管理是应对系列化产品设计和生产的有效方法。通过构型管理避免产品发生局部修改，或更换选件时重新构造 BOM 表和数据准备等繁重任务。

三、服装 PLM 的系统构成

服装 PLM 系统一般分为产品设计、产品数据管理和信息协作三个层次。

（1）产品设计层：包括用于概念开发、样板开发、放码、排料和 3D 设计的软件。在产品设计的过程中，产品线规划需要收集并整理从产品概念到产品生产的开发项目信息，以及所开发产品详细的可视款式和规格信息，如参数和样品。

（2）产品数据管理层：收集并整理设计层信息，供其他部门应用。能够对面料规格、成本和信息要求、图像管理、工作流程等方面进行控制，并在公司范围内数据共享；同时维护所有数据库数据，包括技术规格、颜色管理、物料清单和成本计算等，另外，还对各类产品及其资料图板、数据和各类报表进行管理。

（3）信息协作层：有效控制和管理产品供应链上的信息。主要是工作流程、样品追踪、合作伙伴许可认证以及向零售商、品牌开发商、供应商及工厂发布必要信息时所用工具的优化组合。

四、服装 PLM 的关键技术

（一）服装企业建模

企业建模是实施计算机集成制造系统 CIMS（Computer Integrated Manufacturing System）以及企业信息化的重要基础。是实现信息集成、过程集成以至企业集成的前提。单纯依靠技术进步而提高企业经济效益的时代已经过去，企业建模及相关系统的建立越来越成为企业成功的关键。PLM 系统整体方案是指导服装企业正确设计、实施和运行企业 PLM 系统的方法和工具，它是在企业模型基础上，通过对企业的调研、分析构建而成。一个好的企业模型是一个优秀 PLM 解决方案的前提和必要条件。

目前，按照集成制造系统建模方法论提出的多视图、多方位体系结构的概念，在一些特定的方面已有一些公认的比较成熟的建模方法。比如 IDEF0 建立功能模型、IDEF1 建立信息模型、IDEF3 建立过程模型、GRAI 方法建立决策模型等。

首先，服装企业的建模，应从系统的问题描述开始。详细精确的问题描述能使软件开发人员的分析、设计更为合理、准确。服装行业 PLM 系统的处理功能通常包括销售、计划、工艺（技术）、采购、库房、授权管理等模块，每一模块均包含基本信息的录入、存储和基于此的信息处理。基本信息录入和存储是针对各种业务的操作，强调操作的方便和数据的准确可靠。具体而言,接单部门从客户那里接到订单后进行服装新款处理和订单处理,同时将该订单信息传送到计划部门和工艺部门。计划部门做生产计划,如生产能力计划、服装材料需求计划、生产进度计划。工艺部门对订单包含的新款进行详细的工艺描述,提出具体的工艺要求和工艺流程及具体的操作规范。生产部门根据计划部门的生产计划和工艺部门的操作要求进行生产。采购部门根据物料需求计划和库存信息对物料进行采购。

其次,根据上述问题描述,先确认服装行业管理信息系统的角色,有客户、接单部门、工艺部门、计划部门、生产部门、采购部门、分析部门,在此基础上确认用例。订货采购需求可以用活动图来描述。由于用例的需求说明直接影响到后续设计阶段对类的操作的定位,因此,用例的需求说明应当尽量全面、准确。一个设计良好的系统结构是系统可扩充和可变更的基础。包实际上是一些类的集合。类图中包括有助于用户从技术逻辑中分离出应用逻辑(领域类),从而减少它们之间的依赖性。这就是软件结构设计强调的模块间的高聚合、低偶合的原则。在商业 MIS 中,存在以下包(或子系统):用户接口包、商业对象包、数据库包、实用包。用户接口类允许用户访问系统数据和加入新数据。在商业对象中,用户接口包跟商业对象包合作,调用商业对象的操作,实施数据的检索和插入。商业对象包括来自分析阶段的特定领域类。在设计阶段,详细设计这些类,完整定义它们的操作,支持对数据库的存取。所有商业对象类必须继承数据库包中的类。数据库包为商业对象包中的类提供服务,便于永久存储。实用包包含系统其他包要使用的服务引。

(二) 信息集成技术

服装企业的应用系统集成是基于服装产品生命周期的信息模型的系统集成。对产品生命周期中的所有产品数据进行定义,而这些数据分别存储在不同的应用系统中。为了使产品信息模型对所有用户来说都是透明的,必须把这些分散的系统集成为一个整体。

1. Web Service 技术

通过 Web 服务,企业可以将共享信息、外协信息对外发布,其信息可以被 Web 程序所使用,也可以被其他企业的应用程序使用。Web 服务特征:第一,完好的封装性。对于使用者而言,它能且仅能看到该对象提供的功能列表;第二,松散耦合对于松散祸合而言。尤其是在 Internet 环境下的 Web 服务而言,需要有一种适合 Internet 环境的消息交换协议,而 XML/SOAP 正是目前最为适合的消息交换协议;第三,软件平台无关性,高度可集成能力。

2. XML 技术

由于 CAX(CAD/CAM/CAPP)与 ERP 等系统的数据格式不同。因此必须提供一种中间的通用数据格式来实现两个系统之间的信息集成。XML 作为一种高效、简单且具有高度开放性、兼容和跨平台性能的数据存储和数据交换标准,越来越显示出其强大的优越性。XML 的优点主要有:

第一,良好的数据格式,便于设计与特定领域相关的标记语言,同时又利于在异构系统间数据交换。

第二,良好的可扩展性和灵活性。XML 的扩展性和灵活性允许它描述不同种类的应用软件中的数据,且能集成不同来源的数据,方便了数据的建立。

第三,便于网络传输,XML 的压缩性能好。不会给网络传输增加太大的负担。

第四，文档高度结构化。

(三)服装企业标准化

服装生产的标准化是服装生产企业面临的一个重要问题。目前人们的穿着越来越追求个性化,服装企业为了适应大众的需要,生产逐步转向小批量、多品种。产品类别迅速增加,标准化管理工作的难度随之增加。传统手工模式下的标准化管理已远远不能满足现在的实际需要,企业需要借助先进的计算机技术来帮助实行标准化管理。

1. 数据的标准化

数据的标准化包括对内标准化和对外标准化。对内标准化,指利用 PLM 对象定义功能,根据服装企业实际情况,建立符合设计管理要求的对象类和各种集成的数据模型,并对企业现有和新生成的全部文档对象、服装款式效果对象、服装样片对象、服装面料对象、车间生产组织对象等已定义的数据模型进行管理。对外标准化,指利用编码管理系统、软件应用集成和数据信息标准接口定义系统,实现对 PLM 外部应用软件传递数据的标准化。

2. 服装产品部件标准化

服装成品实物形态的标准化可通过 PLM 的产品管理模块实现。服装各半成品裁片的部件管理系统首先提供完整的服装裁片列表,将企业的已有目录按一定顺序列表,并在 PLM 内提供设计部门可浏览的界面,一般称其为"零件仓库"。对于产品通过产品配置建立的不同产品模型,从功能角度可以将产品分解为若干构件组合。构件组合即按标准化原则,设计并制造若干通用性较强的单元组,再根据需要拼合成不同用途的标准化形式产品。

3. 企业订单业务规范化和标准化

服装 PLM 系统中流水线管理、加工变更管理和订单管理本身是在加工类和订单类定义的基础上,将企业订单业务过程中形成的规范以模板形式固化在软件内部。在任务执行时由系统自动分派和通知,从而保证订单业务的规范。PLM 系统可减少任务执行的传递时间,提高数据信息的准确性和任务执行效率。

案例:服装 PLM 应用

基于服装业大规模定制的 PLM 系统

1. 产品族信息模型

在大规模定制生产模式下,产品变异的结果使得产品的种类数目非常庞大,产品的复杂性指数增加,使得企业难以对产品数据进行有效管理。产品族信息模型作为具有相似属性的一类产品的模型,能够反映客户群的客户需求,因此,在客户化产品定制设计中,首先应基于产品族结构(PFA:Product Family Archi-tectum),建立产品族信息模型 PFIM,建立产品族信息模型是实现规模定制生产的关键。产品族信息模型作为具有相似属性的一类产品的信息模型,要反映出对应的客户群的需求,必须覆盖同一产品族内所有产品的功能特征和结构特征,同时还必须充分考虑设计知识的重用和产品模型快速变型的机制。由于产品族信息模型必须支持产品的全生命周期,所要表达的产品信息是多方面的,因此采用如图 2-12 所示的多视图表达产品的相关信息。

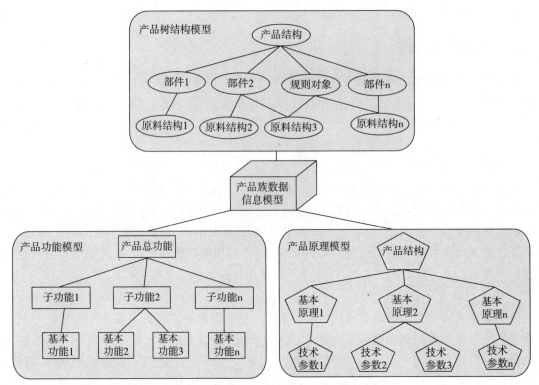

图 2-12   基于多视图的产品族信息模型

2. 服装大规模定制 PLM 体系结构

基于产品族信息模型的 N-Tier PLM 体系结构设计摆脱了传统体系结构只针对单一产品模型和标准化大规模产品开发设计特点,采用产品标准化和并行工程相结合的方法对产品族的产品结构模型、产品功能模型、产品原理模型进行设计,体现了产品在全生命周期过程中客户、合作伙伴、代理机构以及企业内部各个部门的相互协作的理念,并通过相应的产品族信息设计工具辅以模型驱动的设计开发思想加以实现。如图 2-13 所示。

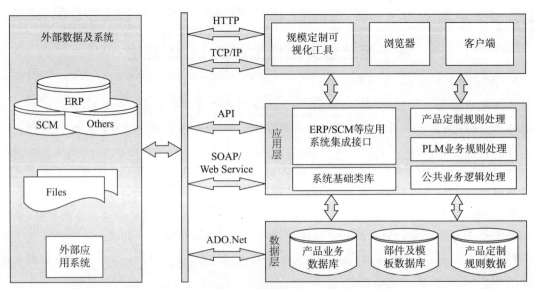

图 2-13   产品族信息模型的 N-TierPLM 体系结构

本系统架构是基享 B/s 架构进行扩展的 N. Tier(多层)体系结构,采用微软推出的新一代互联网开发工具. Net,包括 c♯、ASP. Net 和 Web Service 作为系统的核心开发技术。表现层是和用户直接进行交互的人机界面,所有的产品定制和数据展示都通过表现层呈现给用户;在业务层,通过对 PLM 业务、产品结构、业务定制规则的抽象,形成了一系列处理业务的类、接口和规则解析引擎,并以 XML 作为和外部系统进行数据交换的介质,通过一系列 API、web service 和外部系统进行数据集成;基础服务层主要提供一些系统级别的封装接口和服务,例如数据操作服务、安全控制服务等;NET Framework 结合了各种崭新的技术(c♯、ASP. Net web service 等),以及现有技术的更新版。这些增强功能,使它成为多层式架构应用程序的最佳支撑框架;数据存储层主要存储相关的产品定制规则、产品业务数据以及产品部件/模板数据,考虑到 SQL Senrer 和 Net 的良好集成性,选择其作为数据存储管理系统。

3. 规模定制可视化工具设计

在规模定制产品的实现过程中,通过规模定制可视化工具将设计目标由单个的产品转向产品族,以产品的通用框架来描。上述产品结构,加入各种不同功能的零部件级的标准接口允许部件之间合理地组合,以覆盖所有可能的产品功能需求范围,从而实现了产品设计过程中的通用设计和产品定制阶段。其设计原理如图 2-14 所示。

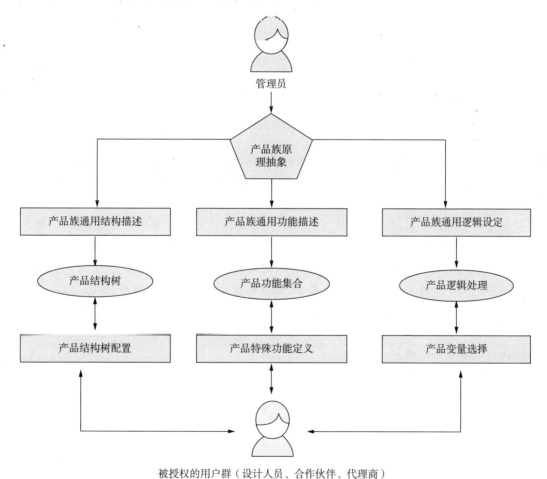

图 2-14 定制化产品族可视化设置

系统管理员根据产品族的原理抽象出同一种特征的产品结构,通过可视化的设计界面和配置工具配置相应的通用性产品结构,并定义该产品具有的通用功能。被授权的用户群(设计人员、合作伙伴、代理商等)可根据自己的设计需要或者功能需要浏览产品结构,从中找到相应的产品结构子树或者节点属性,并定义特殊化的产品变量(规格、参数等)。上面的设计原理主要是通过一个产品配置器、一个规则定义器、一个规则解析引擎以及数据库来实现客户的定制化需求,考虑到 XML 层次结构的易于扩展,把其作为产品规则描述的媒介。

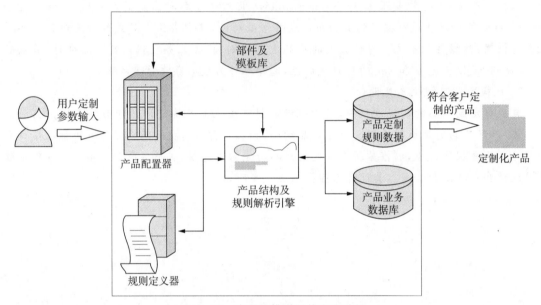

图 2-15　产品规模定制化实现过程

基于上述,对系统的应用主要体现在:通过产品配置器对通用产品结构、功能进行配置;通过规则定义器定义产品族的规则约束和功能约束;通过 Web 进行产品实例、产品零部件定义以及通过定义的产品结构和产品定制规则来达到客户需求多样化的大规模生产设计。以服装的大规模定制为研究对象,在 Internet/Intranet 的应用环境下对系统的实现进行尝试,用户可通过对某款衣服的结构定义、概要设计、BOM(Bill of Material)定义、面料、辅助材料、衣服颜色、衣服规格尺寸设计个性化的衣服系列。衣服的定制化过程可利用浏览器实时、直观、动态地向客户展示选择后的产品外形和颜色系列,向合作伙伴展示衣服的用料、价格、以及规格尺寸,最后在多方确定以后,在 PLM 系统里面定稿最终的生产产品详细信息,并通过 PLM 系统传递到企业 ERP 系统进行规模定制生产。图 2-15 是一个产品定制、部件/模板引用、产品交互和输出的简单应用过程。

第三章　服装管理决策信息化

授课重点：本章节重点阐述服装管理决策的信息化技术，首先梳理企业流程管理方法，这是应用管理决策信息技术的基础。本章分为两部分：服装企业业务流程再造（BPR）和企业资源计划（ERP）。

知　识　点：在重建业务流程的基础上应用 ERP 系统。

思考问题：1）为什么说业务流程再造是企业实施 ERP 的前提？

　　　　　　2）服装企业实施 ERP 应把握的重点是什么？

第一节　服装企业业务流程再造（BPR）

　　企业实施 ERP 的一个重要前提，是依靠业务流程再造技术对企业的流程进行综合分析与重新设计，BPR 是形成 ERP 管理与系统逻辑的重要环节，没有进行业务流程设计的 ERP 是无法存在的。因此，有必要系统地介绍一下业务流程再造理论。

一、BPR 理论产生背景

　　20 世纪五六十年代，美国连续两个 10 年的工业增长率高达 40%，一跃进入世界头号经济强国行列，但是到了 70 年初，日本及欧洲各国的企业纷纷崛起，严重影响了美国的霸主地位。国际市场日益激烈的竞争，尤其到了 20 世纪 90 年初，由于信息技术的迅速发展，促使工业时代进入信息时代，市场竞争越来越激烈，经济全球一体化越来越明显。要应对这样的经济环境，传统的管理模式难免力不从心，所有的企业都在寻找全新的适时的应对模式。

　　在全球化市场条件下，对企业影响最大的是：顾客、竞争、变革。一个企业要想适应外界环境的迅速变化，要想在激烈的竞争中求生存、求发展，不仅要采用先进的科学技术，而且要尽快地改变与现代化生产经营不相适应的管理方法，企业应建立能够对外界环境作出灵活反应的管理机制和组织结构。1990 年，美国管理学家哈默博士在《哈佛商业评论》杂志上发表了一篇题为《Reengineering Work：Don't Automate，Obliterate》的文章，提出重新设计作业流程，以真正利用信息技术推动企业发展。这篇文章的发表标志着流程再造运动的开始，也是流程再造理论的起始。哈默博士认为："对企业的业务流程进行根本性的再思考和彻底性的再设计，从而获得在成本、质量、服务和速度等方面业绩的戏剧性的改善。"

　　流程再造理论提出后，立刻掀起了研究狂潮，各国学者纷纷发表论著，对流程再造的方法、技术等方面进行探讨。但是在实践方面,流程再造却陷入困境,逐渐增长的失败率使流程再造的热潮渐退下来,很多人开始怀疑这种理论。因为按照流程再造设计者的设想,企业再造之后的目标是:产品周转时间缩短 70%,成本降低 40%,顾客满意率、质量和收益提高 40%,市场份额增长 25%,但是,几乎所有的企业都未达到目标的 30%。

对于 BPR 失败的原因,专家们认为,早期的流程再造的思想是根本性变革。这种变革是"毁灭性"的,一切推翻重来。这无疑需要强大的直线型领导机制、信息处理能力、平行处理能力和授权下放等。这在实际操作中是缺乏可行性的,因为无论研究者如何攻击已经过时的传统组织理论,但是有些诸如劳动分工这样的概念即使在现代企业管理中也十分有效。而且,更重要的是来自文化的阻力。人们已经习惯于传统的职能分工模式,一旦要以流程为核心来重新构建企业组织,势必引起人们的怀疑与不安。因此抛弃传统理论,强调彻底改变的革命型流程再造理论缺乏可操作性,取而代之的是一种渐进型的更加贴近企业现实、更加有利于实践绩效的流程再造理论。

二、概念

Davenport 博士认为:"流程是指系列的特定工作,有一个起点、一个终点,有明确的输入资源与输出成果。"其他相关定义还有:

"流程是把一个或多个输入转化为对顾客有用的输出的活动。"

"流程是把输入转化为输出的一系列相关活动的结合,它增加输入的价值,并创造出对接受者更为有用、有效的输出。"

流程再造(Business Process Reengineering)是要求企业通过对自己的战略流程(strategic process)、经营流程(operational process)、保障流程(enabling process)和扩展流程(extensional process)的分析、评价和系统化改造,优化企业的组织结构,提高企业业务的执行效率,并同时降低企业的运营成本的一种管理方法和理论。

流程再造的目的不是单纯地提高企业内部的效率,而是以培养产生新的战略战术为出发点,把企业流程系统化为战略决策,从而大大提高企业经营潜力,实现新的战略目标,开拓新的战略方向。具体表现在:缩短完成单位流程所花费的时间,提高企业的工作效率;降低完成单位流程所消耗的成本,增强企业的整体利润;提高企业的创新能力,包括技术创新、管理创新、产品创新等,并依靠这些创新来实现业务流程的时间、成本的要求,提高企业的整体实力。基于这种目的,流程再造就不是"快速的修补",而是组织变化的一种形式,这种变革是受企业战略的驱动,是基于对各种竞争要素评估的结果。

三、流程再造的主要层面

一个流程再造项目所产生的转变涉及到以下几个层面:组织结构、管理系统、人事管理和信息技术的应用。这些转变是在对环境因素的综合分析后所制定战略的指导下进行,其目标是使企业在产品、服务和绩效等方面得到全面的改善。

（一）组织结构的改革

组织结构的改革可细分为跨部门小组、流程处理专员和专案经理三类。

跨部门小组是横向管理概念的体现。传统组织架构下，员工有事直接向上级报告，但永远局限在同一个部门之内。跨部门小组则是由不同业务部门的成员组成。小组成员目标是完成某一个作业流程。该小组有很大的自主权和决定权，不必事事向上级请示。跨部门小组和一般的项目小组不同，项目小组在项目完成后就解散了，而跨部门小组是永久性的，只要公司流程存在，它就存在。跨部门小组既是永久性的，其成员心态便有很大的不同。以前小组成员视自己为专业人员，且因各有所属的单位，因此彼此之间合作意识不强。现在所有成员均属于小组本身，所认同的是小组，而非各个部门。在这样的组织形态下，小组成员较能彼此合作协调。

流程处理专员对组织结构有很大的冲击。这一职位的设计是将数个专业的工作，合并成一个，由一人负责。可以想象的是，担任此职位的员工要有更强的能力，因为涉及不同专业。这种设计在以前是不可能的，但现在因为信息技术的发展已经成为可能。借着专家系统、数据库、经理人员信息系统等技术的协助，一个流程处理员即可处理过去数个专业人员协同工作才能完成的作业。

专案经理也需要借助于信息技术的支持。例如，太平洋贝分电话公司通常处理一项Centrex式客户服务，前后需通过11个不同的员工，9个计算机系统，耗时整整5天。流程再造之后，该公司设立一个专案经理职位，叫做"顾客服务协调员"，负责与客户的接触。同时该公司将9个不同的计算机系统连接在一起，提供单一界面供专案经理使用。专案经理与流程处理员不同的是，前者乃额外设置的职位，不影响其他员工的工作。而后者因整合了不同作业流程，某些职位则被取代。

专案经理的设置，大大提升了客户服务的效率。以前顾客若有问题，没有一人可以提供整套服务。如账单有问题，就转到会计部门；如牵扯到无法处理的问题，需经过查询过程才能解决或回答。通常这样的过程旷日持久，使顾客感到极不方便。由于专案经理的设立，所有顾客的问题可在一天内解决。专案经理整合不同的工作，缩短了工作流程周期。由于专案经理是额外的编制，不影响整个组织结构，属温和式改革。这类似于以前的矩阵式管理，但不同的是，矩阵式管理是以产品为导向的，而设置专案经理的出发点是顾客，由专案经理负责处理顾客个案，每个专案经理接待若干个顾客。

（二）管理系统的改革

管理系统的改革包括评价与诱因、角色与职责的改革。

评价与诱因的改革。不恰当的评价标准，常常是组织的万病之源。所以进行流程再造时，须细心设计。首先要区分外在评价指标及内在评价指标。某些情况下，必须要有外在的考核标准，如顾客满意程度、产品合格率、新产品研发周期等最为重要。这几种评价方式的结果可由公司的市场表现看出。例如，顾客若对产品或服务满意，就会再度惠顾，回头客多了，公司的业绩也自然会提高。若顾客不满意，则有必要继续进行流程再造以改变市场的表现。若某个作业流程与外在顾客无关，或没有外在的顾客，就需先判定内在的顾客，然后制定内在的考核标准。如，要评价企业内部咨询部门或辅导部门的绩效，则要询问企业员工是否从该部门获得协助。又如，改革产品研发的流程，设计部门的业绩要根据生产部门是否满意其设计来决定。

角色与职责的改革。在传统金字塔的分层组织架构下，员工事无大小，都向上级请示，而作业流程再造需要有的新观念就是授权基层，让下面的人有方便行事的权力。可以立刻为顾客解决的问题，就立即解决，不必向上级请示。企业愿将权力下放，主要是因为信息技术的发展。例如，一家化妆品公司中工厂的生产计划，以前是由经理决定的。现在一线生产的工人，根据厂里计算机提供的有关销售与库存的数据，可以自行决定生产量的大小。这些信息以前只有上级才看得到，所以上级决定，现在工人通过计算机也可看到这些信息，因此生产线上的工人便可决定生产量。

（三）人事管理的改革

人事管理的改革可分为技能与员工考核和企业文化两个方面。

技能与员工考核。过去常用的工龄考核方式早已不能满足现代企业的需要。由于外界竞争日趋激烈，员工的价值不再仅仅是年资的长短，而需视员工的技能是否能增加企业的营运绩效。其次，过去的传统组织只着重个人的表现，结果员工之间相互竞争、勾心斗角。现在，许多企业已将个人表现与团队成就并重。换言之，若团队成绩不佳，个人的考绩也要打折扣。这种改变极重要，可促进员工之间的合作。而合作则是企业增加竞争力的要素之一。最后，绩效考核除考查员工当年的成绩外，亦需兼重员工技能的增长。这种考核改变影响也很大，会刺激员工不断地进修、充电，公司同时也受益。

企业文化的改革。文化是共同的价值观。员工的行为是根据其价值观而来的，行为只是表相，底层是价值判断。企业流程再造若要成功，就要培养新的公司文化。前已提及，今后企业的趋势是以跨部门组织横向地整合作业流程。这种组织形态需要的是团队合作、协调互助的精神。当然，说起来容易，做起来难。传统的组织习惯于个人自扫门前雪，很少互相合作。那么，如何让员工互相合作呢？就是要一切以顾客为主，而不是只做好自己分内的工作。同时，也需要防范旧文化死灰复燃，否则员工又只想到自己的部门，不顾公司整体的利益。

（四）信息技术的应用

应用信息技术可减少作业流程的步骤并加强不同部门的协调。应用计算机科技可减少流程步骤，将"前后顺序"的运作模式改成"左右平行"的运作模式。案例如福特汽车的图像界面，联邦快递的专家系统，PHH，Freightliner 的因特网、企业内部网等。信息技术应用则可增进流程内不同部门的协调，如电子邮件、局域网、群件、知识管理软件、数据库等技术。若能一并应用共同的计算机资源共享与通信科技，则相得益彰。

四、流程再造的原则

1. 工作的合并

在流程再造中，将过去不同的任务合并为一个任务，但不是所有的工作由一个人来完成，可以根据实际组建"流程小组"完成整个流程，减少交接手续，共享信息，并能对顾客变化作出快速反应。

2. 增加员工的决策权

在流程中,执行流程的员工和流程小组既有责任,也有对该项目的决策权力,决策应成为工作的一部分。这样会节约时间,降低管理成本,加快对客户的反应速度,垂直的等级制度也相应被压缩。特别是在决策支持技术的帮助下,决策活动变得更加容易。

3. 采用同步流程

在现有流程中,大多数流程是连续流程和平行流程,连续流程是指某一工序只有在上一道工序完成以后才能进行下一道工序,它是按照先后顺序依次进行。平行流程是指所有流程分开,同时单独进行,最后将各流程的输出进行汇总。连续流程和平行流程的共同缺点是周期长,并且平行流程只有到了最后阶段,问题才能发现和暴露出来,延误了解决问题的最佳时机。而同步流程是指多道工序在互动的情况下同时进行,各个工序之间随时可以交流,及时更新共享数据,及时发现和处理问题。同步流程减少了整个流程实际运行时间。

4. 减少不必要的审核和监督

许多审核和监督的环节是为了保证质量,控制生产率和财务状况。这些流程有的是沿袭旧的规则,流程存在的条件早已经发生变化;有些只是基于形式,是没有实质内容的检查;有些是重复性的检查;另外由于被分离的流程较多,也需要用"审核和监督"连接这些流程。这些审核和监督过程消耗了企业大量的资源。

5. 建立信息资源的共享和在源头获取信息

通过计算机信息系统,实现公司内的信息共享。任何信息只需在企业中的一点输入,其他数据要素出现后,可以追加在已存在的信息上,消除不必要的数据重复输入,同时也消除了两次和多次输入时数据的误差和不匹配。避免信息格式的重排和转换。避免数据从一种格式转换到另一种格式,或者从一个计算机系统打印出来,再用手工输入到另一个计算机系统。在信息的源头对信息进行一次性收集和获取,避免了错误信息和信息重新获取费用。

6. 清除非增值活动

非增值活动主要有:过量的生产或过度的供应;等待时间;运输、转移、移动原材料、文件和人员的流动;库存和文牍;缺陷、故障与返工等。

7. 增加增值流程

企业的流程尽可能地增加增值流程,把客户的实际需要作为流程设计的依据,并且还要研究顾客的需求。因为顾客的需求是提高企业竞争优势的切入点。

8. 为流程安排有效的资源

必须对子流程进行说明,这样才可以在运行环境中安排有效的资源。流程再设计的原因是为了资源的有效利用,以前流程曾经可以被接受,这是因为流程使资源发挥了效用。如果流程导致了资源的流失,那么该流程就不能被接受。流程设计需要精简子过程,直到为流程配置有效的资源。在流程的执行中,同时会有多种活动进行,一般情况下,完成子过程的资源是有限的,从而导致资源的竞争,因此必须为流程合理设置相关资源。

9. 预测可能的失败方式

必须预测各种可能出现的失败(或者失败组合)及其产生的影响。针对各种可能的失败,设想预防的措施和应急方案。

五、业务流程再造的方法

总体上看,流程再造的方法有两种:系统化改造方法和全新设计方法。

1. 系统化改造方法

系统改造是进一步完善已经设计完成的流程,其目的是使流程更好、更省和更快。更好是指提高组织的利益相关者,尤其是顾客的满意程度;更快是指尽可能快地提高顾客响应速度;更省是指以最高的效率实现前两项任务。改造的基本方法为:

(1) 清除(Eliminate):流程中所有的非增值步骤都应该清除掉,用迈克尔·哈默的话来说,就是要彻底铲除它们。在那些刚刚引入流程观念的地方,经常会发现大量的非增值活动。工作方法是年复一年地逐渐演化而来的,在职能分割的环境下,很少有人能看到浪费的存在。

(2) 简化(Simply):在尽可能清除了非必要性任务之后,对于剩下的活动应该进行简化。搜寻过分复杂活动可以从具有下述特点的领域中开始:表格、程序、沟通、流程、问题区域。

(3) 整合(Integrate):经过简化的任务应该进行整合,使其流畅、连贯,以满足顾客需求,实现服务任务。

(4) 自动化(Automate):依靠信息技术准确、快速地完成服务。自动化最有效的领域是流程中那些常规的重复性任务或者高度复杂的模型处理。

2. 全新设计方法

(1) 高层次理解现有流程

全新设计的基础不是了解现有流程的细节,而是寻找所有的核心流程及每个流程的关键步骤。同时还要对现有流程的产出结果进行分析。

(2) 流程设计

流程设计是个反复迭代的过程,流程、人员和技术的考虑都要经过多次检讨,以确保不会回到传统的操作方式。这些一方面构成对设计者的约束,一方面也是对新的可能性的提示。流程图在新流程的设计中非常有用,它不仅是一个描述新流程的理想手段,且可以用来辅助流程的整体建造。

(3) 检验

新流程设计出来之后,应该通过模拟它在现实中的运行对设计进行检验。只要流程能够处理好大多数事例,某些意外事件可以作为特例单独处理,以确保它是有效、高效、应变地提供所需结果。

一般来说,系统化改造方式最常用于短期业绩改进,而全新设计方式则被公司用于开拓中长期的竞争新途径。虽然初期也会有显著的改善,但系统化改造更强调随着时间推移不断地进行大量的渐进变革。全新设计则是激进大变的同义语,目标流程往往同过去联系不大。因此,这种方式通常能够带来业绩的飞跃式进步,但是取得这种进步的风险很大。

六、流程再造的步骤与技术

（一）流程再造的步骤

流程再造像大多数新的管理方法论一样,经历了一段曲折的发展过程,在错误、纠错、更新的不断反复中逐步形成稳定可行的方法。生命周期法是在对现有实践中的业务流程再造众多方法、阶段—任务技术进行深入研究、分析、综合的基础上建立起来的。该方法将业务流程再造分为6个阶段:即构想、启动、诊断、重新设计、重新构建和评价。每个阶段都必须解决相应的问题,最终获得预期的结果。

1. 构想—战略决策

这个阶段是项目策划阶段,常被称为流程再造的建立"宏观模型"阶段,变更的必要性及可行性都要经过严格的检查。要强调争取管理层的支持并寻找流程再造的机会,找出需要变革的流程,并确定流程再造的机会。还应找出需要变更的流程并指定变革的范围。由于流程再造具有战略意义,并具有较大的风险,高层领导的支持是至关重要的。

这一阶段的主要工作有:

（1）建立企业愿景

愿景就是企业发展的宏伟目标和远大理想,愿景赋予企业以使命。愿景的建立勾画出公司的远大目标,告诉人们"企业是什么,企业为什么而存在"。企业只有通过自己的发展战略才能实现愿景。

流程再造指导小组的领导人,通常是企业的总经理,他必须对企业的现状进行客观的评价,在此基础上对未来的发展愿景进行展望。通过宣传使员工和外部持股者清楚企业现在和未来的顾客是谁、工作对象是什么和工作方式应该如何,以争取最广泛的支持。如果每一个员工都清楚了企业的目标及其实现途径,才能把领导层建立起来的美好的愿望和想象转变为全体员工为之奋斗的目标。

（2）确保管理层的支持

流程再造是一种对企业影响深远的变革,因此,高层管理人员必须达成统一的认识,可以通过开展一些讨论会来加深对业务流程再造的认识。随着这些讨论会的开展以及认识的逐步深入,高层管理人员才能统一思想。一旦管理层了解到业务流程再造对公司战略的重要性,他们才能全力支持企业进行再造活动,也只有企业领导的支持才能确保流程再造的顺利进行。流程再造的倡导者应该是企业的高层领导,因为他们具有很高的威望,拥有调动企业资源的权力,当然更需要对流程再造具有很大的热情。

咨询顾问作为流程再造的催化剂,向该公司的高层领导及时指出了再造活动中潜在的利和弊。它对构想阶段和启动阶段的一切活动负责,直到一个专门的负责业务流程再造的工作小组正式建立时为止。到那时,指导小组的任务转化为监督工作小组的进度,负责战略决策和再造计划两个阶段未完成的工作,直到正式成立再造项目小组,以确保业务流程再造项目的最终成功完成。

另一个使流程再造深入人心和得到广泛支持的办法是开研讨会,召集所有与公司利益有关的人员,包括客户、股东、供应商等在一起,让他们提出对变革的需要以及如何使变革成功的看法。全体与会人员可以自由地交流他们对环境、社会、技术等方面因素对变革影响的看法。

(3)挖掘流程再造的良机

在决定流程再造对象之前,上层经理要根据企业战略战术对企业的经营状况做宏观的分析。可以运用竞争分析法、价值链分析法以及关键成功因素分析法等技术比较精确地分析企业目标并勾勒出主要的经营指标来。还可以对公司的各种业务流程在公司整体战略中的重要性,进行评估和分析,从而确认支持公司战略目标的核心流程。

(4)确认使用信息技术的机会

信息技术是实施业务流程再造的关键因素,因此对识别企业应有的信息技术环境应予以足够的重视。如果信息技术的应用得当,可以影响组织上或能力上与竞争者之间的差距,有可能提高企业的竞争地位。信息主管联合再造工作组的其他领导,在对企业现存的信息技术规划研究分析后,可以确定它是否符合企业战略目标的要求,并最终作出决定,在即将开始的流程再造中采用哪些信息技术。

2. 启动—再造计划

再造计划阶段标志着流程再造工程的正式开始,该阶段任务包括成立再造工作小组、设立再造工程目标、工程策划、通知相关人员以及进行员工动员等。

(1)成立再造团队

在得到了高层管理者的认可和支持后,管理层可以委任一个流程再造负责人对整个流程再造活动的运作和结果负责。流程再造项目负责人的第一个任务,是组成一个流程再造工作小组。从一定意义上来说,流程再造工作小组是企业业务流程再造项目的实际策划、设计和实施人员。关于再造小组的规模,总的原则是应该以精干、小型化为宜。一般情况下,5~10 人比较适宜。再造小组的人员组成,可以由圈内人和局外人构成。所谓圈内人,指那些企业内部,实际从事现有流程工作的人。局外人指来自于其他部门甚至企业外部人员。

(2)制定工作计划

流程再造工作小组的第一项任务是,根据对核心流程的进一步分析,制定再造项目的日程表,确定再造的计划,大致描述项目的资源需求、预算、历程以及要达到的目标。进行日程安排时,要分配好各个时段应该完成的具体事宜。

在决定了一个具体的工作流程后,应当将该流程的定义和边界描绘出来,除去流程组成中所有的模糊成分,同时应当明确资源的评价和深层次的预算问题,以进一步确认所选定的流程。在组织流程的构架分析中,要结合流程组成的三要素,实体、目标和活动来考虑。这样的划分,一来可以使人们清楚地看到流程的权利和责任,二来为流程再造中进行重新定位提供了有利的依据。

(3)制定再造目标和评估标准

在确定流程再造要达到的目标时,需要设置高水平的"延伸目标",通常延伸目标是以世界"流标准"为基础的,或以行业领导者所设立的"标杆"来确定的。其次,还要提供判断项目成功与否的流程属性标准。此外,同时使用多种与战略目标相关连的指标,往往能取得最大的总体收益。

3. 诊断—分析现有流程

在组建了业务流程再造的工作小组之后,工作小组就开始对整个流程再造的项目负责。

他们首先要对现有流程进行描述,然后还要进一步对备选流程进行分析和研究。

这一阶段的主要工作为:记录现有流程;进行流程诊断,分析找出存在的问题。

（1）记录现有流程

对现有流程进行文字性描述及活动、信息及其他相关流程特性之间相互关系的表达。这项工作通常是,首先勾画出要再造流程的大体轮廓,其次再把一个大流程分解成若干个子流程,按照层次分析法的原理,甚至还可能分解成若干个子流程的子流程。

（2）分析现有流程的弊端

一般情况下,流程的病症应该是阻碍或分离有效工作流程的活动和业务政策,是官僚习气、缺乏沟通以及非增值活动增加的结果。因此,分析弊病的重点应放在确认不需要的活动、活动中的瓶颈以及不必要的官僚步骤等方面。

4. 重新设计—社会—技术的再造

流程的重新设计包括对各种改造方案的选择,要寻找既能实现企业战略,又与人力资源、组织变革相结合的方案,并尽量将岗位和工作流、信息管理和技术几方面搭配合适,最终完成新的社会—技术系统的设计。在这一阶段,需要再造工作小组的成员有突出的创新精神,要打破常规,大胆设计新的流程。

（1）方案提出

这一步工作一般通过头脑风暴法来完成,可以使用一些创造性技术和启发性的语言去激发新的思维;或者采取公开论坛和无主题讨论会的形式,引导大家产生新的设计思想。讨论得到的往往是一种创意,而不是详细的方案,这一过程通常被称为"愿景展望"。所以为了取得真正的突破,应该根据企业的需要,而不是仅仅根据可行与否来设计新流程。

（2）流程设计的原则

流程设计时应该遵循以下一些基本原则:

➤ 模式上的突破:打破过时陈旧的规则,如"在公司中,出差一定要按部门和级别得到批准"等等。

➤ 与行为目标的一致性:确保所设置的流程活动的行为目标与结果真正一致,评价流程活动表现好坏的标准是客户的满意度,其次才是获取短期利益的多少。

➤ 职务设置:要围绕流程的目标或目的设置职务,而不是以单一任务来设计职位。

➤ 消除等级制:用平行工作的自我管理小组代替官僚的等级制。

➤ 消除已确定的病症:用自动化来代替简单地转发信息的活动和角色。

➤ 提高生产率:把重点从工作分割和专业化转化为任务的压缩和整合。

➤ 考虑信息技术的应用:考虑合适的支持新流程的信息技术的配置。

（3）人力资源结构的设计

流程再造可能引起组织结构的重大变化。由于减少了"我们而不是他们"的心理,可以越过传统的职能划分的界限,减少时间和金钱的消耗。通过减少各子业务单元的相互依赖性,可以增进单一业务单元内目标、任务与人的协调一致。一个好的人力资源架构设计,应该能满足系统内信息的自由交换,并且能够提高个人与工作小组的决策和工作效率。

（4）选择信息技术平台

通常支持流程变革的信息技术,必须能够支持分布式管理和用广域网链接的供应商、销售商之间的信息交流。因此,所需的信息技术平台,除了要具备符合企业规模的信息技术结构外,还需要有相应的可移植性和可操作性。对于信息共享的要求,主要与公司的范围和管理方式有关,而不是单纯取决于流程数据库的设计要求。公司按照以上要求,来选择信息技术的应用平台时,应该考虑能与企业信息系统的结构相匹配。

（5）宏观模拟新流程

为了使上层领导在全面展开再造工程之前,能全面了解并掌握新流程的特征、流程过程、工作分配、信息技术结构和系统需求等方面的情况,需要模拟整个新流程的过程（包括工作任务、人员和技术等）。

5. 重新构建——流程再造

在完成了流程的设计后,接下来就应该对现有的流程进行重构了。根据专门设定的人力资源结构及所选择的信息技术平台执行新的流程,这一阶段的主要工作如下:

（1）改善管理

这一步的重点放在向新组织设计方案的平滑过渡、综合改进上,主要任务有:业务单元的重新组织、组织与岗位重构、岗位转换、通过训练和教育程序向留下的员工授权以及改进工作质量等等。

（2）信息技术的运用

信息专家在流程再造中的主要任务是建立并运行新的信息体制技术,以便支持流程再造工程。首先是建立详细的系统分析指标,这一工作在方案设计时可能已经完成,不过在正式编码、调试、测试新的信息系统之前,一定要详尽地分析并设立信息再造的指标。有时,现有的技术系统可能会完全由新的硬件和软件平台所取代。再造小组中的信息技术成员要确保新系统的协调,要仔细检测每一个工作步骤。然后是安装应用数据库和用户界面,并检验新的变化与已有系统的贴合程度。

（3）重新组建

这项工作着重于向新的组织结构过渡,工作包括组织重建、人员裁减、组建团队、工作交替以及职工培训等。根据新的流程设计,向有关员工清楚地部署他们日后的工作任务和评价标准。建立提高职工知识技能的计划,除了工作系统有关的培训外,还应该推动新的文化哲学。奖惩制度也要做相应的更改和完善。

6. 评价——不断更新改进

新的业务流程开始执行后,进行监控和评价流程的表现,包括对在战略构想阶段设置目标的评价以及新流程的动态监控。同时确认它与公司其他流程管理活动（如流程质量控制）之间的联系是评价阶段的主要任务。

（1）评估的内容

在广义上,对流程的评价从这几个方面来考虑:①流程的表现,即循环期、成本、顾客满意度、资源消耗等;②信息技术的表现,即故障时间、系统利用率、文件减少率等;③生产率指数,即每小时的订单处理量、每星期完成的销售数量等等。这些监控的指标不仅有"硬"的指标,而且还有"软"指标的度量,如职务、活动以及子流程之间的通信深度和广度;效率与设计参数的一致性的度量等等。

（2）与质量改进等工作的结合

尽管流程再造的目标与致力于逐渐改进质量管理工作的目标有所不同,但是,在再造工程的最后阶段——不断更新改进阶段,如果能把志在巨变的流程再造运动,与只求逐步改进的全面质量管理结合起来,肯定会取得更好的效果。另一方面,有时候,只有对新流程的某些方面,进行不断的调整,才能取得令人满意的成绩。而使用统计处理控制等全面质量管理工具,可以不断调整某些指令性指标,以便不断增加必要的流程改进。

（二）业务流程再造的常用技术

1. S-A 框架

业务流程再造的 6 个阶段共 21 项活动,可以组建出一个阶段—活动框架(S-A)。这个框架的每个阶段由多种活动所组成。用 SiAj 来代表具体的某个活动。在这里,S 代表阶段,i 代表数列的顺序,就代表某 i 个阶段,例如 S2 就代表 BPR 的第二阶段——启动阶段;同理,A 代表活动,Aj 就代表某个阶段的第 j 个活动,例如 S2A1,就代表启动阶段的第一个活动。如图 3-1 为 S-A 框架的结构。

图 3-1　业务流程再造的 S-A 框架图

2. 业务流程再造各阶段的技术

业务流程再造是一个复杂的系统工程,它涉及多种学科门类,它也是集 20 世纪 90 年代各种先进的管理思想之大成。因此,为了解决各阶段—活动的定义、识别、分析,需要各种技术和工具的支持。

(1) 构想阶段的常用技术(图 3-2)

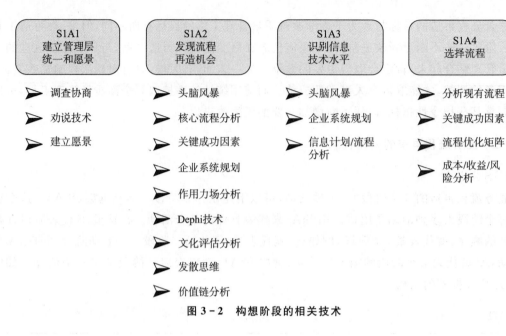

图 3 - 2　构想阶段的相关技术

（2）启动阶段的常用技术（图 3 - 3）

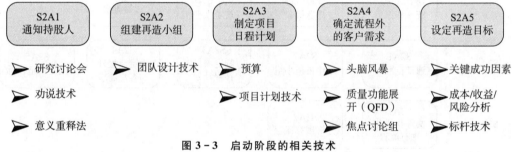

图 3 - 3　启动阶段的相关技术

（3）诊断阶段的常用技术（图 3 - 4）

S3A1
文件化描述
现有流程

S3A2
分析现有流程

- 基于活动的成本分析
- 计算机辅助软件工程
- 数据流图
- 调查
- 雇员和团队能力评估
- 信息控制网络
- 岗位分析
- 流程图
- IDEFO,3

- 基于活动的成本分析
- 鱼骨分析法
- 标杆技术
- 计算机辅助软件工程
- 信息管理网络
- 质量功能展开
- 价值分析
- IDEFO,3

图 3 - 4　诊断阶段的相关技术

（4）重新设计阶段的常用技术（图 3 - 5）

S4A1 定义和分析新的流程	S4A2 细化新的流程设计	S4A3 设计人力资源	S4A4 分析和设计信息
➤ 研究讨论会	➤ 基于活动的成本分析	➤ 头脑风暴	➤ 头脑风暴
➤ 亲和图	➤ 角色扮演	➤ 主要技术事件	➤ 基于计算机的软件工程
➤ 头脑风暴	➤ 数据流图	➤ 文化评估分析	➤ 信息工程
➤ 计算机辅助软件工程	➤ 流程图	➤ 雇员和团队能力评估	➤ 软件工程
➤ 岗位设计	➤ 模拟	➤ 岗位分析	➤ 数据库设计
➤ 社会-技术系统设计		➤ 岗位设计	➤ 信息系统原型
➤ 软件系统方法		➤ 发散思维	➤ 数据流图
➤ 建立愿景		➤ 社会-技术设计	➤ 工作流设计
➤ IDEFO,3,IDEF2		➤ 潜能分析	➤ 信息系统工作步骤
➤ 成本/收益/风险分析		➤ 软件系统方法	➤ 交互应用开发
➤ 工作流设计		➤ 基于团队的组织结构设计	➤ 快速应用开发
➤ 数据流图			➤ IDEF1,1x,4,5,6
➤ 流程图			
➤ 发散思维			

图 3 - 5 重新设计阶段的相关技术

（5）重新构建阶段的常用技术（图 3 - 6）

S5A1 重组	S5A2 应用信息系统	S5A3 培训使用者	S5A4 转换流程
➤ 标杆技术	➤ 应用信息系统	➤ 培训员工	➤ 转换技术
➤ 角色扮演	➤ 系统测试技术	➤ 行为模范训练方法	➤ 向导性训练
➤ 重构技术			➤ 角色扮演
➤ 潜能分析			➤ 探索性训练方法
➤ 社会-技术系统设计			
➤ 团队组建技术			
➤ 基于团队的组织结构设计			
➤ 作用立场分析			

图 3 - 6 重新构建阶段的相关技术

（6）评价阶段的常用技术（图 3 - 7）

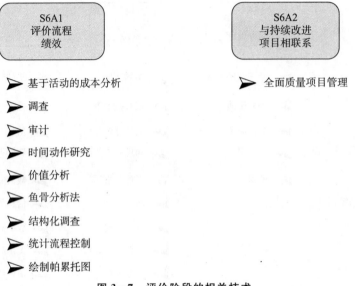

图 3 - 7   评价阶段的相关技术

七、服装企业的流程再造

服装企业最大的竞争优势在于能否充分满足顾客日益变化的需求,当今的顾客需求呈现以下几个特点:

（1）款式个性化。告别经济短缺时代之后,人们对穿衣的要求不仅仅在于美观舒适,更多地追求时尚化、个性化。中国的消费市场已很难出现靠一两个流行的款式就可以赚钱的现象,更多的是各类门店的新款服装层出不穷,上下货柜的周期越来越短。顾客对服装个性化的需求给服装企业造成很大的库存威胁。

（2）注重服装品质。顾客对服装工艺品质的要求不仅仅局限于外观,还包括穿着的舒适度,面料生态标准以及加工标准等。对于品牌服装来说,质量更上升为一种企业的文化和内涵,消费者在接受服装的同时,更多的是认同企业的精神。

（3）偏爱人性化服务。工作繁忙的现代人,对于服装的消费要求一方面变得快捷,另一方面变得从容。从表面上看,这两者似乎充满了矛盾,实际上却反映出现代人追求简单放松的生活态度。人们希望抛弃繁琐的程序,将购衣的过程变得轻松惬意,以满足他们享受生活的需要。

那么,传统形态的服装企业是否能实现上述措施呢? 要回答这个问题,我们必须认真地审视传统形态服装企业的现有业务现状和业务流程设计。

（一）传统服装企业的业务现状

（1）单个流程界定模糊。一些服装公司在多个业务环节的责任不清晰,即输入和输出不明确。如有些服装采购人员与仓储人员合二为一,设计人员兼有采购业务等。这样一方面造成某些流程之间出现断档的空白区域,在这个区域会引发事件的搁置、延误;另一方面某些流程之间相互重叠,造成多头管理,使执行人员无所适从。

(2)流程之间的逻辑不清楚,甚至出现重复、逆转的现象。如一个以设计开发为主的公司,却先购买面料,在进行设计,这样势必给产品的创新带来很大的障碍,使企业无法显现竞争优势。

(3)核心流程不明确,或者没有。核心流程是指在众多流程中,集成组织的各种核心竞争力的流程。不同的公司由于他的发展背景和人力财力等分配因素的影响,具有不同的核心流程。企业如果不明确甚至没有核心流程,就意味着缺乏核心竞争力。企业的发展将严重受阻。

(4)流程管理松散,使得计划得不到控制。有些传统服装企业虽设有业务流程,但对流程的管理缺乏力度,也就是流程控制点不明确,控制的方法不正确,导致业务流程脱节,从而形成人们常说的"信息孤岛",主要原因是缺乏资源共享的信息平台。

显然,基于这样的管理模式下,企业很难应对顾客的需求,更何谈快速反应了。服装企业实施快速反应战略的核心是增强企业快速应对市场需求的能力,控制需求与供应的平衡,提高企业的核心竞争力。传统的服装企业运营模式无法应对市场的关键在于缺乏科学、灵活的业务逻辑,因此,全面创建快速反应模式的前提是通过对需求的分析,彻底改变原有的业务运作关系,即实行流程再造。

(二)传统服装企业的业务流程设计

根据企业的产品结构、生产方式可以将目前我国的服装企业大致分为三种类型:贸易型、品牌型、混合型。贸易型企业一般依据订单,根据客户的要求组织生产,其最重要的运营指标是按时交货和安全交易。这种企业的库存风险小,但是市场主动性不强,同时订单的不均衡会导致生产管理方面的困难。比如订单多的时候,工厂可能有无法按质按量交货的风险,而订单少的时候,又有无法满足工人的薪资而造成人力资源管理的困境。品牌型服装则完全根据对市场的预测而定位产品,市场主动性强,生产量均衡,企业会在每个季度有条不紊地安排生产,生产管理相对轻松。但是市场的不确定性给企业带来设计的压力,同时产生高库存的风险,企业必须灵活地运用市场营销的策略应对各种状况。同时产品的变化快,种类多,因此品牌型服装企业更多地强调设计管理、商品管理和销售管理。混合型企业则是上述两种企业类型的综合,在企业的收入中既有依靠订单贸易获得的利润,又有自主开发的产品获得的利润,这是国内许多贸易型企业向国内市场扩展的重要形式。由于这两种类型的管理模式不同,因此混合型企业在内部也会将其划分为不同的两个部门,或子公司单独管理。

1. 贸易型服装企业的合理业务流程

一般地,贸易型服装企业的业务流程包括以下几个模块:销售合同签订、面辅料管理、生产计划管理、成品管理及出口报关、核销手续等。各个流程模块是由若干具有逻辑关系的流程组成,这些流程设计的合理与否将关系到整个业务流程的效率。而且流程是否快速畅通也是考量企业管理水平和信息化程度的重要指标。下面将对贸易型企业的合理业务流程进行分析。

(1)出口销售合同签订

企业在技术部门设有专门制作样衣的生产小组,往往是由有着丰富加工经验的技术人员组成,目的是能准确快速地剖析客户的需求,还原加工工艺。在服装国际贸易中,客户的需求往往没有具体的数据,需要依靠加工企业充分了解出口国的服装加工标准,利用自身的技术界定工艺,并能依照工艺制作出样衣,以供客户判断企业是否能完成订单要求。因此企业能否承接订单,很大程度上取决于样衣的加工是否准确、快速。同时样衣的制作成本及对单件服装耗料的计算也将成为销售合同签订时的重要成本参考。

值得一提的是,样衣的加工和鉴定会根据贸易的需要反复很多次,因此加工的样衣就会出现一次样、二次样、确认样等等不同的名称。样衣管理必须依照名称区别开来,否则可能会造成生产损失。

样衣管理的基本流程为:首先,是有客户的需求意向,如果客户要求鉴定样衣,则企业会依照需求进行制作,封样寄出后等待鉴定反馈意见,根据意见进行修改,直到客户满意为止。这期间发生的加工行为将由样衣管理部门进行记录、存档等,即进入样品制作管理流程。

销售合同签订的一个重要环节是报价。而报价的关键是对服装加工的成本核算。必须依据样衣制作过程中计算出的单件耗料,各工位的耗时、难度(用以计算计件工费)等等。而当样衣确认后,面辅料的成本则由供应商的报价来确定,即:

$$面辅料耗用 = 面辅料采购量 \times 面辅料单价$$

因此,在样衣确认之后,必须查询面辅料供应商的报价,再加上各种费用和利润预算,才可以形成一张合理的报价单。报价单做好后,需要相应的管理部门审批,才可以与客户商谈,客户在接到报价单后,会表示认同或否定,这样就会返回到面辅料成本、各种费用、利润预算等环节进行调整,最终达成一致,才能完成合同的签订。样品管理及销售合同签订的流程图(见图3-8~图3-9)。

(2) 面辅料管理

面辅料的管理包括面辅料的供应、收货与检验三个重要环节,每一个环节都必须严格按照既定的流程进行,否则就会给企业带来经济损失。同时在各个环节中会涉及到贸易规则和财务帐款,必须谨慎处理。

当一个或多个出口销售订单签订后,企业会对订单进行分析,制定面辅料采购计划和生产计划。一般地,业务部门会事先了解一下企业的面辅料库存情况,对于长线产品,企业往往备有一定的面辅料库存,这些将在采购总量中减去。根据面辅料的不同要求,采购计划要分清国内采购,还是境外采购,因为两种采购过程中涉及的资金流动和合同会不一样,应分开处理(图3-10)。当采购合同签订后,接下来就是检验和收货了。而对于来料加工的订单,则不需要企业采购面辅料,但要做好各种面辅料的明细,同样要检验和收货。

面辅料供应管理是企业降低成本的重要环节,因此,一个业务高效的企业在选择供应商和产品方面要科学与严谨。为了降低面辅料供应的风险、降低成本、提高采购效率,有必要建立一个供应商评估流程,以快速确定供应商进行交易(图3-11~图3-13)。

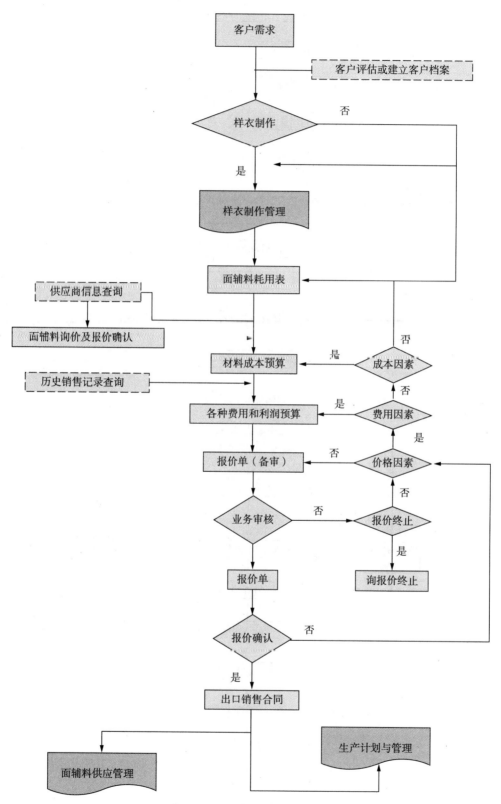

图 3 - 8 出口销售合同签订流程

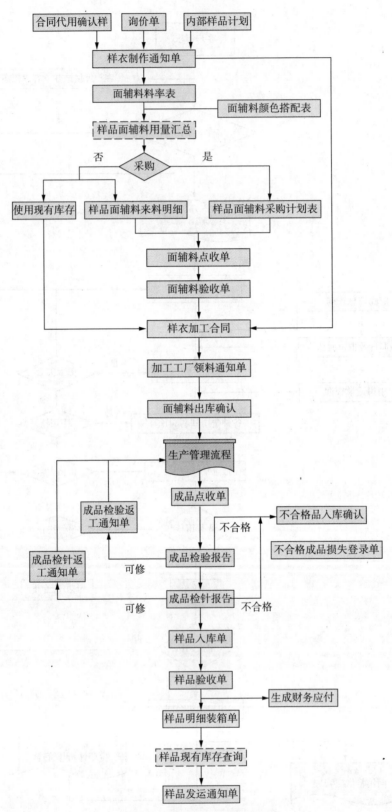

图 3 - 9　样衣制作与管理流程

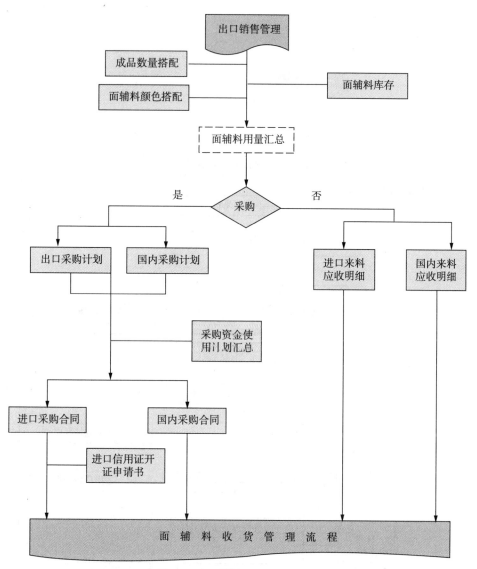

图 3 - 10　面辅料供应管理流程

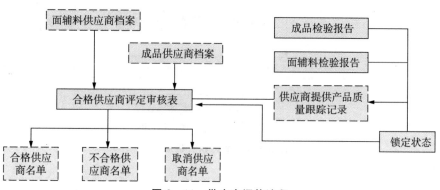

图 3 - 11　供应商评估流程

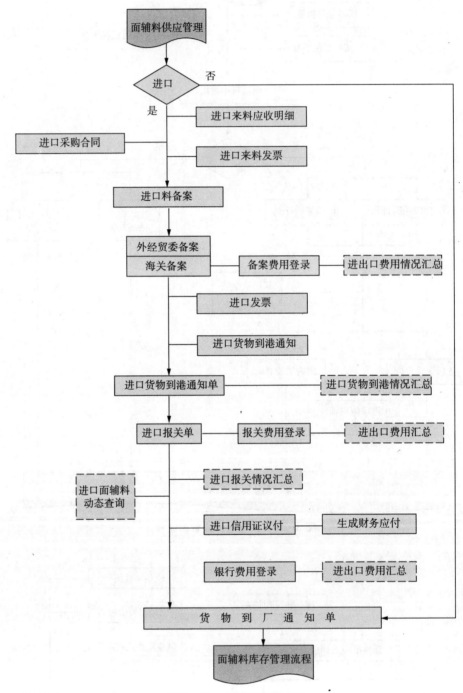

图 3-12 面辅料收货流程

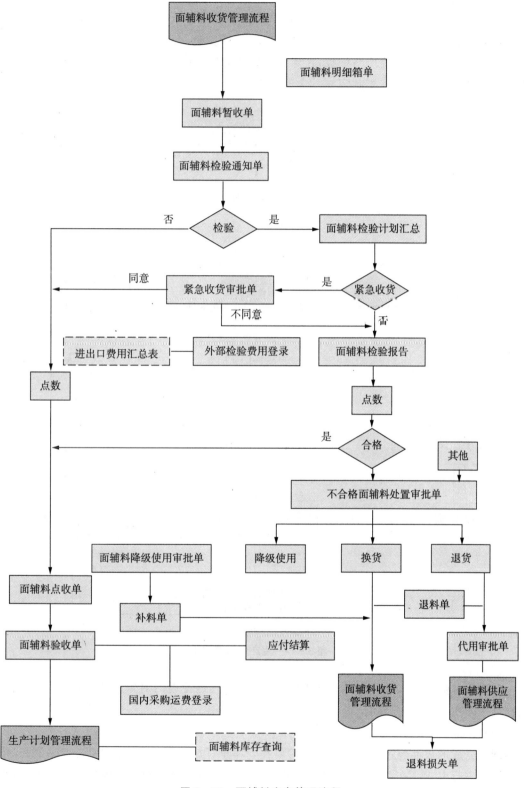

图 3 - 13　面辅料库存管理流程

（3）生产计划管理流程

生产计划是企业应对市场需求的核心环节,企业根据订单的数量、种类、加工期限合理安排流水线和加工工艺,并严格控制加工进度,保证按期交货。在此环节中,计划的制定要合理科学,而生产过程的管理要严格细致,在保证质量的前提下提高生产量是企业竞争力的重要体现,因此企业在这个环节均要制定一套合理的流程(图3-14)。

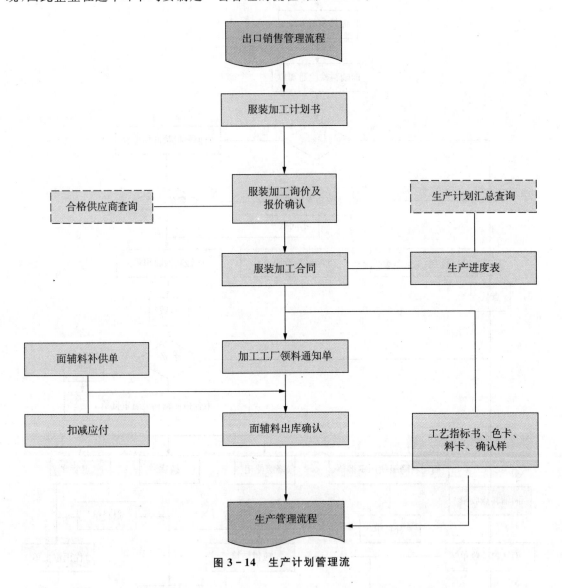

图 3-14　生产计划管理流

生产管理流程可以参照样品管理中的生产流程,只是管理的对象是成衣,而不是样衣,但流程是一样的,这里不再重复。

（4）成品管理

制作完成的成品经过质量检验合格后要在仓库里存放一段时间,等到所有产品配齐,依照交易协议进行发货。在此过程中,必须按照贸易规则对出现质量问题的成品进行处理,组织装箱和运输(图3-15、图3-16)。

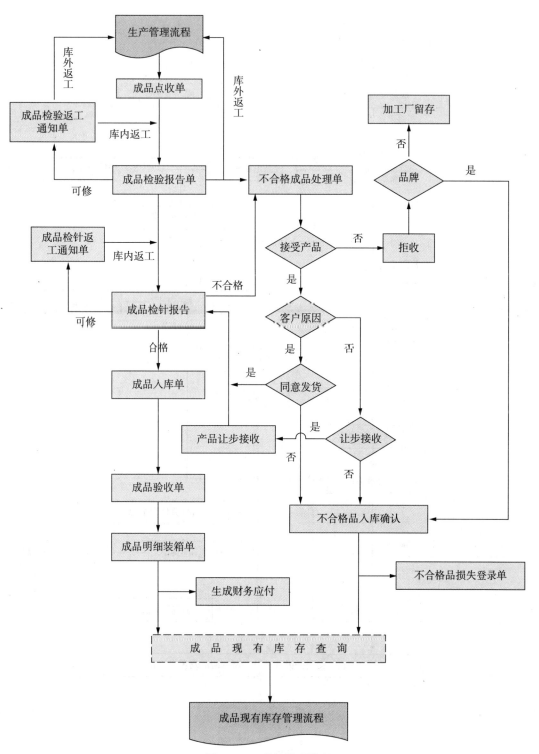

图 3-15 成品管理流程

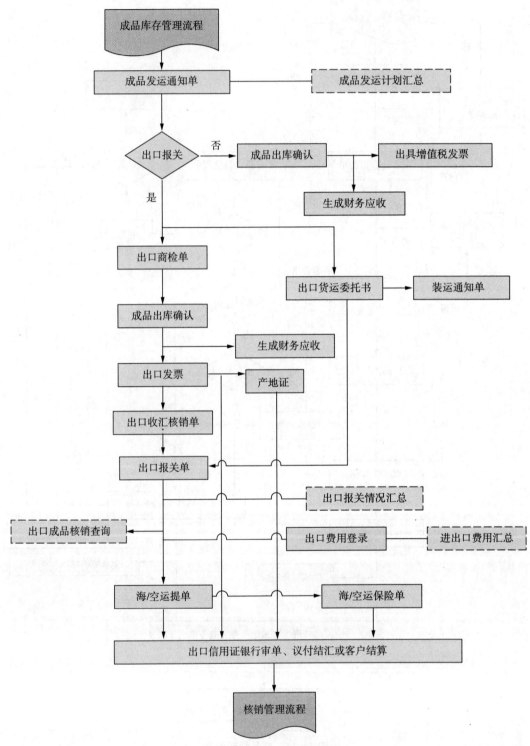

图 3－16　成品发运管理流程

（5）核销管理

核销管理涉及进出口贸易中产生的报关、财务等一系列单据的往来，是企业进行交易的各种凭证的汇总、存档等。主要分为进口付汇核销管理、出口收汇核销管理、退税及税务核销管理和海关核销管理几个方面（图 3-17～图 3-20）。

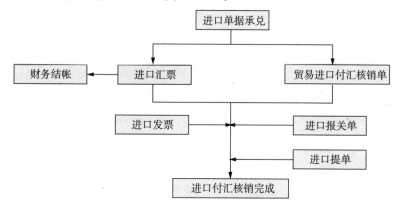

图 3-17　进口付汇核销管理流程

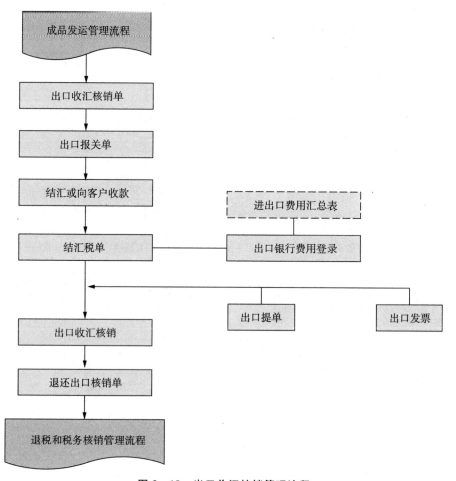

图 3-18　出口收汇核销管理流程

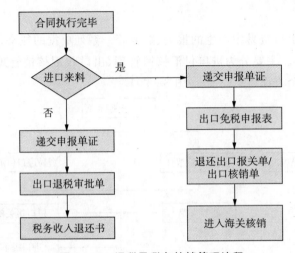

图 3 - 19　退税及税务核销管理流程

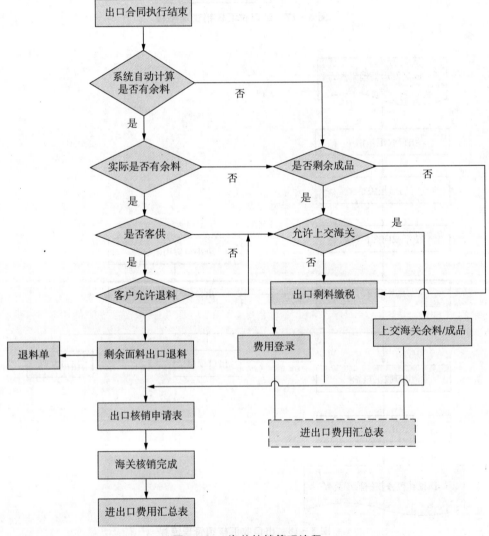

图 3 - 20　海关核销管理流程

　　以上是外贸型服装企业的业务流程,当然在实际运行中,企业会根据自己的业务范围和规则制定自身的业务流程,并不断调整,以应对市场的变化和需求。值得指出的是,对于中国服装业来说要想提高企业竞争力,实现快速发展,进行流程的合理再造是十分重要和迫切的。

　　2. 品牌型服装企业的业务流程再造

　　品牌型服装企业以市场为目标,通过掌握市场的需求,逐步确立企业在消费者心中的地位,以获得市场分额。因此,市场预测、产品设计和销售管理是品牌型服装企业的核心流程模块。下面以新产品开发和销售管理为例介绍品牌型服装企业的业务流程设计。

　　(1)新产品设计开发流程

　　对于品牌型企业来说,新产品开发是提升品牌效应的一个重要环节,拥有最敏锐的设计师,开发出最具市场销售力的产品是品牌型企业的立足之本。每个季度,企业的设计队伍都在不停地进行市场分析,获取流行信息,揣测消费者心理,以准确地利用产品的视觉、生理和心理功能赢得市场。因此,新产品开发不是某个设计师的个人行为,它必须由市场、专家、消费者共同评判后才可以投入市场,这样才可以降低产品定位的风险。图3-21是新产品开发的一般流程示意图。

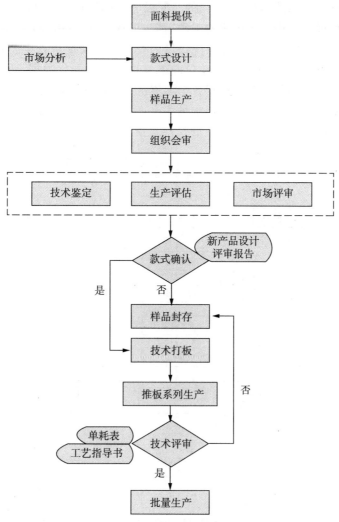

图3-21　新产品开发流程

（2）销售管理

品牌型服装企业的销售管理比较复杂，主要指全面管理分支机构及分销渠道的营销活动，采集各分支机构的进销存等关键业务数据，进行各种统计分析，日常交易管理、销售分析管理、渠道管理、日常工作管理等工作。同时管理下属代销商/经销商进货、库存和销售数据，以及分子公司/经营部及其下属专卖店、仓库、商场专柜的业务数据；业务数据可以通过互联网直接传至总部；还可根据录入的业务数据进行各方面的查询统计。一般地销售管理分为销售分析与预测、自产销售计划、自产订单处理、外协管理、销售价格制定、配货、补货、调货处理等。在每一个环节都有一整套合理的业务流程。销售分析与预测是将总部、分支机构、客户、合作伙伴的所有销售数据集中统一管理。通过时间、空间、产品等多维复合条件选择，及时、准确地完成查询、分析、预测工作，及时掌握销售动态、判断销售趋势、评估销售业绩，为销售决策提供依据。自产销售计划是进行未来某时间段内的地区销售预测和产品销售预测，指导销售工作。自产订单处理流程是通过小批量试产，以获得市场适用的销售品种和数量的管理。外协管理流程是根据市场需求分析、市场预测情况和企业生产情况，对某一时间段内企业的服饰产品销售品种和数量的规划。销售价格制定流程是根据市场需求和销售情况分析，制定统一的、灵活的价格政策，提供针对不同的客户，在不同的时间段内，不同的销售区域，产品的分级报价。配货、补货处理是为保证各零售分支机构的正常销售业务销售进行销售数据双向传送，即可由下级单位向上级单位上报销售数据，利用系统提供的查询统计功能进行全公司范围内的数据汇总，进行整体经营情况分析；又可由上级单位向下级单位传送配货数据，动态掌握实时发货情况；进行销售时点分析。调货处理是根据各个零售机构当前库存情况和销售状况，审核调货请求，并通过远程方式将申请单传至总公司市场中心。接收总公司市场中心向本零售机构批准的调货单据，自动接收总部下达的商品打折及特卖指令。以下分别给出了各环节的流程示意图（图 3－22～图 3－26）。

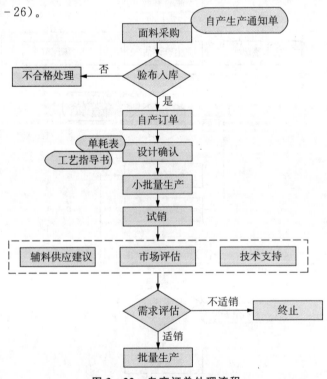

图 3－22　自产订单处理流程

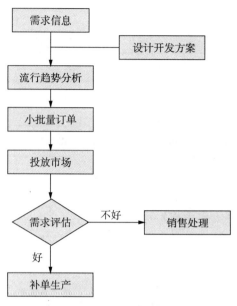

图 3 - 23　外协管理流程

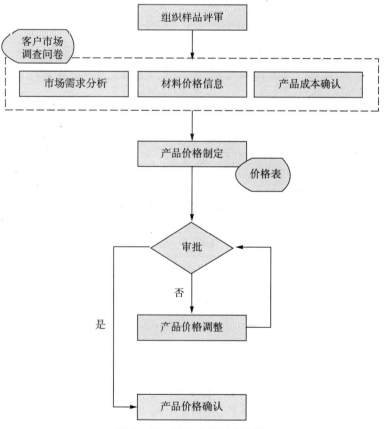

图 3 - 24　销售价格制定流程

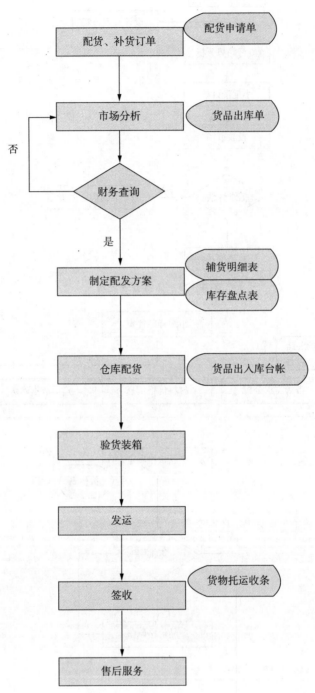

图 3-25 配货、补货业务流程

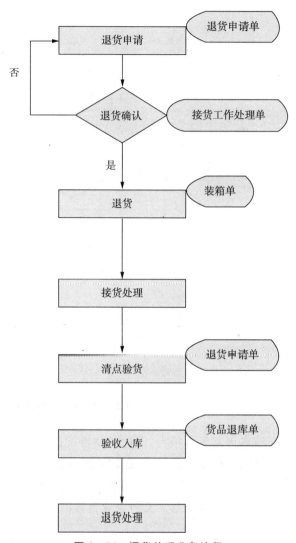

图 3 - 26 调货处理业务流程

在品牌经营中很多都是连锁经营,因此连锁经营管理也是服装销售管理中的重要模式。一般地,公司建立了销售总公司、营销大区、分子公司、办事处、直营专卖店、特许加盟店、代理商、经销商乃至商场专柜在内的一整套多层级分销网络体系,并对批发和零售业务所有环节进行管理。主要包括渠道销售计划、市场开拓、连锁支持等。

渠道销售计划是指制定明确的渠道销售计划,与渠道代理商、经销商建立协同合作关系,实时监控渠道进展情况,并记录相应活动的信息。快速传递渠道信息,合理分配渠道商业机会,实现渠道成员间的良好协作。连锁支持流程是研究和分析渠道成员,找出最有价值和发展潜力的渠道成员加以重点扶植,提高整体渠道价值;同时,对销售状况不理想的渠道成员进行整改。提供不同的销售政策,促销政策及培训服务等方面的支持。以下是各环节的流程示意图(图 3 - 27,图 3 - 28)。

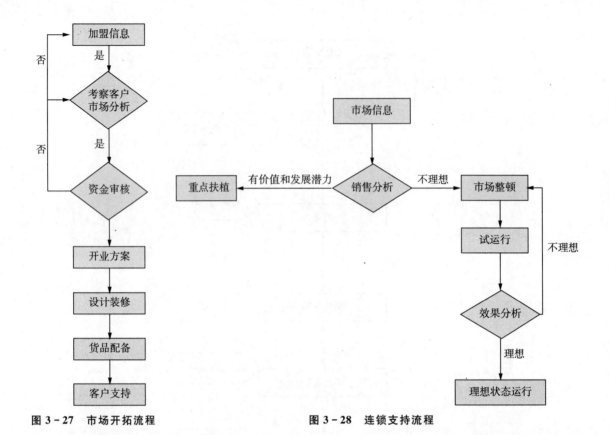

图 3 - 27　市场开拓流程　　　　　　　　图 3 - 28　连锁支持流程

　　服装行业受季节、流行时尚因素影响很大,因此对物流配送要求很高,有定期配送(铺货、补货、调货),还有按订单(团体、单体量身定制)配送。系统对各分支机构和配送点传送来的有效电子订单(其中包括款、色、码、数量、系统可识别的配送地点、运输特别要求、配送达期限)进行处理,并合理安排送货计划及运输工具。支持企业自行配送和第三方物流公司配送(图 3 - 29)。

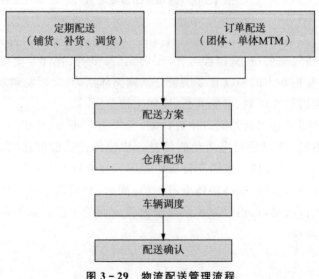

图 3 - 29　物流配送管理流程

第二节 服装企业资源计划(ERP)

一、ERP 概述

ERP(Enterprise Resource Planning),即企业资源计划,是新一代的管理信息系统,对企业的所有资源,包括物流、资金流、信息流、人力资源等进行全面管理,实现从供应商到企业内部到最终销售,即采购、生产、销售的全面整合,完成对整个供应链上所有环节的有效管理。

(一)ERP 的发展历程

企业资源计划,是指将企业内部的各部门,包括生产、财务、物料管理、品质管理、销售与分销、人力资源等,利用现代信息技术整合在一起。其理论的形成和发展经历了五个阶段:

第一阶段:20 世纪 40 年代,以手工管理为特征的订货点方法,其目标是降低库存成本,降低采购费用。

第二阶段:20 世纪 60 年代,时段式 MRP。其理论思想是:根据当时主生产计划表上需要的物料种类、需要多少以及有多少库存来决定订货和生产。因此,MRP 是一种根据需求和预测来测定未来物料供应、生产计划和控制的方法,MRP 提供了物料需求的准确时间和数量。

第三阶段:20 世纪 70 年代,闭环式 MRP。其理论思想是:以整体生产计划为系统流程的基础,考虑了能力需求计划,使物料需求计划成为可行的计划;同时,将车间现场挂历和采购也全部纳入 MRP,把财务子系统和生产管理子系统结合为一体,采用"计划——执行——反馈"的管理模式,形成一个完整的生产资料计划及执行控制系统。

第四阶段:20 世纪 80 年代,制造资源计划(MRP - Ⅱ)。其理论思想是:以物料需求计划为核心,将 MRP 的信息共享程度扩大,使生产、销售、财务、采购、工程紧密结合在一起,共享有关数据,组成一个全面生产管理的集成优化模式。

第五阶段:20 世纪 90 年代,企业资源计划(ERP)。其理论思想是:①企业把客户、销售代理商、供应商、协作单位纳入生产体系,同他们建立起利益共享的合作伙伴关系,进而组成一个企业的供应链;②当市场上出现新的机会,而企业的基本合作伙伴不能满足新产品开发生产的要求时,企业组织一个由特定的供应商和销售渠道组成的短期或一次性的供应链,形成"虚拟工厂",把供应和协作单位看成是企业的一个组成部分,进而组织生产,并用最短的时间将新产品打入市场。

(二)ERP 的核心思想

ERP 的本质是管理思想加信息技术,在管理思想中,居核心地位的有以下几点:

1. 供应链管理——核心

ERP 在 MRP - Ⅱ 的基础上扩展了管理范围,把客户需求和企业内部的制造活动以及供应商的制造资源整合在一起,形成一个完整的供应链(SCM),并对供应链上的所有环节进行有效管理。因此更加适应企业在知识经济时代、市场竞争激烈环境中生存与发展的需要,给有关企业带来了显著的利益。

2. 客户关系管理——前台支撑

客户关系管理(CRM)能帮助企业最大限度地利用以客户为中心的资源(包括人力资源、有形和无形资产),并将这些资源集中应用于现有客户和潜在客户身上。其目标是通过缩短销售周期、降低销售成本、寻求扩展业务所需的新市场和新渠道、改进客户价值、客户满意度、盈利能力以及客户的忠诚度等方面来改善企业的管理。

ERP 在以供应链为核心的管理基础上,增加了客户关系管理后,将着重解决企业业务活动的自动化和流程改进,尤其是在销售、市场营销、客户服务和支持等与客户直接打交道的前台领域。

3. 电子商务——内外资源整合

网络时代的 ERP 将围绕如何帮助企业实现管理模式的调整以及如何为企业提供电子商务解决方案来迎接数字化知识经济时代的到来。为使企业适应全球化竞争所引起的管理模式的变革,ERP 采用最新的信息技术,呈现出数字化、网络化、集成化、智能化、柔性化、行业化和本地化的特点。

4."以人为本"的竞争机制

ERP 的管理思想认为,"以人为本"的前提是,必须在企业内部建立一种竞争机制,仅靠员工的自觉性和职业道德是不够的。因此,应首先在企业内部建立一种竞争机制,在此基础上,给每一个员工制定一个工作评价标准,并以此作为对员工的奖励标准,使每个员工都必须达到这个标准,并不断超越这个标准,而且越远越好。随着标准不断提高,生产效率也必然跟着提高。这样"以人为本"的管理方法就不会成为空泛的教条。

(三) ERP 的基本功能

ERP 一般包括以下五个基本功能:

(1)生产规划系统让企业以最优水平生产,并同时兼顾生产弹性,包括生产规划、物料需求计划、生产控制及制造能力计划、生产成本计划、生产现场信息系统。

(2)物料管理协助企业有效地控管材物料,以降低存货成本,包括采购、库存管理、仓储管理、发票验证、库存控制、采购信息系统等。

(3)财务会计系统提供企业更精确的财务信息,包括间接成本管理、产品成本会计、利润分析、应收应付帐款管理、一般流水帐、特殊流水帐作业成本、总公司汇总帐。

(4)销售分销系统协助企业迅速地掌握市场信息,以便对顾客需求做出最快速的反应,包括销售管理、订单管理、发货运输、发票管理、业务信息系统。

(5)企业情报管理系统提供决策者更实时有用的决策信息,包括决策支持系统、企业计划与预算系统、利润中心会计系统。

二、ERP 实施的基本原则

企业在实施 ERP 时,一般要把握以下三方面的基本原则:

（一）企业生产特征分析

一般地，根据市场需求，企业的生产特征分为四种：

（1）现货生产（MAKE TO STOCK）：指生产计划主要根据对市场的预测，在接到订单之前就组织生产。一般具有预测能力的品牌服装公司或做长线产品的服装公司，如衬衫西服公司等采用这种生产方式。

（2）订单生产（MAKE TO ORDER）：指产品的计划主要根据用户的订单，一般在接到用户订单之后才开始生产。

（3）定制生产（ENGINEER TO ORDER）：指在接到客户订单后，依照客户的要求专门进行设计和加工。

（4）混合型生产方式：指以上三种方式的混合，企业兼有其中的两种或三种，以平衡市场需求和供应。

（二）业务流程分析与设计

不同生产方式的企业，其业务流程也不相同。对业务流程准确细致的描述是企业整合各类资源的前提，当然，对企业业务流程的描述是基于业务流程重组的基础上（流程重组的方法和原理见前章阐述），即所要描述的流程是确认为满足企业资源计划的最优化条件的。

业务流程是为了实现特定的业务产出而必须执行的一组逻辑上相互关联的任务的统称。或者说业务流程是由各种活动按一定的逻辑顺序组成的，这种逻辑关系是由分工所形成的活动间的内在联系所决定的。每一个业务流程都是由人、信息流、物流、资金流、设施等组成的，业务流程的描述就是对上述信息的描述。

（三）ERP 结构设计

ERP 最突出的特点是能够平衡需求与供应，把顾客和供应上整合为一个完整的供应链，协调销售、库存、财务等各职能活动，利用所有资源和过程支持企业决策。因此事先计划和过程控制是 ERP 的核心。ERP 的运作过程是从战略规划到业务规划再到战略实施与控制的过程，是一个完整的战略管理过程。从这个角度，可以将其结构描绘成如图 3 - 30 所示。

从纵向上看，ERP 完成从计划到执行的过程，从横向上看，ERP 整合了需求、内部资源等，是一个平衡需求和供应的过程。因此可以说，ERP 是一个利用资源整合，动态地完成企业从计划到执行的管理过程。这种特点，使得 ERP 更加灵活或"柔性"地开展业务活动，实时地响应市场需求。

从系统的功能模块角度看，ERP 则至少包括以下各子系统（图 3 - 31）。

生产预测、销售计划、经营计划、物料需求计划、能力需求计划、车间作业计划、采购管理、库存管理、质量管理、设备管理、财务管理。

扩展模块：客户关系管理、分销资源管理、供应链管理等。

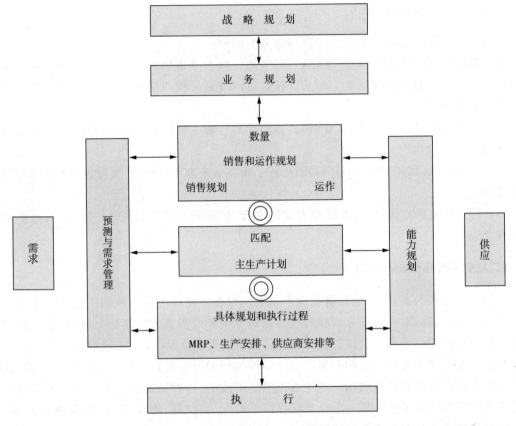

图 3－30　ERP 框架结构图

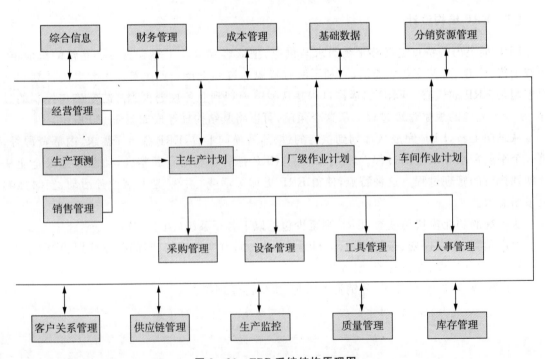

图 3－31　ERP 系统结构原理图

三、服装 ERP 的实施

（一）服装 ERP 的特点

服装企业是指从事服装成衣的批量生产与贸易、具有法人资格、实行独立核算的经济单位。它具有一定的生产规模、一定的生产能力和一定的资金、拥有经营人员、管理人员、技术人员和缝制操作工人等各类员工，并具有生产经营服装类型的决策、服装产品的定价与销售、资金投入与留用的支配、原辅材料以及设备的购置、员工的聘用与管理、员工的待遇分配等多项权限，同时也负有承担经营风险、自负盈亏等经济责任及遵规守约、履行义务等法律责任。

据调查，国外服装的成衣化率比较高，尤其是经济比较发达的国家，如美国的成衣化率为99%，德国为95%，日本为92%，法国为72%，意大利为60%，英国为32%。美国定制服装的价格是成衣化服装的4倍，德国为3倍，日本为2倍。与国外服装企业相比，我国服装企业的特点主要表现在以下几个方面：

（1）服装工业已处于变革时代，生产类型由大批量、少品种、长周期向小批量、多品种、短周期方向发展。

（2）服装生产采用的面料、辅料多样化，新技术、新材料广泛地应用。

（3）开始重视服装品牌战略，企业向集团化规模经营过渡。

（4）生产中机械化、专业化作业程度不高，设备比较陈旧。

（5）生产管理主要靠经验，生产工序多，工艺编排较为复杂。

（6）服装信息网不健全，产销时常脱节。

因此，服装企业的自身特点决定了服装 ERP 系统的特点。

（1）没有统一确定的模型可以借鉴，由于服装的分类标准很多，按所有制分类，有公有制服装企业、私营制服装企业、三资服装企业；按服装企业生产对象不同，有机织面料服装企业、羊毛衫服装企业、针织服装企业、特种服装企业。

（2）服装 ERP 系统的库存管理及其供应链子系统比普通的企业 ERP 更加复杂，功能要求更加全面。服装制造生产要用到服装面料种类繁多，无论服装的主料还是服装的辅料，都是每时每刻的更新。这明显增加了库存中服装原材料的管理，同时还要加强供应链系统，减少库存占用过多的企业宝贵资源——流动资金。这就要求在设计与实施服装 ERP 系统时必须加强企业的库存管理和供应链管理子系统。

（3）必须有比较完善的公司人员管理与考评系统，由于服装是劳动密集的企业，在成衣总生产成本中，人工成本占了相当高的比重，在大多数情况下，人工成本是决定企业竞争能力的一个重要因素。产品的质量除了原材料影响外，还与服装企业人员的素质有直接的关系。这就要求服装 ERP 系统必须在设计与实现过程中完善公司人员日常管理和考评系统。

（4）还需要有以服装设备管理为基础的固定资产管理系统。由于服装生产中要用到各种各样的专业机械，这些机械的机械化程度，自动化水平都不同；同时服装生产许多机械都是易损件，需要经常修理、更新，这就增加了服装设备管理的难度。因此，服装企业的 ERP 系统必须加强服装的设备管理。

（5）服装 ERP 系统必须有良好的售后服务。由于服装是一个时尚的产业，产品品种频繁更新，相应企业的业务组织关系也经常的更新，这使得旧的服装 ERP 系统难以适应新的企业环境，这时软件公司必须提供及时全面的售后服务，把服装的 ERP 系统全面的升级。这样才能有利于服装的日常生产管理。

（二）服装 ERP 实施的一般步骤

服装企业要成功实施 ERP 就需要遵循一定的原则和过程。一般说来，ERP 的实施主要包括初次调研、软件开发、系统培训、流程拟定、编码原则、资料收集、流程测试、期初导入、上线辅导以及月结辅导。

1. 初次调研

开发 ERP 软件之前要深入到企业内部进行调研，掌握企业业务的流程，并分析其特点，收集相关资料，包括各个部门业务流的单据，这样是为了了解企业运转的一些细节问题，以便在软件开发过程中进行框架的架构。

2. 软件开发

调研完成后，要针对企业提出的要求及自己对企业业务流程的掌握，开发有特定需求的软件系统，其中包括数据结构的定义及软件界面的开发，整个系统的开发是一个复杂的过程，要经过不断的测试，才能为公司实施 ERP 系统，其中包括现场测试在内。

3. 系统培训

系统开发完成后，要深入企业内部对员工进行系统的培训。

4. 流程拟定

根据自身对企业的了解以及多年的累积经验，对企业的流程进行拟定。

5. 编码原则

要想使系统能够在企业中进行应用，就必须对其实施的原则进行制定。

6. 资料收集

系统在实施的过程中，会应用到许多基础数据，如供应商信息、客户信息等，在此，就需要企业在发展的过程中不断地进行资料的收集。

7. 流程测试

在完成上述一系列基本情况的制定后，就可对实施流程进行测试，以确保企业应用的顺利进行。

8. 期初导入

在确保信息无误后，将其导入管理系统。

9. 上线辅导

成功安装 ERP 系统后，以企业在运转过程中的真实数据为基础，让员工按照模式进行数据的录入，订单的生成、取消等，能够在实际运转中发挥应有的作用。

10. 月结辅导

ERP 系统在完成一个特定的时期后，会生成相关的报表文件等。并对其进行校核，以保证数据的正确性。

四、服装 ERP 的发展趋势

随着 Internet/Intranet/Extranet 的发展,企业掌握的信息量骤增,企业管理信息化的发展出现了三个趋势,即由信息管理走向知识管理、由信息资源开发走向知识资源开发、由客户/服务器结构走向网际网结构。换言之,管理信息化的问题已经上升到了一个新的层次,即如何利用数据/信息取得知识;如何利用知识指导决策,以获取最大效益或利润的问题。具体来说,在"信息爆炸"的情况下,企业管理者不能把自己淹没在信息的海洋中,而必须从信息中识别和获取知识、运用知识改进企业行为,使企业获得更大的成功。为了企业的成功,创造和应用新的知识,使其转变为市场化的商品和服务,以满足未来竞争的需要,这就是企业的知识创新。因此,服装 ERP 只有靠不断的发展来满足服装行业的需求。未来服装 ERP 的发展趋势主要有以下八个方面:

1. 服装 ERP 与 CRM 的进一步整合

服装 ERP 将更加面向市场和面向顾客,通过市场预测、订单处理与生产调度、约束调度功能等,进一步提高服装企业在全球化市场环境下更强的优化能力,并进一步与客户关系管理 CRM 结合,实现市场、销售、服务的一体化,使 CRM 的前台客户服务与服装 ERP 后台处理过程集成,提供客户个性化服务,使服装企业具有更好的顾客满意度。

2. 服装 ERP 与电子商务、供应链、协同商务、协同作业等整合

服装 ERP 将面向协同商务(Collaborative Commerce),支持企业与贸易共同体的业务伙伴、客户之间的协作,支持数字化的业务交互过程;ERP 供应链管理功能将进一步加强,并通过电子商务进行企业供需协作;服装 ERP 将支持服装企业面向全球化市场环境,建立供应商与分销商间基于价值链共享的新伙伴关系,并使服装企业在协同商务中做到过程优化、计划准确、管理协调。

3. 服装 ERP 与产品数据管理的整合

产品数据管理(Product Data Manage-ment,PDM)将企业中的产品设计和制造全过程的各种信息、产品不同设计阶段的数据和文档组织在统一的环境中。

近年来 ERP 软件商纷纷在 ERP 系统中纳入了 PDM 功能或实现与 PDM 系统的集成,增加了对设计数据、过程、文档的应用和管理,减少了 ERP 庞大的数据管理和数据准备工作量,并进一步加强了企业管理系统与计算机辅助设计(CAD)、计算机辅助工艺设计(CAPP)、计算机辅助制造(CAM)系统的集成,进一步提高了企业的系统集成度和整体效率。

4. ERP 与制造执行系统的整合

为了加强 ERP 对于生产过程的控制能力,ERP 将与制造执行系统(MES,Manufacturing Executive System)、车间层操作控制系统(SFC)更紧密的结合,形成实时化的 ERP/MES/SFC 系统。在流程工业企业的管控一体化系统中,该趋势体现得最为明显。

5. 服装 ERP 与工作流管理系统的进一步整合

全面的工作流规则保证与时间相关的业务信息能够自动地在正确时间传送到指定的地点。服装 ERP 的工作流管理功能将进一步增强,通过工作流实现企业的人员、财务、制造与分销间的集成,并能支持企业经营过程的重组,也使服装 ERP 的功能可以扩展到办公自动化和

业务流程控制方面。

6. 提高知识管理的智能性

为了企业高层领导的管理与决策,服装 ERP 将数据仓库、数据挖掘、联机分析处理 OLAP、商务智能、决策支持等功能集成进来,加强其对企业知识管理的功能,把企业高层领导从规模庞大、"事无巨细"的数据中解脱出来,构成集综合查询、报表和联机分析处理(OLAP)为一体的智能决策信息系统,为企业家提供宏观决策和经营策略。

7. ERP 系统动态可重构性

为了适应企业的过程重组和业务变化,人们越来越多地强调 ERP 软件系统的动态可重构性。为此,服装 ERP 系统动态建模工具、系统快速配置工具、系统界面封装技术、软构件技术等均被采用。服装 ERP 系统也引入了新的模块化软件、业务应用程序接口、逐个更新模块增强系统等概念,ERP 的功能组件被分割成更细的组件以便进行系统动态重组。

8. 服装 ERP 软件系统实现技术和集成技术

服装 ERP 将以客户机/服务器、浏览器/服务器分布式结构、多数据库集成与数据仓库、可扩展性语言(Extensible Markup Language,XML)、面向对象方法和 Internet/Extranet、软构件与中间件技术等为软件实现核心技术,并采用 EAI 应用服务器、XML 等作为服装 ERP 系统的集成平台与技术。

案例:爱科(ECHO)服装 ERP 系统

ECHO-ERP 在企业应用 INTERNET/INTRANET,建立企业数据库的基础上,对企业从市场需求、计划、供应、设计、生产采购、销售、财务、客户等信息进行统一的、集约化管理的软件系统。ECHO-ERP 系统功能集成如图 3-32 所示。

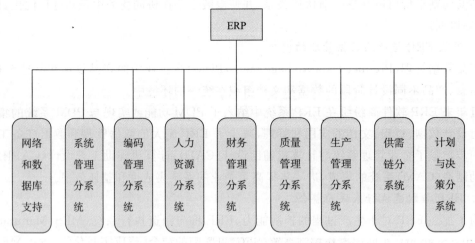

图 3-32　ECHO-ERP 系统功能集成图

在计算机硬件系统方面,包括客户机/服务器(C/S)、网络硬件设施及各种外设物理设备等,结合计算机网络支撑系统和数据库支撑系统构成整个系统的运行环境。ERP 的各应用分系统就以此为运行支撑环境,通过数据库管理系统的接口,借助计算机网络实现对数据的管理和各分系统间信息共享和交互。图 3-33 描述了服装企业数据管理的系统结构。

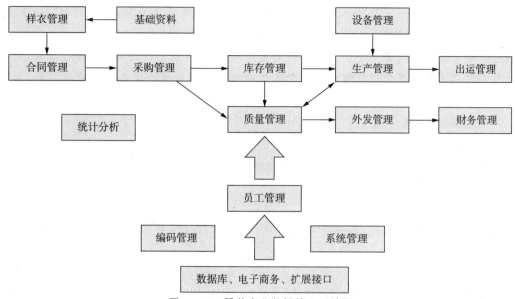

图 3 - 33 服装企业数据管理系统图

☞ **总体结构**

ECHO-ERP 将系统划分为计划与决策分系统、供应链分系统、生产管理分系统、质量管理分系统、帐务管理系统及人力资源分系统、编码管理分系统、系统管理分系统、网络和数据库管理九大模块。它以计算机网络(Internet/Intranet)和数据仓库(DW)为系统底层支持。图 3 - 34 描述了 ECHO-ERP 管理系统功能流程。

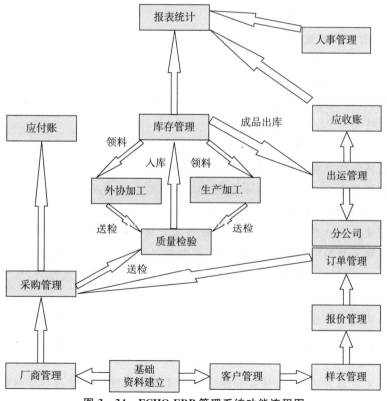

图 3 - 34 ECHO-ERP 管理系统功能流程图

发展企业的 Internet/Intranet 建网模式,同时应用传统的客户机/服务器(C/S)结构,方便处于信息化管理基础的企业的应用。企业数据仓库(DW)的建立是对企业原有信息,生产系统数据库资源的重新集中整合。通过数据重组,并利用联机分析处理(OLAP)工具,对现有企业信息数据进行深层分析。通过数据仓库提供的多维报表可推动企业的赢利分析,比较不同经营方式的资金运作收益和不同客户的满意程度。

☞ **系统功能模块介绍**

——计划与决策子系统

计划与决策系统包含了经理咨询、办公自动化等子系统,集中体现了 ERP 对企业管理及统计、分析和市场预测功能。

(1)系统功能

办公自动化子系统功能:包括企业文档录入、编制、备份,企业计划、决策下达、实施及反馈等。

经理咨询子系统功能:包括财务与生产综合信息、查询库存与产品质量信息、查询企业人事劳资信息咨询及销售情况查询等。

(2)用户效益

计划与决策支持分系统的目标是在计算机网络、数据库及领先的开发平台的支持下,建立与其他分系统有机集成的、具有开放性系统结构的、易扩充的计划决策支持体系。从而打通企业财务、人事、产品销售、产品库存、产品生产以及企业综合信息查询等环节的信息渠道,实现企业决策计划管理的计算机集成。为企业管理层提供准确、及时、有效的生产和经营决策信息。同时,高效利用人力资源配置,减轻管理层生于臃肿的问题,将管理控制活动转化为任务控制活动。

——供应链管理子系统

ECHO-ERP 基于 MRP-Ⅱ及上述思想在供应链管理系统中设立了销售管理子系统,库存管理子系统。供应链包括样衣管理、合同管理、采购、计划、仓库和出运管理等几个部分,它将公司的进、销、存有机地结合成一个整体,纳入计算机系统进科学有序的管理,供应链管理是整个 ERP 系统的核心。

(1)各应用模块具体功能

样衣委托:实现样衣委托单的录入和修改。业务部根据客户衣服实样、传真或照片输入样衣委托单,如有照片则扫描读入。样衣委托单输入以后数据传入技术部,技术部根据样衣委托单制作样衣。样衣制作完毕后如客户有修改,系统将保存每次修改意见以供参考。

样衣确认:实现客户样衣确认。业务部根据客户确认的样衣或修改样衣的用料、工艺和工时,由系统生成样衣报价(价格计算方式可根据需要定制),并打印样衣发票。

样衣询价:实现样衣价格查询确认。业务部根据系统生成的样衣报价,结合客户的实际需求确认并保存实际的合同价格。

定单合同:完成定单合同制定、修改、执行和作废。业务部根据根据样衣询价确定的价格和客户的实际需求签定定单合同,如果合同未执行则可以修改,如果合同已执行则不能修改,只能进行合同作废。

客户管理:完成客户的录入、修改和删除。通过客户管理模块可以对公司的客户资源进行科学有效的管理,对挖掘客户潜力树立公司形象起到良好的促进作用。

采购计划:完成制定原、辅料的采购计划。业务部根据定单合同确定的交付时间和公司的库存情况定制采购计划。

采购定单:完成原、辅料的采购开单(可兼作原辅料采购合同)。业务部根据采购计划完成原辅料的采购,并通知仓库和财务对所购原辅料检验入库可付款。

供应商管理:完成供应商的录入、修改、删除和统计。通过在计算机系统中对公司上游供应商进行管理。将原料供应商的明细资料按照供货批量、批次及具体的品名、规格等信息进行纪录,并以供货质量、交货速度等数据对供应商进行排序,为公司更好地选择货源提供依据,从而有效地实现成本的集约和效率的提高。

外协加工:完成定单外协加工单的录入(可兼作外加工合同)。业务部根据公司的实际生产能力和客户的需求开出外加工单,并通知仓库和财务对外加工品进行出、入库和付款。

外协单位:完成外协单位的录入、修改、删除和统计。通过在计算机系统中对公司外协单位进行管理。对外协单位加工类型、加工质量和交货速度等数据进行排序,为公司更好地选择外协单位提供依据。

采购入库:完成原辅料采购入库。采购完成的原辅料在检验合格后,填开采购入库单入库,采购入库完毕后系统自动通知财务部入库数量。采购入库后所开的入库单不能修改,如有错误只能将采购入库单作废后(需要上级审批)重新入库,所购原辅料计入业务员成本。

成品入库:完成成品衣物的入库。在生产成品或外加工成品检验合格后,填开成品入库单入库,成品入库完毕后系统自动通知财务部入库数量。入库数量由检验合格数量决定,并且不能修改。成品入库完成后,业务部门即可对入库成品出运。

领料:完成生产所需的原辅料的领用。仓库根据生产部门所开的物料需求计划填开领料单领料出库,所领原辅料计入业务员成本。

盘点:完成仓库盘点。仓库输入产品的实际库存,系统自动完成仓库盘点,打印盘赢、盘亏报表。

调拨:完成各仓库间产品的调拨。仓库根据公司生产或业务的实际需要填开调拨单,协调各仓库间的库存。

其他出入库:完成损耗、报废、借入、借出、盘赢、盘亏(手工盘点)和半成品的出库或入库。

出运管理:完成产成品的出运过程,包括申请配额、商检、托单、报关、提单善证五个子模块。

货运单位:完成货运单位的录入、修改、删除和统计。通过在计算机系统中对公司货运单位进行管理。对货运单位服务质量和交货速度等数据进行排序,为公司更号的选择货运单位单位提供依据。

(2)用户效益

建立供应链管理系统的目标旨在结合目前先进的制造资源计划(MRP)和准时化生产(JIT)的思想,建立初步的互相补充的 Push/Pull 方式。实现从需求预测到月计划制定,从周产品计划制定到 MRP 编制,包括采购供应、资金计划和库存管理在内的企业宏观计划和预测 Push 系统;实现根据销售定单日生产计划制定和根据日实际生产量控制企业内部物料流动的 Pull 系统;实现提高计划部门、物资供应部门和库存管理的工作效率,减少库存积压,加快资金流转,降低生产成本的目的。

——生产管理子系统

生产系统是 ERP 管理系统的重要环节之一。

（1）应用模块具体功能

样衣管理:完成样衣制作。技术部根据业务部样衣委托要求或样衣修改要求制作样衣,并将样衣完成情况返回业务部。

主生产计划:完成生产计划的制定。生产部门根据业务部订单合同交付时间制定车间生产计划。

生产能力计划:完成车间生产能力的查询和统计。生产部门根据车间的生产情况以及各班组的生产能力,统计出车间的剩余生产能力,为公司决策层提供及时准确的生产能力计划。

物料需求计划:完成生产所用原辅料的需求计划。生产部门根据业务部定单合同的交付时间和数量,以及技术部产生的生产用料制定物料需求计划,供采购部门参考。

生产作业控制:完成车间生产控制。包括生产工艺制定、生产工序表、生产任务编制和生产数据录入等四个子模块。

（2）用户效益

对主要生产流程及设备实现逐步的计算机化管理,通过设备台帐管理,辅助财务管理系统对资产入帐及折旧的处理,实现无纸档案管理及备件管理,进一步达到对能源计划与消耗,生产经营计划的综合管理。

——质量管理子系统

质量检验贯穿在整个生产过程之中,执行严格的质量检测程序,是提高产品质量的必要条件之一。它包括质量标准的制定、原辅料检验、成品检验和生产检验等几个部分。

（1）各应用模块具体功能

质量标准制定:完成质检验标准的录入、修改、删除和查询。其中标准的录入、修改和删除需要一定的权限。

面料入库检验:完成面料入库检验。质检科根据业务部的采购定单和质量检验标准检验入库面料,面料检验合格后才可入库(入库数量根据检验合格数量决定,仓库无权修改入库数量),不合格品则退回厂家,系统自动修改面料供应商信用记录。

辅料入库检验:完成辅料入库检验。质检科根据业务部的采购定单和质量检验标准检验入库辅料,辅料检验合格后入库(入库数量根据检验合格数量决定,仓库无权修改入库数量),不合格品则退回厂家,系统自动修改辅料供应商信用记录。

成品入库检验:完成生产成品的检验、返修和报废。质检科根据成品质量检验标准检验生产部门送检产品,检验合格送交仓库入库,不合格则返修或报废。系统自动记录不合格品产生原因和产品生产的车间和小组。

生产检验:完成生产过程中各道工序的检验,包括裁片检验、车缝检验和后道检验三个子模块。质检科根据质量检验标准检验生产各个环节送检产品,检验合格送交下一道工序,不合格则返修或报废。系统自动记录不合格品产生原因和产品生产的小组或个人。

（2）用户效益

完成产品设计质量管理、生产流程质量管理及质量统计分析等子系统。从原材料采购、检验、设计及到各工序的检验及至售后服务的全过程进行全面质量管理,逐步实现质量统计分析子系统中库房质量,车间质量和销售质量的统计分析功能,通过网络信息共享将信息给管理层,以便于决策,利用条形码技术及其他自动数据采集技术采集车间质量信息,建立质量管理体系的质量标准资料库,实现质量体系文件管理功能。

——账务管理子系统

帐务管理系统是在市场上现有财务应用软件的基础上,结合各个公司实际情况,实现生产、业务、收入、成本的信息集成,同时实现资产的计算机综合管理。主要包括应收、应付帐款、定单、业务员成本核算、工资管理等几个部分。

(1)各应用模块具体功能

应收账款:完成应收账款的查询和开票结算。财务部根据业务部定单合同情况,以及仓库的出库情况查询应收帐款明细,并通知业务员催缴、开票结算,系统自动生成相应报表。

应付账款:完成应付账款的查询和付款。财务部根据业务部采购订单或外加工订单,以及仓库入库情况查询应付帐款明细,根据实际入库情况和供应商或外加工单位结账,系统自动生成相应报表。

定单成本核算:完成定单成本核算。

业务员成本核算:完成业务员成本核算。

员工工资管理:完成员工工资的计算和发放。财务部根据生产部门的计件统计情况和相应的工资标准计算和发放工资。

(2)用户效益

通过财务管理分系统,能极大的提高财务人员的工作效率,并及时准确地向企业领导提供财务信息,为企业领导决策提供依据;对企业的库存处理、采购计划、销售方向、生产安排提供实际的指导;还能有效的控制企业的应付账款和应收账款,充分提高企业资金的利用率。

——人力资源子系统

人力资源包括员工资料、劳动合同、培训管理、组织结构管理、员工保险管理等几个部分组成。

(1)各应用模块具体功能

员工资料:进行员工资料信息的录入、修改和维护;记录在职员工的个人简历、个人业绩等基本情况。

劳动合同:完成公司员工的劳动合同录入、修改、删除、打印和查询。

培训管理:记录公司员工培训记录。

组织结构管理:记录企业组织结构关系及部门安排,各组织成员组成和岗位责任,部门职责等。

员工保险管理:完成对公司员工保险情况的记录和统计。

(2)用户效益

随着人的作用的提高,人力资源管理越来越得到重视,"科技以人为本",通过该系统,它对公司人员素质程度进行综合的统计分析,为公司决策层提供员工调资和培训教育的基本信息。从而有效的进行人事调动,合理安排人员。

——编码管理子系统

在系统的设计开发过程中,编码的处理是一个重要的问题,它关系到系统存储器的使用效率、软件的可靠性、通用性和运行速率。

(1) 系统使用编码定义

币种:系统使用货币种类编码(包括汇率)。编码为自定义顺序码。

付款方式:系统使用的结算方式。编码为自定义顺序码。

仓库:系统使用仓库维护。编码为自定义编码,系统可使用多个原辅料仓库,使用仓库由用户自定义。系统提供一个默认使用仓库。

服装款式:系统使用的服装款式编码及条形码。服装款式编码为自定义编码;条形码编码为国标 ENA 码,如没有国标 ENA 码则使用自定义编码。

服装类型:系统最多可使用四种分类方式。产品种类为系统默认分类;其他三种为用户自定义分类,可用于统计报表分类。编码为自定义顺序码。

计量单位:系统使用的服装款式单位。编码为自定义顺序码。

颜色编码:系统使用的服装颜色分类。编码为自定义顺序码。

品牌编码:系统使用的服装品牌分类。编码为自定义顺序码。

综合编码:系统使用的其他分类,如职称、民族、学历、政治面貌和离职类型等。编码为自定义顺序码。

(2) 用户效益

编码能提供一个精确的记号,以便于计算机对各种信息的处理,由于代码比数据全称要短得多,因此可以节省存储空间,提高系统的运行速度。通过编码后也便于信息的分类、加工和校对,使计算机的检索处理更加准确可靠,企业可以更方便地进行数据查询。

——系统控制子系统

(1) 各应用模块具体功能

修改密码:修改操作员密码,系统只允许修改当前登录操作员的密码。

更换操作员:更换登录系统的操作员。

工作组管理:对操作员进行分组管理。可以对使用系统的工作组进行增加、修改和删除,并对工作组下属操作员进行增加、修改和删除。

操作员管理:对使用系统的操作员进行增加、修改和删除。如系统使用人力资源模块,操作员信息将从员工资料中读取,系统将不允许修改操作员信息和增加员工资料中不存在的操作员。

权限设置:针对公司部门级别和具体用户的权利范围设定从具体使用人员到业务部门对系统的访问权限和可进行操作、修改的权力范围。

系统设置:完成系统使用环境的设置。如使用公司的基本信息,系统使用环境设置完毕后,用户将无法修改其内容,如确实需要修改其中内容,请与软件开发商联系。

系统初始化:系统第一次使用时对系统进行初始化设置,对数据库数据进行清空,为公司使用系统做准备。系统初始化后数据将无法恢复,进行系统初始化应小心谨慎。

系统备份:完成系统数据库备份和恢复。

日志管理:按时间先后顺序记录访问系统操作人员的操作轨迹,真正实现工作日志的无纸记录和责任的有据可查。

财务数据接口:完成 ERP 系统和其他财务应用软件的接口。

CAD 数据接口:完成 ERP 系统和其他服装 CAD 系统的接口。

(2)用户效益

通过系统控制,对企业的数据进行严格的管理,如数据的输入、修改等一定权限的设置,达到企业的数据安全而有责任跟踪。支持外部数据的接口,达到有效地利用外部资源,实现不同数据之间的连接。

案例:顺美服装供应链管理信息化解决方案

1. 项目背景及信息化需求

北京顺美服装股份有限公司于 1985 年成立,是北京市顺义区顺义镇农工商总公司与新加坡美都纺织品有限公司共同创办的首都第一家服装合资企业。顺美公司以产销中高档西装为主体,并经营男女时装、休闲装、高科技面辅料西装,以及服装辅料、服饰产品等。

公司主要的业务部门有三个内销部:××以连锁专营为主,同时发展特许经营;外销部:以出口为主,产品远销日本、东南亚、欧洲、南美和美国等地,除高档男女西服外,还有男女时装、便装、衬衫以及针织、丝织类产品;制装部:给各个单位、机关团体量体裁衣。

随着公司业务的发展,规模的不断壮大,公司决定先从供应链环节入手,即先实现采购、库存、销售的信息化管理,同时将业务和财务紧密集成,在此基础上再分阶段、有步骤地在整个顺美公司范围内全面实施 ERP 系统,达到统一的企业信息化管理,并根据自身的需求选择了 Oracle 软件,请志杰管理咨询公司作为实施方。

2. 信息化目标

希望能依托先进的计算机技术与网络技术,在 1~2 年时间内,逐步建立起一个覆盖全国的计算机网络系统,与此同时,进一步规划顺美公司总体应用需求,优化业务流程,规范管理环节,建立沟通顺美上下、内外联系的集物流、信息流、资金流于一体的电子智能化管理系统,最终提高管理水平和企业形象,增强企业经济效益及国内外市场的综合竞争能力。

3. 实施规划

ERP 系统所涉及的企业业务环节是紧密连接的,因此,企业在 ERP 系统的规划及实施过程中,均需有一个全面的规划,包括整个项目要达到的目标、实施周期、资金整体预算、实际投入资金、企业的人员投入能力、实施的范围等。

第一期:供应链管理系统(库存、采购、销售/运输)、财务系统(总账、应收、应付、固定资产等),并结合顺美特殊需求,开发成本管理和门店销售管理模块。

第二期:制造管理系统,包括产品结构、主生产计划、物料需求计划、车间作业、质量管理等。

第三期:决策分析、商业智能系统。

如果有需求,还可以进一步运用客户关系管理等系统。

第一期先应用供应链。因为供应链管理是企业 ERP 系统最基础的部分,企业对 ERP 系统的理解、应用、普及有一个过程,如果一上来就全面铺开,不仅是欲速则不达,而且有可能导致整个项目的失败。在一期实施的过程中应用财务系统也是非常必要的,因为采购行为、销售行为、库存行为均涉及到了财务的应付款、应收款、存货核算的内容,因此,在第一期系统的实施过程中,及时地将供应链各业务环节和财务系统紧密集成是至关重要的。

第二期主要是制造系统的实施。制造系统的实施是整个 ERP 系统的实施难点,因为它涉及到企业整个生产的业务模式调整、磨合,而且前期系统实施中的问题在此时也暴露出来,因此,这一阶段是一般企业最后实施但也是必须实施的部分,如果企业不实施制造部分,则 ERP 系统的整体优势,前期实施的库存系统、销售系统、采购系统均无法发挥其应有功效,最终无法达到企业应用 ERP 系统的目标。

第三期主要是分析系统的实施。分析系统是以大量的数据为基础的,一般企业在运行 ERP 系统 1～2 年后,即可应用决策分析系统,将企业数据库中的数据进行提炼,将数据转化为知识、经验和决策的依据。

4. 系统需求及解决方案

在实施过程中,主要从管理的三个层次(管理基础、业务运作、战略决策)入手,充分分析、调研了顺美的业务现状,细化了信息化需求,并提出了相应的解决方案。

4.1　管理基础

(1) 组织结构:顺美服装股份有限公司是集产、供、销于一体的集团公司,其下设有公司财务部、供应部、内销部、外销部、制装部、工厂和多家分公司。公司的主要业务是进行财务管理、销售管理、仓储管理和生产管理,各个分公司主要负责本地区的销售业务和本地仓储库的管理。

志杰咨询均通过对顺美企业现状与未来企业发展的需求分析,建议采用基于单一账簿层次上的多组织结构体系,使相关的各种业务数据进行集中管理,各种信息共享,有效地完成各种业务数据查询、数据分析以及报表管理。

(2) 基础数据:作为反映企业管理基础和水平的基础数据,对企业的业务运作和决策分析有重要的作用。对于大多数企业来说,往往是基础数据量大,来源渠道广泛,数据随职能机构分割严重,最终往往造成基础数据和经营状况指示的失真。如果基础数据能达到统一编码和维护、共享使用、全面信息,则基础数据将为企业打下坚实的基础。但服装企业的基础数据由于行业特征和产品特性,使其更具有复杂性和特殊性。在实施 ERP 系统的过程中,将整个供应链环节中主要的基础数据分成了几大类并针对其不同特点和需求提供了相应的解决方案。

例如,根据顺美需求,志杰咨询建议把库存物资分类为四层管理,并分别提供了物资编码、物资名称、物资控制(有效期控制、批号控制、最大存储量的限制管理、盘点控制、系列号控制、存储区控制等)、结余物资管理等相关解决方案。

4.2　业务运作

(1) 流程管理:ERP 的引入,使得企业逐渐由职能管理面向流程化管理,即根据企业的业务规则和业务路径制定出企业不同层级、不同深度的业务流程,为流程化业务处理过程中的每个人提供他们做出恰当响应所需的全部信息。

① 采购入库业务。通过对顺美公司的采购入库业务分析,发现采购接收入库业务处理过程存在不合理的地方。从到货接收到入库处理时间拖得过长,原因是没有及时做检验处理,这样就不能及时得到供应商发票,造成财务不能及时入账、核算销售成本,造成定价不准确。根据顺美实际的采购业务情况,志杰咨询把顺美公司的采购接收业务,规划成原材料的采购接

收、外协加工(不带料)和成衣的采购接收、备品备件和固定资产的采购接收三大类流程,并提供了相应的流程解决方案。

② 调货业务。通过对顺美公司的调货业务分析,发现内销的各个分公司信息反馈比较慢,使内销部门很难监控货物的流向和相应统计。志杰咨询将调货业务归纳为内销部门对内销各个分公司的调货、内销各个分公司之间的调货、分公司内部各个门店之间的调货、内销往制装的调货等四种处理类型,并提供相应的流程解决方案。

根据顺美公司实际业务情况和多组织的解决方案,志杰咨询还为顺美公司的货品调拨业务、顺美服装股份有限公司和各个销售分公司之间的关系及配货关系、各个销售分公司之间的关系及配货关系、整理/定义各种发运方式和运输单位等进行了规划。

③ 销售业务。在广泛调研的基础上,最终将顺美的销售流程设定为内销部销售流程、制装部销售流程、外销部销售流程三大类。在三大类流程中又分层次设定了更加细化的流程及流程规划等详尽的解决方案。针对顺美门店的零售管理还专门开发了相关的门店销售管理系统及其与 ERP 系统的接口。

(2) 业务控制

① 采购审批和权限的管理。随着顺美公司对采购的统一管理,加强采购审批和权限的管理已经刻不容缓。针对这种需求,志杰咨询对顺美的采购审批提供的解决方案是根据采购物资的不同,顺美有不同的审批流程和审批层次。如,对面辅料和样品的采购审批层次设计为五层审批,并设置了相关的审批权限。通过严格的审批流程,控制了企业的支出,节约了采购资金。

② 价格管理。根据业务形式的不同、客户的不同而采用不同的价格策略和定价方法。服装企业的特点决定了其价格受产品要素组合、地域、季节、市场等因素的制约,需要在统一的价格策略下频繁且快速做出调整以适应市场需求。所以,顺美公司希望系统能提供灵活多变的价格管理功能,以满足价格和促销管理的需要。志杰咨询针对该公司的销售业务类型提出相应的价格管理业务规划是,应用 Oracle 的销售模块功能,管理所有产品价格清单;在 Oracle 的基础上进行了客户化开发,以满足零售过程中的各种促销价格管理。

③ 发料管理。过去,采购来的原材料没有办理入库手续就被领用,等发票来了办理入库时原材料已经变成了衣服,造成物流与资金流的脱节。针对这一问题解决方案是,首先在管理制度上必须强调根据系统内的领料单发料,然后在系统中严格限制不办理入库就不能领料的规程。这样,使用系统后,若未先入库就领料时,因系统内无料可领,从而杜绝了先领料后入库的现象,并大大促进了业务员办理入库的效率,使物流与资金流同步,有效地监控了采购、库存和领料的情况。

(3) 业务集成

所有的企业运营最终都由财务信息所反应,不论对外报告或是对内考核,财务指标都是关键的考核指数。值得倡导的战略性财务管理是能够将数据转化为决策支持信息。志杰咨询根据顺美的需求提供了集成化的解决方案。这种集成性主要表现在:

① 在应收款中客户的管理信息同时也能被销售管理系统所分享,在应付款中供应商的管理信息同时也能被采购系统所分享,在总账中录入的制造费用能分摊到不同产品成本中去。对经营数据和财务数据的统一输入和维护,使得管理信息在顺美公司所需的业务流程中得到了规范、统一的管理,不仅大大降低了数据输入和维护的成本,使得各部门人员更关注本职工

作,而且更为重要的是通过集成的系统给高层管理者提供了一个总揽全局的环境,及时发现业务流程中的瓶颈、管理中的薄弱环节,从而能快速做出决策,提高企业竞争力。

② 财务系统融传统的财务会计和管理会计为一体。在设置会计编码时,使用的弹性域技术,考虑了企业不同考察角度,在进行简单的会计信息录入的同时已经联系了相应的成本中心,考核主体等信息,可进行多维的分析和查询,既减少了信息的维护成本,又能及时地获取决策支持信息。

③ 销售模块与应收账款模块的接口表,将销售信息引入应收账款模块自动生成销售发票,发票编号为系统自动编号,增值税额由系统按照定义好的税率自动计算生成。引入的发票信息通过特定的设置自动生成相应的收入和应收账款确认会计分录。同样,采购模块与应付账款的接口表,将采购信息引入应付账款模块自动生成应付账的信息。另外,库存模块和销售、采购管理、财务管理模块也是充分集成的,这样在供应链的环节中真正做到了物流、资金流和信息流的集成和统一,而且这种集成是全方位的、动态的,保持了数据的实时性和一致性,使管理人员在任何时点都可以对实际的经营状况了如指掌,并及时实施管理控制、调整管理决策。

④ 门店销售系统与 ERP 系统的集成。由于分公司的门店对零散客户的销售过程比较简单,因此不使用 Oracle 的销售管理系统,而是通过客户化的工作,通过 POS 机录入销售订单。每天下班之前,把当日的销售情况统一录入到 POS 机,通过 POS 机上传到顺美总部进行处理。根据顺美多组织结构的设计和内部机构的调整,北京分公司的各门店使用 POS 机将销售信息导入 AR 系统,扣点在导入接口表之前通过程序扣除。

4.3　战略决策

决策分析与商业智能作为未来的系统目标,志杰咨询利用 Oracle 决策支持系统建立起支持各层次系统用户的全面的、多维的决策分析系统,并可按需要进行溯源分析迅速得到深层结果。这种决策分析基于 Internet 网络技术,与应用软件完全集成,体现同步效果,还可以预先定义关键绩效指标,商业智能报表和分析模型并形成个性特色的高级管理人员个人主页。通过决策分析和商业智能的运用,企业的战略决策将更有依据性和准确性。

5. 实施效果

经过几年的实施工作,系统已基本按实施计划平稳运行。通过 Oracle ERP 系统和志杰咨询的项目实施,顺美公司规范了基础管理,尤其是对面辅料、成衣、采购订单、销售订单、供应商、客户等,进行了统一、科学的分类和编码管理;优化了采购、销售、库存等业务流程;缩短了财务结账、出报表的时间,提高了成本计算的准确性;库存周转率提高,库存占用资金减少;采购流程顺畅,从请购到采购、入库、付款形成一环扣一环的有机整体,有效地控制了采购资金;理顺了销售和应收款的管理,并通过销售系统灵活的订单管理功能,大大提高了客户满意度。

由此可见,ERP 系统的实施,必将在规范业务流程、提高透明度、加快市场响应速度、降低运作成本等方面为服装企业的管理和经济效益带来切实的改进和实惠。但是,由于每个服装企业都有其自身的特殊性和限制条件,所以,在实施 ERP 系统方案时应从 ERP 管理理念出发,结合企业自身的特点和条件,针对企业所要解决的问题,进行 ERP 系统的总体规划、方案设计,分步实施。

第四章 服装商务活动信息化

授课重点:本章节重点阐述服装商务活动过程的信息化技术。包括服装 SCM,服装 CRM,服装 EC
　　　　的信息化技术的内容、功能及工具。

知 识 点:各类服装商务活动信息化技术。

思考问题:1) 服装 SCM 的关键问题是什么?

　　　　2) 服装 CRM 的主要功能是什么?

　　　　3) 服装 EC 未来的发展趋势怎样?

第一节 服装供应链管理(SCM)

一、概念

20 世纪 90 年代以来,随着各种自动化和信息技术在制造企业中不断应用,制造生产率已增长到相当高的程度,制造加工过程本身的技术手段对提高整个产品竞争力的潜力开始变小。为了进一步挖掘降低产品成本和满足客户需要的潜力,人们开始将目光从管理企业内部生产过程转向产品全生命周期中的供应环节和整个供应链系统。因此,供应链管理(SCM,Supply Chain Management)作为一种新的学术概念首先在西方被提出来,很多人对此开展研究,企业也开始这方面的实践。世界权威的《财富》(Fortune)杂志,就将供应链管理能力列为企业一种重要的战略竞争资源。在全球经济一体化的今天,从供应链管理的角度来考虑企业的整个生产经营活动,形成这方面的核心能力,对广大企业提高竞争力将会十分重要。

关于供应链管理的概念,在不同时期有着不同的定义。美国的史迪文斯(Stevens)认为:"通过增值过程和分销渠道控制从供应商的供应商到用户的用户的流就是供应链,它开始于供应的源点,结束于消费的终点。"伊文斯(Evens)认为:"供应链管理是通过前馈的信息流和反馈的物料流及信息流,将供应商、制造商、分销商、零售商,直到最终用户连成一个整体的模。"这些定义都注意了供应链的完整性,考虑了供应链中所有成员操作的一致性(链中成员的关系)。哈理森(Harrison)进而将供应链定义为:"供应链是执行采购原材料、将它们转换为中间产品和成品、并且将成品销售到用户的功能网。"这些概念同时强调供应链的战略伙伴关系问题。菲力浦(Phillip)和温德尔(Wendell)认为供应链中战略伙伴关系是很重要的,通过建立战略伙伴关系,可以与重要的供应商和用户更有效地开展工作。

在本书中,供应链的定义为:供应链,也称为物流网络,由供应商、制造中心、仓库、配送中心和零售网点组成。而供应链管理就是指对整个供应链系统进行计划、协调、操作、控制和优化的各种活动和过程,其目标是要将顾客所需的正确的产品(Right Product)能够在正确的时间(Right Time)、按照正确的数量(Right Quantity)、正确的质量(Right Qulity)和正确的状态(Right Status)送到正确的地点(Right Place)——即"6R",并使总成本最小。

一般地,一条供应链具有以下特征:

(1)复杂性。因为供应链节点企业组成的跨度(层次)不同,供应链往往由多个、多类型甚至多国企业构成,所以供应链结构模式比一般单个企业的结构模式更为复杂。

(2)动态性。实际上,不仅顾客需求和供应商能力会随时间变化,供应链也随时间不断变化,因此供应链是一个动态系统,会随时间不断发展。

(3)不同环节具有不同的目标。供应商希望制造商能够保持稳定并大量的采购,同时交货时间可以灵活一些,但大多数制造商虽然希望实施稳定长期的生产过程,但更需要灵活性,以满足顾客的需要。这样供应商的目标将与制造商的期望有直接冲突。

(4)交叉性。节点企业可以是这个供应链的成员,同时又是另一个供应链的成员,众多的供应链形成交叉结构,增加了协调管理的难度。

由于供应链存在的这些特性,使得全局优化变得十分困难,如果没有一套科学的管理方法,供应链将处于无序的状态,造成库存、成本的提高,使企业缺乏竞争力。供应链管理的目标是整个系统的效率和成本效益。系统的所有成本,包括运输和配送,以及原材料、在制品和成品库存,都要最小化。因此供应链管理的难点在于寻找全局优化,而是简单地最小化成本或库存,这需要运用系统方法加以实现。

二、我国供应链管理发展过程

从国际范围看,供应链管理是和工业化的普及紧密联系在一起的。自从 20 世纪 90 年代以后,随着市场需求的多样化、个性化,供应链管理越来越受到人们的重视。为了快速、有效地满足市场需求,越来越多的企业开始关注供应链管理这一新的管理理念和模式。可以说,当前企业之间的竞争已经转化为各供应链之间的竞争。随着中国成功加入 WTO,面临新的竞争环境,有效的供应链管理已经成为他们参与市场竞争,获取市场的一个重要方面。在我国,供应链管理思想的发展相对滞后,但一些相关的思想却早已开始形成。SCM 在我国的发展大致可分为以下几个阶段:

1."推式"时代(1978 年以前)

改革开放以前,我国的制造业相对比较落后,企业对"供应链"这个概念几乎是一无所知。企业应该生产什么,往往不由自己决定,而是被原材料推动,直至成品销售给客户。

2."拉式"时代(1979—1992 年)

党的十一届三中全会以后,我国的改革开放呈现出良好的发展态势,对外贸易也蓬勃发展,尤其是服装业的对外贸易更是得到了飞速的发展。在这个阶段,企业开始注意利用内部资源,客户的需求也逐渐成为影响企业经营活动的重要因素。在客户需求的"拉动"下,企业开始注意对整个经营活动(最初意义上的供应链)加以控制和管理(图 4-1)。

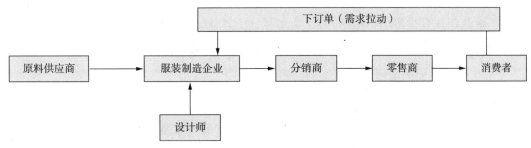

图 4 - 1 服装业的"拉式"供应链模式

3. 供应链的逐步成型阶段（1993 年以后）

党的十四大将建设社会主义市场经济体制作为我国经济体制改革的目标,市场逐步繁荣,大部分商品已呈现过剩,产品质量等因素在竞争中已不再占绝对优势,而成本的竞争优势逐步体现出来。在这种情况下,企业不得不开始考虑如何从原材料的采购开始就加以管理和控制,以提高企业的整体效益,从而在激烈的市场竞争中立于不败之地。

4. 供应链未来发展

虽然供应链管理的研究已经有较长一段时间了,但在很多方面还有许多问题没有解决,且随着社会的不断发展,新技术不断涌现,对供应链管理新的要求也会不断的被提出。在将来,还有以下一些内容需要进一步的研究。

（1）供应链管理系统实现技术方面。目前在供应链管理系统实现技术方面研究较多的主要是供应链的设计及运作方式,较少考虑到供应链结构的变化。随着先进制造管理技术如敏捷制造和虚拟企业的发展,如何快速重组与优化供应链等问题逐渐浮出水面,但目前这方面的研究成果还较少,因而是下一步的研究重点。此外,如何采用新的信息技术,提高供应链管理的效率和降低成本等问题也将继续不断的被研究。

（2）供应链管理决策优化建模技术方面。不同的学者已从不同角度提出不少供应链的优化模型,但能描述复杂网状结构供应链的模型还较少,且现有的模型很少考虑到随机性因素的影响,对供应链中信息流资金分析研究的也不多,供应链的瓶颈问题、集中式供应链管理中的利益分配问题也都需要进一步的研究。另外对提出的优化模型,也有必要开发出高效的算法,以便对相应的模型求解。

三、供应链管理的方法与技术

（一）供应链管理的方法

（1）在时间上重新规划企业的供应流程,以充分满足客户的需要。推迟制造（Postponed Manu-facturing）就是供应链管理中实现客户化的重要形式,其核心的理念就是改变传统的制造流程,将最体现顾客个性化的部分推迟进行。

（2）在地理上重新规划企业的供销厂家分布,以充分满足客户需要,并降低经营成本。这里要考虑的是供应和销售厂家的合理布局,因为它对生产体系快速准确地满足顾客的需求、加强企业与供应和销售厂家的沟通与协作、降低运输及储存费用等起着重要的作用。

（3）在生产上对所有供应厂家的制造资源进行统一集成和协调,使它们能作为一个整体来运作。企业往往有很多的供应商,为了满足某一个具体的用户目标,就必须对所有这些供应厂家的生产资源进行统一集成和协调,使它们能作为一个整体来运作。

（二）供应链管理的关键技术

根据关注的内容与研究的方法不同,可以把供应链管理的关键技术分为两类:供应链管理系统实现技术和供应链管理决策优化建模技术。供应链管理系统实现技术包含供应链管理的体系结构研究和供应链管理系统的设计与开发技术;供应链管理决策优化建模技术则是用数学建模的方法对供应链管理中的决策问题进行优化与求解。

1. 供应链管理系统实现技术

供应链管理的体系结构是指为指导和帮助供应链系统的设计、实施和运行而提供的结构化、多功能模型和方法的集合。它定义了供应链管理的基本业务过程,描述了这些过程实现的功能,所需的能力资源,给出了供应链的构造和实施方案,并对供应链的性能进行评价。现主要介绍目前应用最广和最为著名的体系结构模型 SCOR（Supply Chain Operations References）模型。

SCOR 模型是供应链管理委员会（SCC,Supply Chain Council）开发的体系结构模型。SCOR 模型中定义了通用的供应链结构,给出了一些通用的供应链性能评价标准,指出了管理人员应关注的问题,并作为一个工业标准指导企业供应链管理的实施。目前,SCOR 模型已发展到第五版。

SCOR 模型的核心是一个四层的金字塔形结构,表示构建供应链时应采取的步骤。第一层规定了 SCOR 模型的内容和范围,是企业确定其供应链性能和目标的基础;第二层定义了 30 个核心的供应链作业类别,企业可据此选择构造自己的供应链;第三层描述了一个公司在它选择的市场领域取得竞争成功所需的能力,包含了作业元定义,可适用的最佳实施和为达到性能最佳所需的系统所需的能力,系统软件工具等内容;第四层根据商业环境,设计取得竞争优势的实施方案,根据方案实施供应链。SCOR 模型确定的基本作业过程有五个:计划、供应、制造、交付和回收。企业的所有业务都是围绕这五个过程展开。

供应链管理系统的设计与开发是指根据体系结构模型,使用信息技术设计与开发供应链管理系统。传统上供应链管理系统主要用 EDI（EIectronic Data Interchange）技术实现,近年来,随着国际互联网的发展,使用 Internet 技术构架供应链管理系统逐渐得到了广泛的应用。不少公司推出了自己的软件产品,如 SAP 公司的 mySAP.com 等。这些系统通常支持 SCOR 模型,通过 Web 技术以及 Internet 进行信息的发布与传输,从而实现与供应链合作伙伴信息的共享,完成协作。一些学者在使用以上这些技术构建供应链管理系统的同时,还引入了人工智能技术。他们采用 agent 系统对供应链的作业过程运行进行模拟、优化、实现与控制,如 Swaminathan 等人在 1996 年提出的多 agent 的供应链动态模型的框架结构,把供应链组成要素零售商、分销中心和工厂供应商等都建模成 agent,通过 agent 之间的协作,完成供应链的管理。总的来说,由于多 agent 的系统具有自主决策的能力,且是一个分布的开放的系统,比较适合供应链管理中的分散和复杂异构的环境,因而是供应链管理系统发展的一个方向。但该技术还处于一个发展的阶段,离实用还有一定的距离。

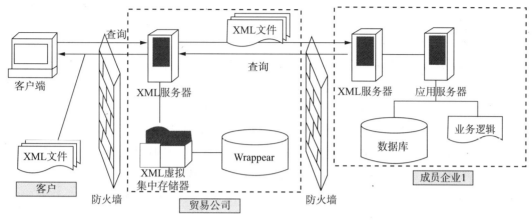

图 4-2 服装供应链技术框架

2. 供应链管理决策优化建模技术

在供应链构建、运行管理中会涉及到一系列决策问题，主要有位置决策、供应链合作伙伴选择决策、生产决策以及库存决策、运输决策等。这些决策问题一般采用数学建模的方法进行优化计算，从而引出了一项新的技术，即供应链管理决策优化建模技术。下面是这些决策问题以及相应的建模技术、求解方法的一些研究情况。

（1）位置决策：位置决策主要是确定供应链设施的定位，包括生产设施、库存位置和货源等。位置决策是构建供应链的第一步，它代表了企业进入客户市场的基本战略，且对企业的收益、成本、服务水平都有很大的影响。进行位置抉择要考虑到产品的价格、当地的税率、关税、退税、分销成本以及生产局限等一系列因素。这类问题通常采用线性规划、启发式算法或者仿真等方法来进行求解，如 Geoffrion 等人建立的用于确定配送中心的位置 MIP 模型。

（2）合作伙伴选择决策：合作伙伴的选择决策是指通过对合作伙伴的信誉、能力、产品质量、成本、服务、交货等情况的评估，选择合适的合作伙伴，构建供应链。现在研究较多的合作伙伴选择主要是对供应商的选择，常用的方法，定性的有招标法、直观法、协商选择法等，定量的有线性加权、数学规划与统计概率法。最近几年，国内在这方面的研究较多，如华中科技大的娄平等人提出的 AHP/DEA 混合法选择供应商等。

（3）生产决策：生产决策可以分为两类，一类是从大的战略角度来进行决策的，如生产什么产品，哪个工厂来生产，不同工厂间资源的分配，这类决策通常用线性规划来解决；另一类是战术性的决策，主要是厂内根据设备及其他约束条件，决定资源的分配、生产的批量及对产品的生产进行排序等活动。优化方法有排队论模型、网络流模型以及流体近似法等。

（4）库存决策：库存决策在供应链管理研究得较多，而且往往是与其他决策联合起来进行的研究。总的来说库存决策优化的研究可归纳为采购/库存、生产/库存、库存/配送、生产/库存/配送、库存/分配五类，不同的学者也从不同的角度提出了不同的决策模型。如 Crowston 用动态规划研究了装配型生产/库存问题；Odanska 用仿生学原理研究了基于 JIT 模式的多级生产/库存系统；Dekker 等人提出的数量分割准则等。

（5）运输决策：运输决策包括运输方式、批量、路径的选择。多是采用整数规划（IP）或混合整数规划（MIP）描述的网络流模型解决。Arntzen 1995 年为 DEC 公司建立了全局供应链管理模型（Global Supply Chain Management），该模型考虑了各种运输模式的时间与成本、产品本地化目标、关税以及客户、供应商、人力资源等各方面的内容，是较完备的一个 MIP 优化模型。

（6）协作决策：供应链成员之间的协作是指供应链的成员为使供应链整体的效益最优而采取的协调行动。供应链成员之间的协作按照研究的侧重点不同可分为买方—卖方协作、生产—分配协作以及库存—分配协作。常用的分析方法有网络法、对策论法和近似法等。网络法主要解决生产—分配协作中的一些问题。采用动态规划或混合整数规划等描述问题并求解，如 Rosenfield 在 1996 年用网络流法建立的不确定情况下的供应链协调模型。对策论模型在买方—卖方协作问题中应用的较多，它采用博弈论对供应链成员之间的协调进行分析，建立供应链契约，确定产品价格、批量以及配货原则、退货策略等。Weng 等人在 1997 年提出的确定需求下的联合定价问题的求解便是一个典型的买方—卖方对策论模型。近似方法则多用来解决多级库存分配问题，如 Muckstadt 提出的多级分配网络的近似最优解的搜寻算法等。

四、纺织服装供应链的运营模式

供应链由所有加盟的节点企业组成，其中一般有一个核心企业（可以是产品制造企业，也可以是大型零售企业），节点企业在需求信息的驱动下，通过供应链的职能分工与合作（生产、分销、零售等），以资金流、物流或/和服务流为媒介实现整个供应链的不断增值。服装作为最终产品，它的产出包括从原料加工到服装销售的众多环节。主要有纱线生产、布料生产和服装生产（图 4 - 3）。

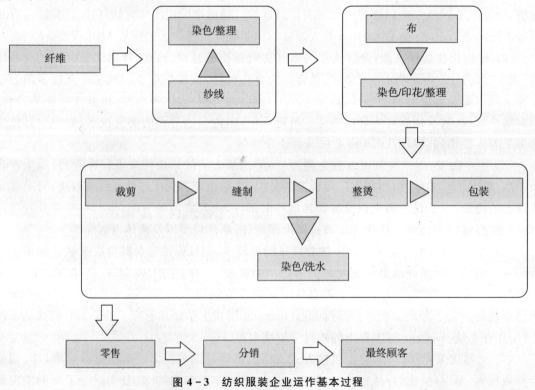

图 4 - 3　纺织服装企业运作基本过程

目前,纺织服装供应链存在的模式主要有四种:

(一)外贸公司主协调的供应链

服装贸易公司协调整条供应链,向他们的客户——服装零售商提供最终产品。这些贸易公司并没有自己的生产工厂,他们帮助零售商选择供应商,并且管理包括质量控制在内的整个生产过程,有时甚至还包括服装设计。他们的核心能力就是他们的强大的供应网络和他们良好的协调能力。可以说,他们实际上是服务提供商,是供应链管理的经理人。图4-4表示了外贸公司主协调型纺织服装供应链。

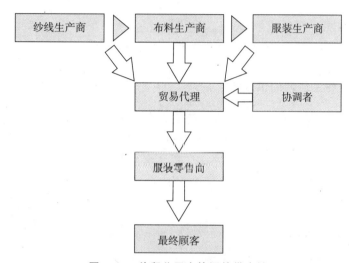

图4-4　外贸公司主协调的供应链

这类情况目前很普遍,尤其在上海、广州等沿海贸易城市,外贸公司作为供应链的管理者,他们需要有效地为该客户度身定造一条价值链,包括从产品设计和开发,到原材料的采购、生产计划和管理、质量控制、出口中各类文件的准备等在内的所有环节。他们必须协调整条纺织服装的供应链向客户提供一站式、高附加值的服务。当接到订单之后,他们可能会从韩国买纱,运往台湾进行纺织和染色。可能从中国大陆的工厂买日本的纽扣和拉链,因为它的质量最好。之后,由于配额和工人状况的考虑,他们会把所有物料送到泰国。为实现快速反应,外贸公司与供应商之间必须建立互相信任的合作关系,使供货商可以为他们预留未经染色的纱或坯布,同时他们也和零售商保持紧密联系,以便掌握市场需求。

(二)服装零售商主协调的供应链

服装零售商从它们的供应商,也就是服装生产商那里采购产品进行销售。零售商和生产商是各自独立的组织。服装零售商是整条供应链的协调者,他们下单给服装生产商,也许他们会自己采购布料以及辅料等相关物料,也许都交给生产商去完成。他们来协调不同供应链成员之间的活动。

采用这种模式的大多为服装品牌公司,他们有明确的市场定位,掌握市场需求和流行趋势,有自己的设计师。很多时装品牌公司都是这样管理供应链,他们的供货商相对稳定,比较了解品牌公司的产品倾向,能够快速提供产品。图 4-5 为服装零售商主协调的供应链。

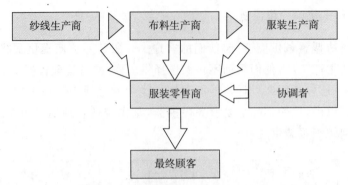

图 4-5　服装零售商主协调的供应链

(三) 服装生产商主协调的供应链

服装生产商是整条供应链的协调者,服装零售商仅仅下单给服装生产商,并要求后者在正确的时间将正确的产品送达他们。服装生产商可能向自己的供应商采购原料,也可能是后向的垂直整合。服装制造商驱动整条链,甚至直接管理零售商的库存(Vendor Managed Inventory)。一般款式变化少,注重成衣质量的厂家,如衬衫厂、西服厂等企业多采用这种供应链模式(图 4-6)。

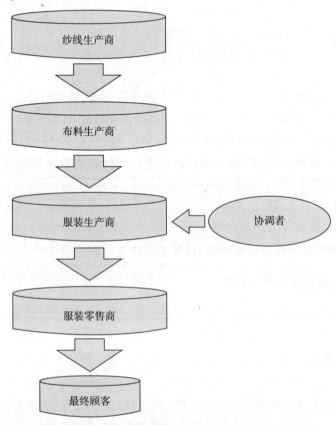

图 4-6　服装生产商主协调的供应链

（四）集团整合型供应链

集团型纺织服装供应链的主要特点是，服装零售商不仅从事零售业务，而且进行相关的生产业务。这些服装零售商至少拥有他们自己的服装生产厂，还可能拥有自己的织布厂、纺纱厂，甚至拥有自己的棉花种植基地。

集团整合是指同一家公司控制产品的生产和销售的不同阶段，从而提高这家公司的市场地位。有学者认为集团整合是供应链管理的一种选择，通过所有权更有效地控制整个生产销售过程。实际上，集团整合可以看作是内部化了的供应链管理。在集团整合型的纺织服装供应链中，集团必须安排供应链中所有的相关活动，例如物流、库存等至少是从布料的买进一直到最终产品的售出（图4-7）。

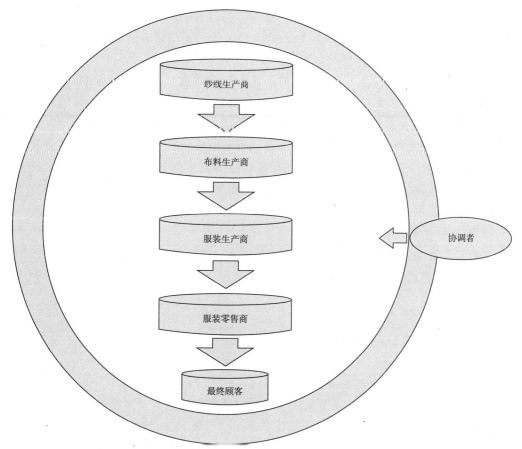

图4-7 集团整合型纺织服装供应链

五、服装企业供应链管理的现状

1. 服装供应链运作效率低下

服装业供应链各流程单元间和各流程单元内部不平衡，供应和需求出现不匹配的现象，整个供应链流程很难达到在合适的时间，以合适的质量、合适的数量，到合适的地点运送客户所需的产品这样一个理想的水平。供应链各流程单元的需求信息都直接从下游传递上来,而不是根据最终顾客需求制定计划,这使得需求预测的扩大化更加加剧。结果是,供应链上各流程单元无法同步响应市场需求变化,而是各自朝着不同的方向运作,同时各成员企业的库存也围绕着期望库存水平上下波动,严重影响了服装业供应链的运作效率。

2. 信息资源缺少共享,信息反馈速度慢

从面辅料供应商、服装品牌经营者、服装制造商、服装零售商到最终消费者之间信息资源缺少共享,信息反馈速度慢。供应链中的不同环节因信息的不对称与传递交流不及时,往往只能采用通过库存来保证供应链中各环节的物流需求,通常依赖库存缓冲环节来维持,保证面辅料或商品供应过程的物流通畅,并对变化的消费需求做出快速反应。各环节中所需的关键数据只有部分地集成和共享,故而使供应部门、生产部门无法充分地获取来自市场的反馈信息。因此,供应、生产和需求缺乏必要的沟通,企业内部与外部之间的信息共享不够,难以真正按市场需求安排生产。因此,不仅增加了库存成本,也不能满足消费者的需求。

3. 服装业供应链各节点未形成真正的合作伙伴关系

服装供应链某些节点企业为了自身利益的最大化而损害其他节点企业的利益,严重影响了各节点之间的长期合作关系。例如,在面料流行趋势、面辅料设计等方面,面辅料供应商很少听从设计师或销售人员的意见,而设计师们只好先挑选面料,根据面料来设计符合其品牌风格的服装,设计创造力受到很大制约,进而影响市场销售状况。一些服装品牌经营者与品牌代理商之间,对抗多于合作。品牌经营者往往将自己的成本降低或利润增加建立在损害代理商的利益基础之上,最终导致将成本转嫁到服装消费者头上,削弱产品的竞争力,将会严重影响产品在市场上的占有率。

4. 服装分销网络不健全

大多数的服装企业具有一定量的分销渠道但比较分散,相互之间并没有形成网络,信息沟通不透明;或者自建销售网点太多,由于规划不合理而造成浪费;或是网点太少而影响最终的销售量和经济效益。

六、服装企业供应链管理的对策分析

1. 每个企业都应明确自己在供应链中的定位

供应链由原料供应商、制造商、分销商、零售商、物流与配送商及消费者组成。一条富于竞争力的供应链要求组成供应链的各成员都具有较强的竞争力,不管每个成员为整个供应链做什么,都应是专业化的。任何企业都不可能包揽供应链的所有环节,它必须根据自己的优势来确定自己的位置,制定相关的发展策略,可对自己的业务活动进行调整和取舍,着重培养自己的业务优势。服装类企业是劳动密集型行业,目前在资金与技术上的优势都不突出,其产出的市场寿命周期又特别短,这更要求各供应链成员发挥专业特色,生产、分销、零售等才能产生高效率,满足市场需求。

雅戈尔集团曾经主动裁减了遍布全国的2 000多家服装专卖店,专著于服装的生产制造,极大地提高了其竞争能力。与此同时,美特斯·邦威则走向了品牌管理的供应链角色,美特斯·邦威的上游外协工厂在全国有200多家,包括面料、辅料和成衣厂。美特斯·邦威站在工厂的角度,同时结合作为品牌盟主的管理需求,将自己与工厂的业务流程整合在一起。工厂可以通过互联网直接登录美特斯·邦威的电子商务门户,实时查看生产计划、物料需求、往来账结算,实现从服装创意设计、面料采购、生产过程、产品质检入库及出库销售、物流配送和财务对账等整个供应链全过程的协同工作。服装产业从设计到零售终端被消费者接受并购买,缩短这个流程,就意味着赢得更高的价值。完成这个流程美特斯·邦威需要 60 天,在国内已属领先水平,这是典型的供应链管理的收获。

2. 建立物流网络、配送网络

服装企业的产品能否通过供应链快速的分销到目标市场上,这取决于供应链上物流、配送网络的健全程度及市场开发状况等,物流、配送网络是供应链存在的基础。服装厂往往非常注重市场调研、新产品开发与制造,但供应链的其他成员却相对迟钝,加之服装极短的市场寿命周期,这极大地阻碍了新品上市的速度,其中尤为突出的是要提高物流配送效率。同样一款衣服,可能在广州卖得不好,而在北京却发生断货。在地域文化差异很大的中国,这种现象是经常出现的。那么这个时候,如果能有一个高效快捷的物流通道,把广州的产品迅速调往北京,就赢得了这个生意。

3. 广泛采用信息技术

信息技术的高速发展与因特网的广泛应用,推动了全球范围的产业革命与重组,计算机集成制造、敏捷制造、企业资源规划、商品快速补货等,都离不开先进的信息技术和产品,服装供应链管理同样依赖于信息技术。鉴于我国实际情况,在信息技术中要特别注意信息共享,它是实现供应链管理的基础,准确可靠的信息可以帮助服装企业作出正确的决策。供应链的协调运行建立在各个节点纺织服装企业高质量的信息传递与共享的基础之上,信息技术的应用有效地推动了供应链管理的发展,它可以节省时间和提高企业信息交换的准确性,减少了在复杂、重复工作中的人为错误,因而减少了由于失误而导致的时间浪费和经济损失,提高了供应链管理的运行效率。共享信息的增加对供应链管理是非常重要的。由于可以做到共享信息,供应链上任何节点的纺织服装企业都能及时地掌握到市场的需求信息和整个供应链的运行情况,每个环节的物流信息都能透明地与其他环节进行交流与共享,从而避免了需求信息的失真现象,消除了需求信息的扭曲放大效应。

目前在我国,服装企业还处于消费引导生产的阶段,更应该尽可能全面地收集消费信息,零售终端的 POS 系统可以收集一部分信息,物流、配送环节的信息就比较难收集,应该通过应用条形码及其他一些自动数据采集系统进行采集。服装供应链应该产生领导者,并倡导对立整个供应链管理的信息系统,有效产生信息共享体系。准确了解各服装企业在供应链中的地位和作用,了解世界上服装供应链管理的最佳实践,是服装企业走向成功供应链管理的重要前提,如美国俄亥俄州的全美妇女服装公司按照供应链的要求规划、实施企业的信息化建设。

第二节　服装客户关系管理(CRM)

一、客户关系管理的概念

客户关系管理(customer relationship management,简称 CRM)是正在兴起的一种旨在改

善企业与客户之间关系的新型管理机制,它实施于企业市场营销、服务于技术支持等与客户有关的领域。CRM 不是产品,也不是一个产品组合。CRM 是触及到企业内许多独立部门的商业理念,它需要一个"新的以客户为中心"的商业模式,并被集成了前台和后台办公系统的一整套应用系统所支持。这些整合的应用系统确保了更令人满意的客户体验,而客户满意度直接关系到企业能否获得更多的利润。同时通过对业务流程的全面管理降低企业的成本。企业已有资源毫无疑问是企业最大的资产之一,因而需要细心管理。对现有客户和潜在客户的培养和挖掘现在则被认为是企业获得进一步成功的关键。资料显示发展一个新客户要比保留一个老客户多出 5 倍的投入。投资于现有客户,使其满意度增加会对客户忠诚度有直接的影响,进而影响到企业的最终效益。从管理科学的角度来考察,CRM 源于市场营销理论;从解决方案的角度考察,CRM 是将市场营销的科学管理理念通过信息技术的手段集成在软件上面,得以在全球大规模地普及和应用。

著名管理咨询专家 Jim Berkowitz 认为 CRM 必须具备两个坚实的基础:一个是合理的组织结构(Organization),另一个是合理的信息结构(Information)。如果企业实施 CRM 的动机是建立在各部门各自的利益之上而不是适应面向客户为中心的商业哲理、文化和战略,那么 CRM 就缺少了合理的组织结构基础。这种合理的组织结构是将一个共享的、更加整合的工作流和信息流代替原先集中的部门流程。这样,企业变成一个统一的组织,有效预测客户需求,管理客户价值,简化企业运作流程。一个"精彩"的 CRM 系统应该是客户和企业双赢的情形。最终用户可以获得增值服务,而公司管理层可以收到有关企业围绕客户运作情况的持续不断的准确而最新的信息。CRM 的核心是客户的资源价值管理:今天的客户既可以通过传统市场所提供的销售形式接触各类产品和服务,也可以方便地透过呼叫中心或互联网找到自己感兴趣的产品和服务。他们的消费方式由被动接受变为主动选择,这一变化要求企业必须接受这样一个事实:即客户有了比以往任何时候都多的对产品和服务进行选择和比较的机会与权利,客户的需求越来越个性化,客户成了真正的上帝。CRM 通过满足客户的个性需求,提高客户的忠诚度和保有率,从而全面提升企业的盈利能力和竞争力;根据对客户特征、购买行为和价值取向的深入分析,为企业的决策提供科学、量化的指导,使企业在市场上保持稳定持续的发展能力。所以 CRM 的作用主要在与客户直接接触的部门,它主要针对的是企业的市场、销售、服务部门,包括管理整个客户生命周期的各个阶段,为企业提供了对客户及所购产品的统计、跟踪和服务等信息化手段和功能。

由此,将 CRM 定义为:以客户为中心的包括销售、市场营销和客户服务的企业业务流程自动化并使之得以重组。客户关系管理不仅要使这些业务流程自动化,而且要确保前台应用系统能够改进客户满意度、增加客户忠诚度,以达到使企业获利的最终目标。

近几年,CRM 日益受到企业的青睐,其实施成果经得起销售额、用户满意度、用户忠诚度、市场份额等"硬指标"的检测,它为企业新增的价值是看得见、摸得着的。具体地,一个既拥有客户信息又运用应用系统管理这些信息的企业将具有以下优势:

(1)较高的满意度带来增加的客户保留。

(2)识别利润贡献度最高的客户并相应对待。

(3)通过有效目标定位的市场活动来减少营销成本。

(4)引导潜在消费至适当的销售渠道。

（5）提供正确的产品来增加销售（交叉销售/纵向销售）。

（6）通过增加每个销售的利润来达到更高的 ROI。

（7）简化由部门内部工作流程操纵的销售周期。

（8）通过集中共同活动以减少多余运作。

（9）减少由于多个不协调的客户交互点而产生的差错，节省费用。

（10）利用客户喜欢的沟通渠道来增加对客户需求的了解。

（11）参照前面与其他客户的联络纪录与目前的客户沟通。

（12）根据对以前绩效的分析评估未来的销售、营销和客户服务活动。

二、客户关系管理的产生与发展

1. 市场供求关系转变推动 CRM 产生

一是随着工业经济时代生产力的不断发展，改变了全社会生产能力不足和物资短缺的状况，导致社会生产能力过剩，物质条件极大丰富并出现过剩现象。消费者选择范围显著扩大，消费者个性化需求也开始逐渐显现出来。以"产品生产"带动"需求生产"为导向的"卖方市场"逐渐转变为以"需求生产"带动"产品生产"为导向的"买方市场"。企业管理最重要的指标也从"成本"和"利润"转变为"客户满意度"。为了提高客户满意度，企业必须完整掌握客户信息，准确把握客户需求，快速响应客户需求，提供便捷的购买渠道，良好的购物体验以及优质的售后服务等。在这种时代背景需求下，客户关系管理理论被不断完善，并伴随着 Internet 技术的广泛应用而推出客户关系管理系统。

二是在如此激烈的市场竞争环境中，许多商品之间的品质区别越来越小，商品的同质化现象越来越明显，结果导致品质不再是客户消费选择的主要标准，越来越多的客户更加看重企业能为客户提供怎样的服务。当企业在对利润的渴求一时很难再从内部挖掘、削减成本中获得时，他们自然将目光转向了客户，留住老客户、扩展新客户、增加市场份额来维护其利润，企业将客户需求满意度作为经营管理的中心理念时，客户导向的时代真正到来，CRM 成了市场激烈竞争的产物。

2. 营销观念创新促进 CRM 发展

Internet 技术的广泛应用和日益完善，信息技术革命的影响已经由纯科技领域向市场竞争和企业管理各领域全面扩展。新的市场营销管理理念（数据库营销、一对一营销、关系营销等）产生。

（1）数据库营销

数据库营销（DBM, date base marketing）是一种将现有客户及潜在客户的资料、竞争者的资料以及企业内部信息存储在计算机数据库中，利用计算机强大的分析和处理能力，及时地分析客户特征和购买习惯，更精准地寻找目标市场和进行市场细分，进而个性化、低成本、持续性地推进其客户导向的交互式营销处理方法。其根本目的是建立相互信赖的长期性客户关系，促进客户的重复购买，以获得最大利润。

数据库营销改变了以产品为中心的营销观念，将企业的营销战略目标直接转向客户。它利用数据库和计算机通信系统形成的网络来改进客户沟通管理以及与客户建立长期的客户关系。CRM 的发展离不开数据库营销的支持,1994 年美国商业调查显示说明:56%的零售商和制造商拥有强大的营销数据库,85%的零售商和制造商认为在 20 世纪末客户数据库必不可少。

（2）一对一营销

一对一营销(one-to-one marketing)是指商家在与客户直接互动时,商家根据客户的特殊需求来相应调整自己的经营行为。其理念包含四个要素:客户识别、客户差异性分析、与客户个性化交流、调整产品及服务满足客户需求。一对一营销与数据库营销最大的区别在于"客户化",一对一营销会搜集到客户反馈信息,更加深入地了解客户喜好,以至于在各个细节都是为客户量身定制。

（3）关系营销

关系营销(RM,relationship marketing),就是把营销活动看成企业与消费者、供应商、分销商、竞争者、政府机构及其他公众发生互动作用的过程,其核心是建立和发展与这些公众的良好关系。关系营销理念认为企业如果仅单纯考虑交易本身,就容易失去客户信任。企业要想寻求长远发展,必须通过努力提高质量、改善服务和发展创新来与客户保持长久的合作关系。关系营销跳出一次性交易的范围,提倡双向的信息沟通与交流、协同合作的战略过程、互惠互利的营销活动、以反馈为基础的管理系统,关注重复购买以及对客户的高度承诺,是客户关系管理发展的坚实基础。CRM 的指导思想就是对具有终身价值的客户实行关系营销,为其创造更多的价值,进而提升客户对企业的满意度与忠诚度。

3. 信息技术进步推动 CRM 发展

电子商务在全球范围内正如火如荼地展开,改变了企业的商业模式。通过互联网可开展低成本的营销活动、销售产品、提供售后服务、深入互动搜集客户需求信息等都为 CRM 应用提供了良好的环境基础。各种先进的手持设备(PDA,personal digital assistant)、廉价的服务器设备、网络设备等硬件设施和数据仓库(DW,date warehouse)、数据挖掘(DM,date mining)、商务智能(BI,business intelligence)、知识发现(KDD,konwledge discovery in datebases)、工作流(workflow)等软件技术的发展,为 CRM 提供了有力的技术支持。客户关系管理被视作为电子商务的主要推动力量,并领导电子商务的革命,更被视为企业实现电子商务、客户服务和销售自动化的最佳途径。

三、客户关系管理的内容

每一个现代企业都已经意识到了客户的重要性,与客户建立友好的关系可以说关系到企业的生存成败。CRM 为企业增加的价值主要从两方面来体现:

（1）通过对用户信息资源的整合,在企业内部达到资源共享,从而为客户提供更快速周到的优质服务,吸引和保持更多的客户。

（2）通过对业务流程的重新设计,更有效地管理客户关系,降低企业成本。

CRM 如何能做到上述贡献呢? 首先,CRM 涵盖三个业务方面:市场营销、销售、客户服务。包括三个层面:第一个层面是操作型 CRM,主要方便与客户的交流,简化操作流程;第二个层面是分析型 CRM,就是要了解客户的需求,比如企业新业务的客户群在哪儿、如何吸引他们、有没有价值、哪些客户值得保留等等,这些都是分析型 CRM 所要提供的支持;第三个层面是协同型 CRM,比如整合各种渠道,协调各个部门之间的联系都是协作型 CRM 范畴。通过 CRM 系统,企业可以集成柜台、电话、E-mail、短信等等多种渠道,企业可以把客户在接触、采购、送递及服务方面的信息在各个部门之间共享,并以此为基础,对客户进行分析,把客户的需求进行归纳,把客户的群体进行分类,从而采取个性化的服务,以从长期的发展中获得价值。

CRM 有以下五个关键内容。

1. 客户服务

当今客户期望的服务已经超出传统的电话呼叫中心的范围。呼叫中心正在向可以处理各种通讯媒介的客户服务中心演变。电话互动必须与 Email、传真、网站、以及其他任何客户喜欢使用的方式相互整合。随着越来越多的客户进入互联网通过浏览器来察看他们的订单或提出询问,自助服务的要求发展越来越快。

客户服务已经超出传统的帮助平台。"客户关怀"的术语如今用来拓展企业对客户的职责范围。与客户积极主动的关系是客户服务的重要组成部分。客户服务能够处理客户各种类型的询问,包括有关的产品、需要的信息、订单请求、订单执行情况,以及高质量的现场服务。

2. 销售

销售力量自动化(SFA)是 CRM 中成长最快的部分。销售人员与潜在客户的互动行为、将潜在客户发展为真正客户并保持其忠诚度是使企业盈利的核心因素。SFA 常被拓展为包括销售预测、客户名单和报价管理,建议产生以及赢/输分析。销售人员是企业信息的基本来源,必须要有获得最新现场信息和将信息提供给他人的工具。

3. 市场营销

营销自动化包括商机产生(Lead Generation)、商机获取和管理、商业活动管理以及电话营销。初步的大众营销活动被用于首次客户接触,接下来是针对具体目标受众更加集中的商业活动。个性化很快成为期望的互动规范,客户的喜好和购买习惯被列入考虑范围。旨在更好地向客户行销、带有有关客户特殊需求信息的目录管理和一对一行销应运而生成为趋势。

市场营销迅速从传统的电话营销转向网站和 Email。这些基于 Web 的营销活动给潜在客户更好的客户体验,使潜在客户以自己的方式、在方便的时间查看他需要的信息。

为了获得最大的价值,必须与销售人员合作对这些商业活动进行跟踪,以激活潜在消费并进行成功/失败研究。市场营销活动的费用管理以及营销事件(如贸易展和研讨会)对未来计划的制定和 ROI 分析至关重要。

4. 共享的客户资料库

共享的客户资料库把销售、市场营销和客户服务连接起来。作为企业与其相关利益群体之间首要接触点的这三个方面,如果缺乏统一的方法,未能结合与集成这些功能,将不会达到理想的效果。横跨整个企业集成客户互动信息会使企业从部门化的客户联络转向所有的客户互动行为都协调一致。如果一个企业的信息来源相互独立,那么这些信息会有重复、互相冲突并且会是过时的。这对企业的整体运作效率将产生负面影响。著名的 Gartner Group 公司把采用集成方法的销售、营销和客户服务应用系统成为技术激活关系管理(Technology Enabled Relationship Management)。这种方法改进了企业与其客户互动行为的方式,使企业能更好地满足客户的需求。

5. 分析能力

CRM 的一个重要方面在于使得客户价值最大化的分析能力。如今的 CRM 解决方案在提供标准报告的同时又可提供既定量又定性的即时分析。

深入的智能性分析需要统一的客户数据作为切入点,并使所有企业业务应用系统融入到分析环境中,再将分析结果反馈给管理层和整个企业内部,这样便增加了信息分析的价值。企业决策者会权衡这些信息做出更全面及时的商业决策。

四、服装客户关系管理软件系统的专业功能模块

服装企业 CRM 专业功能模块主要包括企业营销管理、企业销售管理、企业客户服务与支持以及企业商业智能。

(一) 企业营销管理

一件服装的最终消费者或者服装行业的下游企业在成为你的客户之前,首先要通过有效的营销手段让他们了解公司以及公司的产品。服装市场营销是指将服装企业的营销信息、服装产品及相关服务以合适的渠道(广告、促销活动、电子邮件、电话等)由开发者向合适的社会群体转移。CRM 的市场营销模块为市场营销人员提供了营销活动的管理工具。以下为服装企业 CRM 营销自动化功能模块。

1. 营销方案管理

通过建立营销方案知识库研发多种决策支持的推理方法,采用基于知识和多种数据源相结合的推理方法,帮助市场营销人员实现营销规划决策,辅助生成营销规划决策书。

2. 营销活动管理

营销方案批准后,营销人员帮助用户创建、跟踪和分析市场营销活动;帮助用户进行市场活动的分级安排并配合用户制定复杂的营销方案;通过基于模板的软件导向,用户对起止日期、客户姓名、市场宣传内容、任务与产品、预算资金来源与金额、责任各方等营销活动的细节进行快速定义;制作、管理营销人员的日程表、活动计划和待处理工作;预示、提示及警告功能;营销流程自动化;辅助生成营销活动总结书。

3. 营销文本资料管理

营销人员日常主要跟踪之一就是设计制作各种产品宣传单、广告媒体和价格目录表、竞争对手数据、相关行业动态等文本资料。利用这一功能,营销人员迅速、准确、及时地将信息资料传递给相关人员。企业员工、业务合作伙伴和客户都可以依据各自的权限获取与业务有关的重要信息。

4. 营销智能分析

通过智能分析,营销部门从各种渠道了解主要客户来源(如销售终端记录、电话、电子邮件、Web 网页等)、潜在客户资料以及服装利润的主要刺激性因素。营销人员利用这一功能模块可以对潜在客户的进一步联系进行分配,分析产品利润率,并对各市场渠道战略作出评估。

5. 产品定价管理

大多数服装企业的营销部门负责产品的价格策略,针对不同的宏观经济环境,要实施的促

销活动以及竞争对手的价格变化等对产品价格做必要的调整。通过建立成本导向定价模型、需求导向定价模型、竞争导向定价模型等辅助价格分析和定位的分析模型库,为产品提供定价、成本的辅助分析和预测控制功能。

6. 营销费用管理

营销活动的费用估算;跟踪记录营销活动的所有支出,加强成本控制;向客户提供控制手段和规程,对投资回报率进行估算和分析。

(二) 企业销售管理

随着销售自动化功能的实现,销售人员将有更多的时间去与客户进行面对面的销售活动。销售自动化模块能确保企业的每一位销售代表能及时获得企业当前的最新信息,如企业最新动态、客户信息、账号信息、产品和价格信息以及同行竞争对手情况等信息。如此,在与客户面对面交流时,向客户推销产品时成功率会更高。以下为服装企业 CRM 销售自动化功能模块。

1. 客户和联系人管理

主要包括客户和联系人的基本信息管理,如姓名、地址、电话、电子邮件和公司职位等信息;与客户相关的基本活动和历史明细管理;客户区域管理;客户喜好、性格特征、客户信誉度分析;与客户联系活动跟踪,客户订单输入和跟踪;将 VIP 客户的基本信息资料通过电子邮件发送给指定的销售员;客户建议书和销售合同的计算机辅助生成等。

2. 销售活动管理

活动信息主要包括活动名称、活动类型、活动起始日、活动负责人和活动优先级别等内容。销售流程自动化,制定客户联系的日程安排以及销售人员的日程表、活动计划和待处理工作。预告、提示、报警功能,销售报告自动和半自动生产等。

3. 销售机会管理

销售机会信息主要包括机会名称、潜在的生意额、获得机会的可能性大小、机会有效期、机会负责人和计划采取的销售方法等。在数据库的实体上它与系统账户采取多对一的关系,即一个账户可以有多个销售机会,而一个销售机会只对应一个账户。

4. 销售费用管理

对销售活动的费用估算;销售完成后,自动将客户订单完成情况与销售人员联系起来,按规定的算法计算销售人员可获得的佣金报酬;允许销售经理创建和管理销售队伍的奖励和佣金计划,分配销售定额。

5. 销售预测管理

在各种销售机会的基础上,对潜在客户的预测和推荐、销售方法建议、产品需求预测、销售预测分析、统计销售分析和决策支持等。

6. 电话销售

通过与客户呼叫中心的集成来实现电话销售,其主要功能包括电话本管理;生成电话列表,并把他们与客户、联系人和业务自动建立关联;将电话号码分配给特定销售员;记录电话细节,并自动安排回电;电话营销内容模板管理;电话录音搭配记录器帮助用户记录;电话统计和报告;自动拨号等。

（三）企业客户服务与支持

很多情况下，客户的保持和提高客户利润贡献率依赖于企业能否提供优质的服务，因此，实现客户服务自动化对提高客户满意度、维持客户资源至关重要。客户服务与支持可以帮助企业以更快的速度和更高的效率来满足客户的售后服务要求，以进一步保持和发展客户关系；给服务人员提供完备的工具和信息，支持与客户的多种交流方式；能够帮助服务人员更快捷、更有效率、更准确地解决用户的服务咨询。以下为服装企业 CRM 客户服务和支持功能模块。

1. 客户自助式服务

提供大批量的信息是互联网的优势，交互功能为消费者与企业建立了更快捷的沟通方式，所有提供的信息以消费者为核心，从而为网站形成消费社区的概念。当客户在使用产品遇到困难，或产品发生使用问题和质量问题时，可以通过 Web 自助服务，如 FAQ、BBS 等方式帮助客户自主解决问题。

2. 现场服务

CRM 的现场服务也可称为"上门服务"，主要针对产品的维护、保养和退还等。对于服装企业，其主体业务功能主要涉及到服务合同管理、活动管理、订单和发票管理、产品质量管理、退换货管理、技术人员管理。

3. 客户反馈管理

及时对服务及服装的反馈信息进行搜集、整理和分析，并对客户反馈作出快速响应。

（四）企业商业智能

商业智能(BI，即 Business Intelligence)是指利用数据挖掘、知识发现等技术分析和挖掘结构化的、面向特定领域的、存储于数据仓库的信息，它可以帮助用户认清发展趋势、识别数据模式、获取智能决策支持、得出结论。在 CRM 系统中，商业智能主要指客户智能。利用客户智能可以搜集和分析市场、销售、服务和整个企业的各类信息，对客户进行全方位了解，分析客户真实需求，增强客户对服装的满意度以及对企业的忠诚度，不断吸引新客户，保留老客户，对客户细分，采用差别化个性服务。客户智能包括以下功能模块。

1. 个性化客户服务

在客户喜好变化的基础上，个性化服务通过不断调整客户档案的内容和服务，达到确定客户喜好或行为来确定客户兴趣的目的。有目的地将企业新产品通过个人主页、电子邮件等方式向有这方面需求的客户推荐，提高服装销售额。

2. 客户获得和客户动态分析

新客户数量统计、新客户选择本企业的原因统计、客户来源统计、客户与企业实际交易量占总量的比例分析、客户多参数、多角度查询，可通过实践、客户类别、交易量、地理位置等参数对客户进行统计和分析。

3. 客户流失分析

统计客户流失数量、比例、对流失客户类型分析、客户流失原因分析、客户流失预测、建立客户流失模型以及预测企业的客户流失趋势及带来的影响。

4. 客户利润贡献度分析

分析哪些客户能为企业带来高额利润值，哪些客户所带来的利润效果平平，哪些客户会给企业带来负增长,如此,让企业更加明确的分配有限的企业资源。

5. 客户满意度和忠诚度分析

通过客户的订单数量、合同数量、支付方式、支付及时率、业务往来年限、业务历史记录、是否有欺诈记录等参数计算客户的满意度和忠诚度指数。提高客户满意度并对不同忠诚度的客户采取不同的策略。

6. 深入分析、了解客户

通过建立各类客户分析模型库,从各种渠道获得客户资料、分析客户喜好、预测客户动向。

五、CRM 系统在服装企业的实施应用

(一) 服装企业运用 CRM 系统的条件分析

1. 运用 CRM 系统的目的

CRM 系统的实施在一定程度上改变了企业对市场以及客户的看法。以往企业将新客户的吸收作为扩大市场的关键因素,如今企业不仅加大对新客户的扩充,而且更加注重对老客户的维护。不断挖掘老客户的潜在价值,深入了解客户需求,完善客户服务,达到提高销售额,降低成本的目的。

(1) 提高运营收入

利用 CRM 系统提供的多渠道的客户信息,分析客户的需求,增加销售的成功机率,进而提高销售收入。

(2) 部门资源信息共享

在确立 CRM 项目的时候,有多种选择。包括操作型 CRM,协作型 CRM,即分析型 CRM。对中国服装企业来说,运用最多的属操作型的 CRM,其主要包括销售自动化、市场自动化、服务自动化、前端办公室等应用,以及与客户直接发生接触的各个方面。操作型 CRM 系统主要的应用目的是为企业直接客户的相关部门共享客户资源,减少信息流动滞留点,以一种统一的视图面对客户。它的设计目的是为了让客户在感觉上公司是一个绝对的整体,不会因为和公司不同的人打交道而感到交流上的不同感受,从而大大地减少了业务员与客户接触过程中所产生的各种麻烦和挫折。操作型的 CRM 可以确保与客户的持续交流,并使其合理化,但并不意味着是最优化服务。目前,典型的企业直接面对客户的部门大致包括销售部、客户服务部、市场营销部、呼叫中心以及企业的客户信用部(收款或催帐)。

(3) 提高客户满意程度

CRM 系统提供给客户多种形式的沟通渠道,同时又确保各类沟通方式中数据的一致性与连贯性,利用这些数据,销售部门可以对客户需求做出迅速而正确的反应,让用户在对购买产品满意的同时也认可并愿意保持与企业的有效沟通关系。

(4) 降低市场经营交易成本

由于对客户进行了具体甄别和群组分类,并对其特性进行分析,使市场推广和销售策略的制定与执行避免了盲目性,节省时间和资金。同时采用 IT 新技术,建设了有针对性的专业服务,如 Call Center、自助服务网站、电子商务等等,都能较大地降低交易成本。

企业在运用 CRM 系统之前必须考虑为什么要用 CRM 技术,它能给企业创造什么样的价值,值不值得去用。有些服装企业会因为竞争对手上了 CRM 系统而盲目跟风,导致企业损失惨重。

2. 高层管理者的理解与支持

CRM 系统实施所影响到的部门和领域的高层领导应成为项目的发起人或发起的参与者,CRM 系统的实现目标、业务范围等信息应当经由他们传递给相关部门和人员。管理者公开表现的对项目的理解与支持对推动项目的进程是十分必要的。

总的来讲,成功的 CRM 项目都必须有一个行政上的项目支持者,他们在企业中应当具有相当地决策权力,其主要任务是确保企业在日趋复杂的市场上能有效地参与竞争。企业的这个高层领导可以从总体上把握这个项目,并扫除前进道路上的障碍,他应该有足够的权威,或者是获得足够的授权来改变企业的现状。他在 CRM 项目实施中将为计划设定明确的目标、向改造团队提供为达到目标所需的时间、财力、人力和其他资源,并推动这个目标从上到下的实施。

企业的管理层应当具备对实施 CRM 项目的充分理解和协作支持。只有这样,当涉及到跨部门业务和不同利益结构时,为保证企业范围的整体改进,CRM 项目才有可能顺利地开展。

(二) 业务驱动 CRM 项目的实施

CRM 系统的项目实施是以业务和管理为核心,是为了建立一套以客户为中心的销售服务体系,因此 CRM 系统的实施应当是以业务过程来驱动的,而不是 IT 技术。

对于服装行业来说,一切以客户为中心,业务与服务占了主体。CRM 系统的运用很直接的目的就是要提高服装销售额,因此会与销售服务结合。另外,在服装领域一直就是"一流企业做服务,二流企业做设计,三流企业做生产",再加上服装是一种高附加值的产品,由此可知服务的重要性,CRM 系统的运用也必须在服务方面做到恰如其份。企业在蓝图设计阶段对现有业务流程和未来流程进行认真比较和分析,在保留原有优势前提下实现进一步提高。去除业务环节中没有效率、对改善客户关系不能起到帮助作用的环节,而不要以简单替代的形式实施 CRM 系统或者只将 CRM 系统的实施看作是一个自动化的实现过程。

另外一层意义体现在企业内部提高认识水平,实现观念的一致。企业在建立 CRM 项目前还必须明确企业的业务流程与 CRM 系统运用会不会产生冲突,CRM 系统内的哪些功能是企业所必需的。CRM 的建设决不仅仅是上一套软件系统,更多的是带来业务管理的改进,这就不可避免要进行业务流程重组,配套的 CRM 软件系统形成一个完善的市场经营业务体系。

(三) 员工配合实施 CRM 系统

CRM 实施离不开企业流程的重组,同时也会影响到人员岗位和职责的变化,甚至引起部分组织结构的调整。如何将这些变化带来的消极影响降到最低,如何能够使企业内所有相关部门和人员认同并接受这一变化是项目负责人将面临的严峻挑战。然而这种大规模的重组可能会引起部分员工的不满,给 CRM 的实施带来难度。

因此,需要企业对所有员工进行思想动员,采取各项措施调动全员积极性。在 CRM 实施之前需要把企业市场部门、销售部门、客户服务部门放在一起进行重组,以满足客户服务为中心,不能各自为政,需要形成一种以客户服务为中心的工作方式。这不仅需要领导的重视,而且需要公司从上而下各部门的支持和配合。不仅如此,对于新系统的实施还需要考虑对业务用户的各种培训,以及为配合新流程的相应外部管理规定的制定等内容,这些都是成功实施项目所要把握的因素。对于那些因系统上线而受影响的人员和部门以及需要协作配合的部门,及时通报实施进展状况,最大程度上争取他们的理解和支持,使企业实现系统上线的平稳过渡。

(四) CRM 产品选择和经费投资

通常一个 CRM 项目的费用由以下几方面构成,硬件投入约占 40%,咨询费用约占 20% 左右,软件投入约占 10%,其他的还有包括培训费用等。硬件设备和软件通常都是按照企业的原来经营理念来设计的,如果选择产品不合适,重新改造需要重新设计,这样 CRM 实施的成本费用将会大大提高,所以服装企业在考虑使用 CRM 时应该结合自身的情况慎重选择,慎重设计,根据公司情况聘请有经验的 CRM 咨询公司参与 CRM 的设计与实施。

第三节　服装电子商务(EC)

一、电子商务概述

(一) 电子商务概念

电子商务至今仍然不是一个很清晰的概念,各国政府、学者、企业界人士都根据自己所处的地位和对电子商务的参与程度,给出了许多不同的表述,下面就是几个比较有代表和权威的定义。

国际商会于 1997 年 11 月,在巴黎举行了世界电子商务会议(The world Business Agenda for Electronic Commerce)。会上专家和代表对电子商务的概念进行了最有权威的阐述:电子商务(Electronic Commerce),是指实现整个贸易过程中各阶段的贸易活动的电子化。

美国学者瑞维·卡拉克塔和安德鲁·B·惠斯顿在《电子商务的前沿》一书中提出:"广义的讲,电子商务是一种现代商业方法。这种方法通过改善产品和服务质量、提高服务传递速度,满足政府组织、厂商和消费者的降低成本的需求。这一概念也用于通过计算机网络寻找信息以支持决策。一般而言,今天的电子商务通过计算机网络将买方和卖方的信息、产品和服务联系起来,而未来的电子商务则通过构成信息高速公路的无数计算机网络中的一条线将买方和卖方联系起来。"欧洲议会关于"电子商务欧洲动议"给出的定义是:"电子商务是通过电子方式进行的商务活动。它通过电子方式处理和传递数据,包括文本、声音和图像。它涉及许多方面的活动,包括货物电子贸易和服务、在线数据传递、电子资金划拨、电子证券交易、电子货运单证、商业拍卖、合作设计和工程、在线资料、公共产品获得。它包括了产品(如消费品、专门设备)和服务(如信息服务、金融和法律服务)、传统活动(如健身、教育)和信心活动(如虚拟购物、虚拟训练)。"

陕西财经学院电子商务研究所教授李琪认为:"从广义上讲,电子商务可定义为电子工具在商务活动中的应用。电子工具包括从初级的电报、电话到 NII、GII 和 Internet 等现代系统，商务活动是从商品(实物与非实物,商品与商品化的生产要素等等)的需求活动到商品的合理、合法的消费除去典型的生产过程后的所有活动。从狭义上来说,电子商务可定义为:在技术、经济高度发达的现代社会里,掌握信息技术和商务规则的人,系统化运用电子工具,高效率、低成本的从事以商品交换为中心的各种活动的总称。"总之,无论是国际商会,对于电子商务概念的科学理解应包括以下几个基本方面:

(1)电子商务是整个贸易活动的自动化和电子化。

(2)电子商务是利用各种电子工具和电子技术从事各种商务活动的过程。其中电子工具是指计算机硬件和网络基础设施(包括 Internet、Intranet、各种局域网等);电子技术是指处理、传递、交换和获得数据的多技术集合。

(3)电子商务渗透到贸易活动的各个阶段,因而内容广泛,包括信息交换、售前售后服务、销售、电子支付、运输、组建虚拟企业、共享资源等等。

(4)电子商务的参与者包括消费者、销售商、供货商、企业雇员、银行或金融机构以及政府等各种机构或个人。

(5)电子商务的目的就是要实现企业乃至全社会的高效率、低成本的贸易活动。

电子商务概念模型如图 4-8 所示。

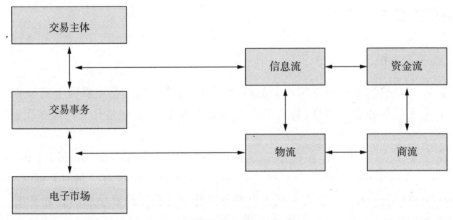

图 4-8　电子商务概念模型

电子商务的一般流程如图 4-9 所示。

电子商务是网络经济的一个具体表现方面,它旨在通过网络完成核心任务,改善售后服务,缩短周转时间,从有限的资源中获取更大的收益,从而达到销售商品的目的。它的实施要求将以往传统的商业形式在虚拟的环境中通过数字技术展现于媒体上,使客户可以身临其境的看到。

电子商务涵盖的业务包括信息交换、售前售后服务(提供产品和服务的细节、产品使用技术指南、回答顾客意见)、销售、电子支付(使用电子资余转账、信用卡、电子支票、电子现金)、运输(包括商品的发送管理和运输跟踪以及可以电子化传送的产品的实际发送)、组建虚拟企业(组建一个物理上不存在的企业;集中一批独立的中小公司的权限,提供比任何单独公司多得多的产品和服务)、公司和贸易伙伴可以共同拥有和运营共享的商业方法等。

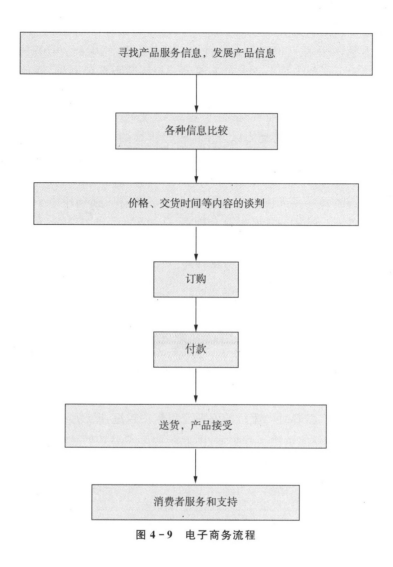

图 4 - 9　电子商务流程

（二）服装电子商务

　　服装电子商务并不是电子商务技术和系统的简单堆积。服装行业有其特殊性,只有从行业特点出发,建立行之有效的服装行业电子商务模式,才能推动服装行业的持续发展。服装行业电子商务可分成两个派别:一类是传统行业出身,进入电子商务领域,代表品牌企业为玛萨玛索(MASAMASO);另一类是电子商务出身,转而将服装作为产品,代表品牌企业凡客诚品(VANCL)。

　　电子商务主要在服装价值链的两端——采购环节和销售环节。但电子商务并不只是企业采购部门或销售部门的事情,它是涉及企业各个部门和整个运作过程的综合工程。我国是世界最大的服装生产国、消费国和出口国。纺织服装是我国的支柱产业之一。我国的纺织服装产品 30％～40％ 是出口贸易。但现在面临的困境是:美国、欧盟等对我国纺织品采取了特别限制措施。另外,在国内市场也面临困境:某些高档商场谢绝国产品牌进入,高档品牌几乎被国际品牌占领;在中低档市场,国产品牌库存积压又非常严重,不得不降价竞争,从而又进一步损害了品牌。虽然中国是服装制造和出口的第一大国,但在设计、流行趋势的发布等方面,西方潮流仍占主导力量,中国服装产业没有发言权。品牌方面,意大利、美国、法国等国家的一批国际大品牌凭借强大的品牌优势一直牢牢占据着世界服装市场的高端,获取高额附加值。中国多数企业却仍停留在替国际知名品牌做加工的阶段,自主品牌几乎走不出去。即使具有出口能力的面料企业或服装品牌企业,价格也非常低廉,走低端路线。此外,虽然对于劳动密集型的纺织服装产业而言,低廉的劳动力以及中国已经形成的配套产业链的优势还将在一段时间内存在,但随着越南、印度等一些国家加工制造业的崛起,中国在加工制造领域的比较优势也日渐受到威胁。

服装业要实现跨越式发展,信息化是必由之路。能否有效地利用电子商务对提高我国服装业的竞争力至关重要。服装企业要走向世界,使自己的客户遍及全球,就须具备全球化的营销体系,而电子商务正是实现这一目标的载体。服装企业的发展趋势是"多品种、小批量、高质量、快交货",要求服装企业的生产过程、销售过程必须具备高度自动化和快速反应能力,而这些也只有借助于电子商务的先进控制手段才能得以实现。就国情而言,我国经济正处于高速发展的阶段,国家信息基础建设逐步完善,信息工程和电信改革获得重大突破,国内电子商务的发展与国外几乎同时起步。同时,我国服装行业正在由劳动密集型向资本密集型、技术密集型转变,企业内部计算机等高新技术的逐渐应用,为企业实现网络化奠定了基础。因此,我国的服装企业实施电子商务不仅具有可行性,而且还具有相当的迫切性。

当今的市场环境,正由于以信息技术为代表的各种新技术的发展和全球经济一体化的进程而变得日益复杂多变。随着时尚流行的周期变得越来越短,服装企业逐步进入个性化、短周期、小批量、快交货、零库存的敏捷制造时期,因此企业必须尽快转变传统的生产经营方式,适应市场变化。我国服装业面对的竞争环境具有如下一些特点。①全球经济一体化。进入21世纪以来,科学技术迅猛发展,跨国公司规模不断扩大,全球化进程明显加快,经济一体化成为当今世界经济发展的客观趋势。主要表现在生产要素在全球范围内加速流动和配置,各国经济相互影响加深,联动性增强。经济的一体化也同时导致了竞争全球化,对企业提出更高的要求;②先进技术迅速发展。竞争激烈的市场环境促使生产管理方式的转变,美国、日本等发达国家提出了许多新观点、新思想、新概念,先后诞生了许多先进制造技术、模式与系统,例如敏捷制造、精益生产、大规模定制、虚拟制造、全球制造等。这些新的生产管理理念,依托信息技术、先进制造技术以及其他支撑技术,应用于实践中,提高了企业的生产管理水平,为企业赢得了竞争优势。服装的 CAD 和 CAM 系统、服装大批量定制和绿色制造系统、服装业 ERP 和 CRM 管理系统等均是先进技术发展的产物。在国外发达国家,服装 CAD 已经普及,法国、美国等国服装企业已经有 80% 左右运用了 CAD,而我国服装企业的 CAD 普及率仅为 10% 左右;③竞争对手步伐加快。国外发达国家利用技术、资金、文化等优势,牢牢控制着服装生产的设计、品牌、技术等高附加值部分。在企业生产管理、品牌营销战略和市场控制等方面均占有绝对优势。2002 年,Interbrand 全球最有价值的品牌年度排名报告显示,国外一些著名的服装品牌,如 Nike、Gap、Louis Vuitton、Gucci、Chanel、Adidas、Levi's、Prada、Polo Ralph Lauren、Armani 等均入选了前 100 位,可见国外著名服装品牌的影响力之大,而国内服装业在知名度和价值上能与国外抗衡的品牌则寥寥无几;④市场对服装产品要求提高。在生产力水平高度发展,市场产品极度丰富的条件下,客户对服装的要求也不再停留在功能性方面,其注意力更多地放在了服装的品牌、设计风格等时尚特性和个性化因素上;同时时尚消费的人群不断扩大,服装的流行周期越变越短。为了应对市场的快速变化,企业必须建立"多品种、多批次、小批量、低成本"的经营模式,建立快速反应机制,提供满足不同客户的个性化需求的产品和服务。如图 4 - 10 所示为服装企业商务链。

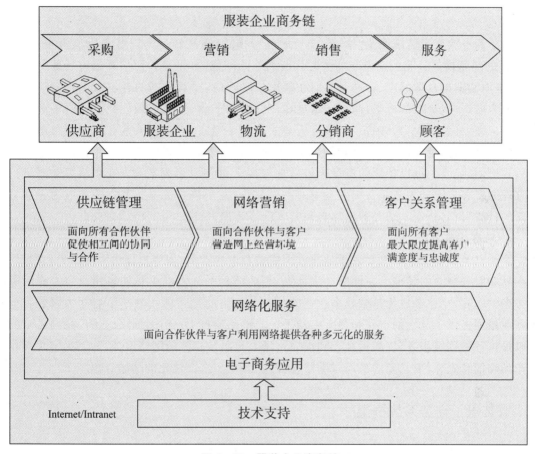

图 4 - 10　服装企业商务链

1. 供应链管理

目前,一些传统的企业管理系统都不约而同地注意了企业内部管理的改革和理论变迁,而没有考虑到整个市场"价值链"给企业带来的影响和冲击,尤其是电子商务应用的革命性变化。事实上,企业越来越深刻地认识到他们的利益其实是与客户和供应商及合作伙伴紧密联系在一起而形成了不可分割的价值链。服装企业作为一个核心企业,与上游的面料生产商、面料批发商,下游的服装批发商、服装零售商等一起,构成了一条面向最终客户的服装供应链。服装所固有的流行性和季节性导致服装企业经营具有很大的不确定性,这种不确定性可以借助有效完善的供应链管理的支持来最大限度地规避。有效的供应链管理可以把服装生产销售过程中的物流、信息流和资金流贯穿起来,确保信息的及时传递和透明,从而大大缩减运营成本,提高物流的效率。

2. 网络营销

当前的服装市场是买方市场,因此服装企业首先关心的是市场。网络营销为企业提供了新兴的媒介和营销手段,可以借其开展市场营销活动。网络营销是企业整体营销战略的一个组成部分,是为实现企业总体经营目标所进行的,以互联网为基本手段营造网上经营环境的各种活动。

3. 客户关系管理

电子商务改变了传统产业"推(Push)"的经营模式,逐渐转型为以客户价值为主体的"拉(Pull)"的经营模式。企业在电子商务时代所面临的问题,不再是如何估算出市场的供给与需求量,进而制造出合适的产品,而是如何在最短的时间内,针对不同的客户对于不同产品所需的价值为前提,以最低的成本,制造出满足客户需求的产品,并提供最佳服务。电子商务与传统商务一样,都是要大力开拓市场,赢得更多的客户。因此,把客户关系管理创新与电子商务整合经营,已成为企业商务模式创新的核心内容。著名管理专家科特勒说:"在这个新的变化的世界里,企业唯一可以持续的竞争优势是它与客户、商业伙伴及公司员工的良好关系。"这一经营理念将客户上升为企业营销关系中的主要关系,处于核心位置。客户满意成为企业营销创新的最高目标,企业一切经营活动必须紧紧围绕客户进行。

4. 网络化服务

企业电子商务的一个重要方面是通过网络整合市场需求,为客户提供网络服务,这是网络对产品和服务概念的延伸。在网络经济社会,企业活动的基本准则是使客户满意。靠服务的优势来争取客户,已经成为越来越多企业的共识。网络的交互性和时空压缩性为服装企业向服务业拓展提供了巨大的空间和强有力的手段。网络空间是一个全新的空间,在网络空间中可以提供各种创新服务,以赢得客户和扩展市场。与服装相关的网络服务,除了为客户提供各种产品和信息之外,更主要的是通过网络手段,为客户带来个性化的体验。

二、服装电子商务系统框架

成功的企业电子商务实践,主要应用在市场、服务、物流和在此基础上的信息整合、知识发现等方面进行电子商务运作。服装行业电子商务应用主要面向服装企业的商务链,包括采购、市场营销、销售、服务等业务环节,涉及企业内部,企业上下游的合作伙伴和最终客户,是一个集成物流、资金流、信息流和商流的协作环境。服装系统框架如图 4-11 所示。

由国内某公司开发的服装电子商务系统是一套服装电子商务解决方案。该服装电子商务系统的主要特点是在互联网环境下为服装企业构建电子商务平台,运用 IT 技术提高国际市场竞争力的整体解决方案。把服装设计、生产、销售的各个环节的活动作为一个集成的过程,从全局优化的角度出发,以信息技术及网络技术为基础,包括与之相配套的 CAX 技术和现代化计算机辅助管理技术 ERP,形成支持服装制造业信息化的应用平台。

三、服装电子商务的发展过程

根据艾瑞咨询的报告,我国服装电子商务经历了四个阶段,分别是孕育期、起步期、发展期

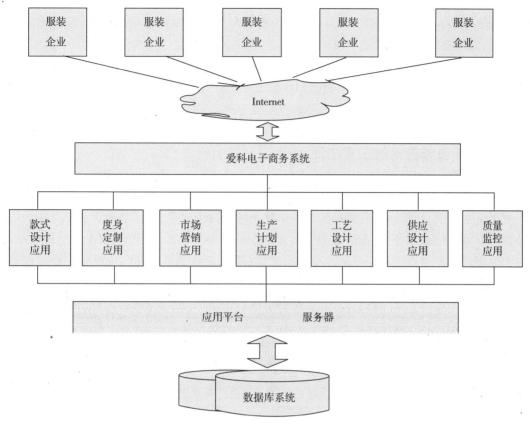

图 4-11 服装电子商务系统框架

和成熟期。

从 20 世纪 90 年代开始到 2003 年之前,我国服装电子商务处于孕育期。1994 年年初,我国服装企业开始参与电子商务,到了 1999 年,我国已陆续有几百家服装企业涉足电子商务,其中有十多家企业提供了网上购物服务。当时人们对电子商务有了初步的认识和了解,开始了尝试和摸索;同期网络技术的普及和上网的便利也给电子商务的发展提供了外部条件。这段时间真正从事电子商务的企业很少,并且主要以 B2B 电子商务为主。

2003 年,由于非典的爆发和淘宝网大量的广告效应,使得越来越多的人认识了网购并培养了大量的用户,服装服饰类产品成了网络热购的产品之一。这个阶段可以说是服装电子商务的起步期,C2C 电子商务得到了发展。

2005 年,PPG 公司将传统服装零售和电子商务结合,开创了男装 B2C 直销的新模式,填补了当时男装电子商务的空白,并以其独特的商业模式吸引了资本市场的关注和青睐,服装电子商务进入发展期。此后涌现出了大量的服装直销电子商务平台,比如凡客(Vancel)、麦网等等。

从 2007 年开始服装电子商务步入了成熟期,服装服饰类产品成了网购的第一大商品,无论从数量上还是交易额上都是最大,大大小小的服装电子商务平台总计达几千家。

据 CNNIC(中国互联网络信息中心)调查报告显示,截至 2011 年 6 月中国网民数已达到

4.97亿,2010年网络购物金额达到4 800亿元,占中国总体消费金额 3%。专家预计,未来 5～10 年,将会占到社会总消费额的 30%。电子商务已经成为推动产业结构调整,带动传统产业快速升级,区域经济发展的重要手段。

数据显示,2011 年第 2 季度中国网上零售市场交易规模达到 1 924亿元。其中服装类商品销量达到 445 亿元,环比增长 8%,同比增长 68.9%。服装类产品交易量占整体交易的比重为23.1%,保持着最大的交易品类地位。

四、服装电子商务技术的主要功能

1. 降低采购价格

对于企业来讲,物资或劳务的采购是一个复杂的多阶段过程。首先,购买者要寻找相应的产品供应商,调查它们的产品在数量、质量、价格方面是否满足要求。在选定了一个供应商后,企业需要把详细计划和需求信息传送给供应商,以便供应商能够准确的按照客户要求的性能指标进行生产。如果产品样品被认可,而且供应商有能力立即生产,购买者就会发出一份标有具体产品数量的采购定单。然后,买方会接到供应商的通知,告诉他采购定单已经收到并确认该定单可以满足。当产品由供应商发出时,购买者再次接到通知,同时还有产品的发货单。买方的会计部门核对发货单和采购定单后付款。当原有定单变动时,购买过程更加复杂。目前,有一些企业已经在专用网络上使用了电子数据交换(EDI),以减少采购过程中劳动力、印刷和邮寄的费用。借助 EDI 企业能够自动地完成例行采购,这意味着采购人员可以把更多的精力和时间集中在价格谈判和改善与供应商的关系上。有数据表明,全球范围内在增值网上利用电子数据交换的企业一般可以节省 5%～10%的采购费用。

2. 减少库存和产品的积压

生产计划送达供应商所需要的时间越长,公司的库存就越大,并带来延迟和错误,并且使供应商对需求变化来不及做出所要求的快速反应。公司的库存越多,其运转费用就越高,效益就越低。同样,有较多库存产品也未必能保证客户良好的服务。对公司来讲,恰当的管理库存将为客户带来更好的服务和较低的运转费用。增加库存周转频率,将降低与库存有关的利息、搬运和存储费用。减少库存量也意味着现有的制造能力得到了更有效的利用。

3. 缩短生产周期

生产周期是制造产品所需的总时间。制造任何一种产品都与某些固定的开销相联系,这些固定开销不随产品的变化而变化,但与时间有关,固定开销包括设备折旧费、大部分公用设备和建筑物费用以及大部分管理费用和监督费用,如果制造产品的时间可以从 10 天缩短到 7天,那么,由于时间需求减少,每个产品的固定开销就可降低。电子商务活动可以使生产周期缩短,可以以同等的或较低的费用生产更多的产品。

4. 更有效的服务客户

许多公司正在开始使用 Internet 进行客户服务。在网上介绍产品、提供技术支持、查询订单处理信息,不仅可以解放公司自己的客户服务人员,让他们去处理更为复杂的问题,调整与客户的关系,而且也会使客户更满意。公司常常收集和存储有关客户和产品的信息,放入只拥有一定权限的雇员才能读取的数据库。具有创新精神的企业正在探索开发这些信息潜力的途径,要使它可以为最需要的人获得—无论是客户服务人员接的一个电话,还是客户在网上寻求的某种信息和技术支持。

5. 降低价格

传统上,一个销售人员只要肯实际接触客户或用电话与他们联系,就可以支持许多客户。不过随着定购量的增加,公司要增加销售人员。与此相反,Internet Web 站点上的业务可以在很少或根本没有附加费用的情况下增加新的客户。这是因为其销售功能寓于计算机服务其中,而不是具体的仓储地点或销售人员,它对查询和订货的响应仅仅受到服务器容量的限制。Internet 也可以使传统的销售组织形式,如分级批发渠道、分类销售和广告宣传等更为有效。由于具有自动订购功能,销售代理人就不用再预备耗时费力的人工定单了。它们可以把时间花在建立和保持客户关系上。电子分类目录可给出比纸分类目录更多的信息和选择查询方法。直接面向市场的联机服务,可缩短在采购周期,并增加销售附带产品的能力。

6. 新的销售机会

伴随着 Internet 在全世界的运行,在 Web 站点上的企业可以进入一个新的市场,这个市场是他们通过人员促销和广告宣传所无法有效进入的。服装电子商务就是利用互联网来实现服装商务活动的总称,它借助于网络媒体、通过数字通讯手段进行信息交流、商品买卖和服务以及资金的支付和转账等商务行为,是纺织服装行业的一场影响深远的革命。服装电子商务的价值在于它营造了一种新的商务活动方式(商品交易),为全行业提高经济发展速度提供一个相对平等、自由竞争环境,实现企业利润的迅速增加和全社会经济的发展。以网络为依托环境,服装行业的竞争将是全方位的,跨越行业、地域、种族、文化等传统制约因素的限制。

五、服装电子商务的信息技术支撑

电子商务的实现需要一些关键技术的支撑,电子商务使用了很宽范围的现代信息技术:包括网络技术基础、电子商务安全技术、网上支付与结算、网络银行等,这些都支持了电子商务的发展。

电子商务的本质是建立在 Internet 基础上的商务活动。互联网是电子商务发展的基石,也是商务网站开发和应用的基本平台,没有互联网,电子商务就无从谈起。互联网实际上是一个网联网,是多个网络互连形成的逻辑网络。由于网络互联的最主要的互连部件是路由器,因此,也有人称互联网是用传输媒体连接路由器形成的网络。从逻辑上看,为了便于管理,互联网采用了层次网络的结构,即采用主干网、次级网和园区网的逐级覆盖的结构。

电子商务是通过信息网络来实现产品和服务的交换活动,而在互联网上建立商务网站是电子商务目前主要的实现形式。电子商务网站是在互联网上建立的一个商业系统,它由众多网页(包括主页和普通页面)、后台数据库组成。在客户端,客户采用互联网网络浏览器发出数据库查询操作请求,通过 HTTP 超文本传输协议发给服务器端进行交互。为实现一定的商业逻辑,可以在服务器端增加应用服务器。网络技术基础包括网站开发技术和数据交换技术。其中网站开发技术由静态网页技术、动态网页技术和数据库技术组成。数据库技术是一种计算机辅助数据管理的方法,它研究如何组织和存储数据,如何高效地获取和处理数据。数据管理是指对数据的组织、编码、分类、存储、检索和维护,它是数据处理的核心问题。一个完整的数据库系统是由计算机软硬件系统、数据库、数据库管理系统、应用程序和数据库管理员五个方面组成,其核心是数据库管理系统(DBMS)。数据交换技术包括电子数据交换技术(EDI)和XML技术。EDI通过计算机通信网络将贸易、运输、保险、银行和海关等行业信息,用一种国际公认的标准格式,实现各有关部门或公司与企业之间的数据交换与处理,并完成以贸易为中心的全部过程。通过XML可以方便地实现不同数据源的集成。为实现不同应用系统中异构数据间的交换和集成。XML技术提供了一种统一数据定义模式——XML Schema,它可以将存在各种差异的信息,都转换成一定的标准结构样式,然后各异构数据库再将标准化的信息转换成本地数据,进而完成信息的集成共享。

电子商务的一个重要技术特征是利用信息技术来传输和处理商业信息,它是在开放的网络环境下运作的一种新型的商务模式,其安全问题已经成了发展应用的最大障碍。计算机病毒、黑客攻击、短信诈骗等问题层出不穷。因此,电子商务安全从整体上可分为两大部分:计算机网络安全和商务交易安全。网络安全不仅关系到个人的资金安全、企业的货物安全,还关系到国家的经济安全、国家经济秩序的稳定问题。针对电子商务的特点和安全机制,当前主流的技术包括加密技术、防火墙、虚拟专用网(VPN)、数字签名、电子商务安全应用协议。

网上支付与结算是网上商务活动的一个重要环节,是双方商贸交易业务的最终实现,同时也是电子商务中准确性、安全性要求最高的过程,涉及经济利益、信用等方面。网上支付与结算是电子商务发展过程中必不可少的一个环节,是金融服务的发展和创新。网上支付结算系统是一个由买(客户)卖(企业)双方、网络金融服务机构(包括企业银行、客户银行)、网络认证中心以及网上支付工具和网上银行等各方组成的大系统。现在使用的网上支付工具有数字现金、电子钱包、智能卡(Smart Card)、电子支票、信用卡等。

网络银行主要用于公共信息发布、网上自助申请、集团公司"网上结算中心和财务管理中心"、网上代理收付、网上安全账户管理、网上购物等。目前这些技术在电子商务上的应用已经很成熟,但仍需要进一步完善。

六、服装电子商务技术的现状

1. 网民数量和网购人数迅猛增加

电子商务的发展离不开信息技术的发展和网络普及,网络的普及造就了一定数量的网民,而一定数量网民是实现电子商务的前提和保证。根据中国互联网络信息中心最新统计:今年上半年我国网民规模已达3.38亿,继续领跑全球互联网;其中,使用手机上网的网民也已达到1.55亿,约占我国网民总数的一半(46%)。值得注意的是,面对金融危机的影响,互联网交易应用得到了迅速发展。网络购物的用户规模在经济危机中逆势上扬,达到8 788万,半年增加了近1 400万用户,而网上支付用户半年使用率增加4.8个百分点。

2. 网商数量增长迅速

阿里巴巴集团研究中心发布的报告称:截止2009年上半年,中国网商数量已经扩大至6 300万,社会经济影响力也越来越大。主流的电子商务网站如淘宝网等,已成为近年来最受欢迎的创业平台之一。据不完全统计,2008年9月以后的一段时间里,每天新增的网店超过5 000家。

3. 服装电子商务交易规模

根据艾瑞咨询的调研数据:2008 年网络购物用户在网上购买最多的产品为服装鞋帽类,占比 64.9%。并且 2008 年中国时尚商品网络购物交易额实现了高增长,环比增长 136.8%,达到 274.6 亿元,这主要是因为服装服饰类商品已发展成为网购交易第一大类商品,用户需求旺盛。艾瑞咨询预计,包括服饰、化妆品等在内的时尚商品的需求未来会持续旺盛,时尚商品网络购物交易额 2009 年有望实现接近翻倍的增长。

4. 服装电子商务服务网站数量

据中国 B2B 研究中心相关调查数据显示,截止到 2009 年 6 月,我国规模以上电子商务网站总量已经达12 282 家。其中,B2B 电子商务服务企业有 5 320 家,B2C、C2C 与其他非主流模式企业达6 962 家,特别是自进入 2008 年来,呈现出高速增长、乃至井喷之势。在行业分布中,纺织服装行业所在比重最大,为 14.32%。

5. 采用第三方电子支付规模显著增大

网民对第三方支付的安全性的信任度明显提高,网民采用第三方支付的交易量显著增加。中国 B2B 研究中心的研究报告:2008 年网上支付市场交易额规模达到 3 000 亿元,相比 2007 年不到 1 000 亿,同比增长 200%,而 2009 年的交易额,预计全年有望逼近5 000 亿"大关"。

世界各地的许多纺织服装公司已经开始通过国际互联网进行买卖交易,他们通过网络方式与顾客、批发商、供货商和股东联系,并且进行相互交流,他们在网络上进行业务往来,其业务量往往超出预期。根据美国权威调研机构预测,全球上网人数在进入 21 世纪之前将增至 5 亿 5 千万人,网上交易额,从 1990 年的 13 亿美元,飚升到 2001 年的1 760 亿美元。开展电子商务,网上贸易是纺织服装企业谋生存,求发展的必由之路。21 世纪是一个信息的时代,信息与效益有着直接的关联,信息不畅通会严重制约经济的发展。服装企业的业务性质决定了它必须以大量的商务信息做基础,通过对信息的掌握、分析、筛选,在结合自身的具体情况,做出决策,才能创造效益。因此,实行企业外部网络整合,获取大量信息成为企业常规工作中得一项重要的内容。

七、服装电子商务技术的发展趋势

随着智能终端以及云计算的大规模普及,移动互联网的时代即将到来,给电子商务带来了新的发展机遇。但它并不是移动加电子商务的简单叠加。据艾瑞咨询的调查报告,近几年,中国服装网络购物市场规模仍将保持超过 25% 的发展速度,而至 2014 年,预计将达到5 195 亿元,占整体网络购物市场比重的 27%。

1. 服装电子商务继续显著增长

随着网民网购意识的进一步增加和网络技术的普及,除了 2009 年受金融危机的影响,相信在随后的几年里,我国服装电子商务的网购人数和网购规模将继续保持 2 位数的增长。

2. 利用 C2C 模式进行交易的企业逐步向 B2C 模式转换

C2C 模式虽然经济便利,但一些企业为了树立自己的品牌,给客户一个更加诚信的形象,它们会投资建立自己的电子商务网站,从而过渡到 B2C 模式。

3. 服务更加多元化,个性更加复杂化

由于服装本身代表的就是一个人的个性,而每个人的个性是不同的,所以不同个性的人需要不同的个性服务,这就要求服装电子商务网站提供多种个性化的服务。

4. 计算机多媒体技术和服装技术将更加紧密结合

比如三维动画技术可以更加有效的展示服装的设计理念,网上试衣系统可以让网购人员对所选择的进行"亲身体验"。

5. B2B 电子商务网站将大力发展商务 SNS

SNS(Social Networking Services),即社会性网络服务,提高网站用户粘性。近年来,SNS发展火热,阿里巴巴、网盛生意宝、淘宝等也纷纷涉足商务 SNS 领域,欲将众多的会员资源转化为会员间的人脉网络,以此提高网站用户粘性。

6. 移动电子商务需逐步完善

根据艾瑞咨询发布的数据表明,2008 年中国移动电子商务市场交易规模为 2.1 亿元。2009 年随着 3G 商用时代到来,以及无线与传统电子商务企业的纷纷试水,预计交易规模将达6.4 亿,同比增长约 205%。对服装电子商务服务企业来说实现了移动用户定制服务后,对于消费者来说将更加方便快捷私密安全。虽然还不成熟,但已经是很好的开始。

7. 诚信交易规则需要完善

诚信交易规则的建设,如何让交易对象放心大胆的使用,如何规避"机会主义",如何继续降低交易成本,成为 B2B 交易平台思考的方向,也是成功的关键。诚信交易对于一个品牌的发展如此重要,尤其是在电子商务中。

8. 线上线下融合是大趋势

传统品牌可以借助网络的力量,把自己的客户认可度拓展到线上,让客户有更多机会接触与了解自己。同时分布在各地的线下店还可以作为电商的体验店存在,这种趋势将在未来实现并发展。传统品牌需要做的是有效平衡网络渠道和线下渠道。

第五章　服装企业信息化系统需求

授课重点: 本章节重点阐述企业信息化系统需求获取、管理和分析的基本方法,使学生可以获得撰写需求分析报告的能力。

知 识 点: 需求分析方法,需求报告标准。

思考问题: 1) 为什么要对企业进行信息化状态的调研?

2) 服装企业信息化建设需求获取的方法有哪些?

3) 服装企业信息化建设需求分析报告如何撰写?

第一节　实施服装企业信息化系统的基本要素

企业信息化建设是一个综合性工程,它需要信息、管理、培训、财务等各个部门的协同合作。可以将实施过程分为四个阶段:系统需求、系统设计、系统建设和系统评估。各个阶段的工作重点和难点均不相同,在空间上,每个分系统或子系统都应该分别有子项目或课题,在全局规划的指导下制定出各自的开发计划和实施步骤,并按照项目管理的要求进行检查,保证取得成功。

就企业和技术而言,企业信息化是实现服装企业信息化系统的前提,但这种信息化并非是简单地购买一些软件和硬件,或者构建一个局域网。它需要有一个整体的规划和实施步骤,循序渐进。否则就可能出现信息孤岛,造成资金和人力的极大浪费。

一、实施主体的确定

服装企业信息化系统的建设是一个涉及面广,时间长的项目工程,投入的资金也比较大,因此在着手进行之前,需要进行科学严密的论证,力求获得最大绩效、降低风险。

必须认识到,服装企业信息化系统的建立受政治和经济环境的影响,同样的方法在中国实施服装企业信息化系统与在美国实施会取得截然不同的效果。因此,我们必须弄清楚在中国实施服装企业信息化系统的主体以及其所处的环境,这样才能正确地把持系统的定位,提高系统的绩效。

1. 以企业为主体的服装企业信息化系统

以企业为主体的服装企业信息化系统是以某个核心企业为中心,建立由内而外的快速反应。一般地,企业处于中等规模时,为寻求进一步地发展实施服装企业信息化系统。这类企业在中国服装行业占据了较大的比例。他们的特点是具有一定的市场份额,设计加工技术比较传统,可能在某个环节采用了信息化技术,但没有集成,市场应变能力较弱。实施服装企业信息化系统必须有针对性,在实施主体上加以区分,可以从初始就本着产业为本的态度,一切从实际出发,避免一刀切。进入后配额时代,中国的服装产业面临着严峻的挑战,快速全面地实现产业提升是当务之急,但决不能盲目追从。任何先进的技术也必须在实践中检验其效果,而在实践时,实施的对象是关系到效果的关键一步。

2. 以供应链为主体的服装企业信息化系统

以供应链为主体的服装企业信息化系统是在某个区域的经济环境中运行的系统,它将信息技术应用到供应链管理中,以市场需求为杠杆维护和调整系统,使其正常快速地运行。它的建立是由外而内的,首先构筑一条信息顺畅的供应链,再对供应链上的各个环节进行调整,以获得整体绩效最高的供应链。可见企业的单个建设不是最主要的,而促进整体效益才是核心。因此在这个系统中的企业必须是具备一定的信息化基础和管理水平,以满足快速准确地调整计划的需要。就目前中国服装行业的现状来说,相对发达的沿海地域,尤其是长江三角洲、珠江三角洲地区,在区域经济的推动下,逐步形成了一些较成熟的服装供应链,并且信息化水平相对较高,因此可以实施以供应链为主体的服装企业信息化系统。从某种意义上说,以供应链为主体的服装企业信息化系统是一个理想系统,它是企业建设服装企业信息化系统的最终目标。

二、服装企业信息化系统实施的原则

1. 服装企业信息化系统建立是一个过程,必须把握这段时间内的一些变量

企业在建设过程中的不同时期,其特点是不一样的。前期,建设效果很难体现出来,投入和产出比可能是负值,如果项目过程控制不当,可能会造成企业现阶段的经营,导致企业业绩下滑;中期,企业的建设效果逐渐显现出来,并会在某一时间达到最高值;后期,企业的发展战略、市场竞争格局等往往发生了很大的变化,建设效果会逐渐减弱,这时企业应考虑对现有系统的更新升级。

2. 服装企业信息化系统的建设需要把握企业自身的主体特征

在服装企业信息化系统建设过程中防治两种极端。一是企业完全自主开发,这样系统可以完全符合企业的实际情况,但工作量极大,不容易把握项目进度,或对信息技术发展把握不够;另一种是全部外包,这样企业可以轻装上阵,同时在信息技术的利用上跟上发展。但是,企业存在很大风险,而且没有自己的信息化队伍,在系统的后期使用上存在困难。因此,最好的方式是把关键部分自己建设,而把不重要的部分外包出去,做到二者之间的平衡。

在项目建设过程中,企业必须在思想上全力以赴,立足于自身,把握管理体制转变,利用信息技术,提高建设质量,同时管理好建设的进度、成本和风险,并建立科学的评估体系。

3. 服装企业信息化系统的建设必须重视流程管理

由于企业的流程非常多,在对企业实施流程管理的时候,首先要界定出核心流程和非核心流程。通过对流程的管理和分析,可以找到实施系统价值较大的地方。

三、服装企业信息化系统实施的关键

由于服装企业信息化系统的复杂性和动态性,在实施时必须把握关键,以下是信息化系统实施的关键点:

（1）经营和制造的策略要为服装企业信息化系统指明焦点、方向和优先次序。

（2）服装企业信息化系统应以经营计划中关键的经营问题和战略作用开始。

（3）服装企业信息化系统需要一份清晰的制造计划。

（4）服装企业信息化系统是一种经营之道,其中心思想是要用共享信息来达到消灭产品生产过程中非增值的步骤。

（5）对于一个工厂或部门、厂级（或部门）领导必须推动服装企业信息化系统,并对其实施过程一直心中有数。

（6）服装企业信息化系统规划的有效期应是长期的:

① 需要有一个服装企业信息化系统长期需求和效益的远景蓝图。

② 短期计划应该面向完成这一远景。

（7）服装企业信息化系统必须包括所有雇员,必须让他们都清楚地了解什么是服装企业信息化系统以及公司如何在向该目标迈进。

（8）在服装企业信息化系统规划中应该包括许多功能组,以便购买或开发一份更可信的建议书。

（9）教育和培训是成功的关键。

（10）可以利用经济效益（例如提高生产率）和战略效益（例如改善用户服务）的结合来做出评价,然而先不要量化不可计量因素,因为它会贬低项目建议书的可信度。

（11）假如善于计算盈亏的经营决策者能参与进来,帮助销售决策人（董事）,那么"软"效益的可信度就可增加。假如采用传统的成本评价方法,这也是一个好策略。因为经营决策者熟悉浮动金融贷款利率及其他管理方面的约束条件。

（12）服装企业信息化系统课题要与经营的"热"点相关,以便不用严格定量的依据就能得到批准。

（13）服装企业信息化系统需要有效的项目管理,以便做到:

① 逐个模块地实施—"成为现实的"。

② 设定可量化的目标（例如生产率、质量成本、发货期）。

③ 坚持定期的进度报告。

（14）建议书编写人必须遵循服装企业信息化系统远景蓝图所指的内容,该远景是根据企业的特殊需求、已有的服装企业信息化系统技术以及已做过的早期服装企业信息化系统的工作而描绘的。

（15）要对公司进行服装企业信息化系统和典型成功范例（包括内部和外部的）的教育。

（16）成功的途径如下:

① 要在已有的投资预算框架内工作。

② 把信息系统投资的历史效益用文件记录下来（例如,每个雇员节约成本的当前数值）。

③ 重视整体的长期的项目效益,而不是单个的单元技术效益。

④ 用任何可能的办法,促使系统早日见效。

⑤ 提供一些种子投资(例如,把指导委员会有权自由处理的预算用于资助服装企业信息化系统规划和教育以及选定的关键技术课题)。

⑥ 不要太热衷于罗列解释技术,要教育高层管理人员。

(17) 服装企业信息化系统是一种可以趋近,但永远不会完全到达的那类事物。

(18) 如果没有高层领导对服装企业信息化系统承担责任,则上述的一切内容可能都是不合适的。

四、服装企业信息化系统规划

系统规划是企业服装企业信息化系统应用的长远发展计划,是一个以企业目标、战略或目的、业务流程以及信息需求等为基础,识别并选择所需要的信息系统并确定建设和实施计划的过程。

系统建设方案的制定依赖于对企业战略的充分领会而展开。通过规划,企业可以清楚地认识到自身的需求、自身的资源状况、建设的阶段与步骤,以及建设过程中的难点和关键点。

如前所述,服装企业信息化系统的形式并不是唯一的,它具有很强的适时性和针对性,就一个具体的企业而言,服装企业信息化系统建设的最终目标、实施步骤、投入资金等都必须建立在企业的经营状况、战略目标,目前的信息化水平等等因素的基础上。服装企业信息化系统的定位包括两个方面,一方面是系统形式的定位。按照企业主要经营活动的不同,可以将服装企业分为制造型、营销型、贸易型和综合型四大类,每一类企业在实施服装企业信息化系统时应确定其具体的形式和规模,以及建设的近期和远期目标;另一方面,企业目前所处的信息化阶段的定位,通常有多种方面获得这种定位。例如,以信息化技术的渗透度来划分,企业信息化分引入阶段、适应阶段、扩展阶段、控制阶段和集成阶段。按照对信息技术的依赖度则可分为传统企业阶段、企业信息阶段、信息技术企业化阶段和现代企业阶段。

不论是采取单一要素定位还是采取复合要素定位,有一个核心问题是要正视企业面临的各种挑战,对企业的内外部环境做尽可能全面和深入的分析,在此基础上确立服装企业信息化系统建设可能的路径,并预见其方向和可供运行的空间。

系统规划可以分为总体规划和细部规划两个步骤进行。在总体规划中,实施项目组主要针对以下几方面工作进行规划:

(1) 接受任务、制定计划可行性论证经评审通过后,企业高层领导就应根据通过的论证报告下达初步设计任务书,设计组依此制定本阶段工作计划。

(2) 分析系统需求。将前期的需求分析具体化为已经有具体技术实现方案的需求。

(3) 设计系统总体结构。一方面选好并明确总的开放系统体系结构的框架,设计组应有多视图多层次框架,具体形式不作统一规定;另一方面从技术的角度要明确服装企业信息化系统由哪些应用分系统与支撑分系统组成,阐明分系统划分原则、每个分系统的内涵及各分系统间的关系。

(4) 确定分系统技术方案。对根据总体结构分解所得的各个分系统,要提出具体可实现的技术方案。如分系统划分成几个子系统,其相互关联如何;管理系统、服装 CAD、CAPP、CAM 或底层调度等所需用的软件采用什么原理,是购买现成的软件产品还是要另行开发;底层制造自动化部分自动化程度提到多高才是对本企业既合理又在经济上是可行的;为此哪些设备要增添或改造,车间平面布置如何改动,质量控制与各生产环节如何配合,什么设备或软件要增添;数据库管理系统与局域网的方案如何,已有系统如何与新系统相衔接(或如何过渡);从全企业来看,应增添多少、什么样的计算机,其选型和配置要求如何等。

(5)设计系统的功能模型及技术性能指标。各部分设计内容,凡是可以提出定量的技术性能指标的,应尽可能有明确的指标。

(6)确定信息模型的实体和联系。功能模型的建模,搜集各种生产经营所需的数据信息,整理分类,确定为将来转换到关系数据库设计时所需的实体及其联系,并确定实体——联系中的主键,更深入的工作还需待详细设计时进行细化。

(7)建立过程模型或其他在体系结构中提出的模型。这对企业优化经营过程是有帮助的,是否采纳完全取决于设计组的看法。

(8)提出系统集成所需的内部、外部接口要求。各个单元之间的互联,特别是对原有企业进行改造,一定会遇到多供应商的产品如何进行信息交换的问题,这就要求具体说明各种不同的硬件设备或软件之间的接口要求,为进一步寻找解决途径明确开发任务。

(9)阐明拟采用的开发方法和技术路线。必须保证系统的可用性、可靠性、可测试性、整体性、柔性(可改变性)、可维护性以及正确响应等特性。技术路线也必须是现实可行的和经济的。

(10)提出关键技术及解决方案。这里首先要对是否是关键技术有比可行性论证更清楚的审定,进而必须提出具体的指标或技术要求,如果要进行招标来攻关,就应写出标书,如果已明确要委托某个研究单位进行研究攻关,则必须找到委托对象,明确具体要求和工作步骤。

(11)确定系统配置。就是在归纳前述总系统和分系统技术设计的基础上,列出所需物理资源软硬件设备的清单,作为投资预算的基础。

(12)预算经费。包括要引进的设备或软件。

(13)分析技术经济效益。系统的效益分成可计量的货币效益、战略效益和其他综合效益三部分。

(14)确定详细设计任务及实施进度计划。因为一般企业实施服装企业信息化系统,都是一个对原有系统的改造过程,"总体设计"可以集中力量在一定时期内完成。而下面的详细设计、实施等步骤都不能确定,只是明确其任务和大致进度的规划,供评审所用。

(15)编制有关设计报告和文档。在总体设计的基础上,细部设计是对系统方案进一步完善和具体化,对关键技术组织研究、试验。本阶段的主要工作将在分系统和子系统水平上进行,对软件开发要细化到能够开始编写程序,要完成硬件设备需要的说明书和图纸工作,数据库应逻辑设计和物理设计,完成通信网络的接口、协议、管线施工图等。

第二节　企业信息化系统需求

一、系统需求

对每个具体企业来说,经营范围、战略目标、企业属性等的不同,所实施的信息化系统也不尽相同。如果没有明确的需求和明确的目标,就难免要走弯路,造成巨大的浪费。系统需求主要是通过深入地调查和问询,评估企业的现状及所在行业的发展状况,找出企业的病症。它是企业从萌发建设动机开始,到有一份完整的需求描述并选定相应的信息化产品为止的整个过程。

那么什么是系统需求呢?

就企业信息化系统而言,需求是企业在系统建设过程中,以企业导向,为支持和实现企业目标而对业务活动和信息软件提出的各种要求。具体地,我们可以将需求分为业务需求和软件需求。其中业务需求是指在经营运作上为实现企业目标而产生的需要。业务需求的提出是在对行业发展、企业目标等方面深入研究的基础上制定出来,一般由企业的决策层给出整体思路和框架,再由需求管理人员进行细分和量化。比如,某服装企业期望明年的销售额达到2千万,准备在销售策略、投资方向、人员管理、客户分析等方面加强建设。那么,"年销售额2千万"就是目标,"销售策略、投资方向、人员管理、客户分析等方面加强建设"就是需求框架,业务需求在此基础加以细分。软件需求则是对满足业务需求的软件在功能或非功能方面提出的要求。包括软件在功能方面应具备的能力和对软件属性和软件环境属性方面的要求。参照国外企业经验,一般对软件的需求有:功能需求、性能需求、可靠性需求、检验需求、与组织有关的需求、外界提出的需求、可维护性需求、数据需求、人/机接口需求、安全和控制需求、可用性和可存取性需求、基于其他系统需要的需求、经济的需求、柔性和可重组性需求。图5-1为业务需求与软件需求之间的关系。

需求最终要以文档的形式确定下来,并且确保在整个系统建设过程中,所有参与系统建设的成员在对描述需求的词语理解上达成共识,需求管理贯穿始终。

需求是有层次性的,在系统建设过程中至少有三个层面的需求:战略层面的需求、经营层面的需求和技术层面的需求。战略层面的需求反映了组织机构或高层管理者对系统建设成果的目标要求;经营层面的需求则描述了主要执行人在方案执行过程中必须要完成的任务;技术层面的需求在信息技术方面对系统的完善、升级、集成和整合提出了需求。

二、服装企业战略与管理扫描

通过企业战略与管理扫描主要完成以下几方面工作:

(1)将企业的产品与市场领导者的产品在质量、价格、声誉、设计等消费者关注的方面进行参照对比。

(2)将企业的流程与竞争环境需求以及竞争对手在销售、供应、制造、研发、人员等方面进

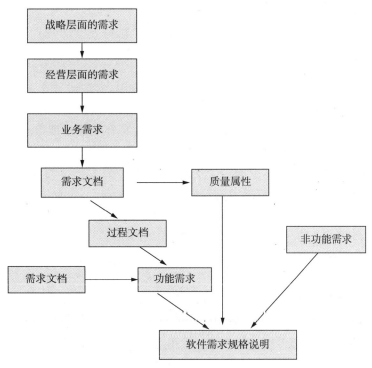

图 5-1　业务需求与软件需求之间的关系

行参照对比。

（3）弄清什么对获利最为重要。

（4）列出产品清单。分析企业在与市场增长率和市场份额相关联方面的产品所处位置。

对服装企业而言，则是要了解下述内容：

（1）对服装行业的了解。包括服装行业的历史、当前的主要倾向、影响其发展的主要障碍和限制；服装行业的主要经济技术指标性数据；标杆企业及其发展逻辑等。

（2）对服装产品及工艺的了解。包括服装产品种类、生产工艺、检验方法、特殊用语等。

（3）主要角色的研究。包括竞争对手的规模和影响；服装行业中的主要企业及其分类、市场占有率、经营成果等。

（4）服装行业结构与逻辑研究。行业逻辑指的是本行业中的企业在经营活动中表达出来的共同规律，反映了行业的活动特点。

（5）服装行业发展研究。主要研究服装行业发展前景、服装市场规律。

对于战略与管理的扫描通常采用问卷调查和访谈的方式，问题的设定主要围绕五个方面的内容：战略方面的问题、组织机构方面的问题、运营方面的问题、人力资源方面的问题和企业文化方面的问题。

三、服装企业信息管理状况调研与分析

要获得一份明确的需求，除了要与企业管理人员交谈、沟通之外，还需要针对企业的特点、

运作环境等作全面的调查和分析,最终以文档的形式固化下来。这些分析与调研包括企业外部环境分析、企业内部管理能力调研、企业信息化状况调研。

(一) 企业环境分析

企业是生存在一个自然、政治、经济相融合的大环境中,实施服装企业信息化系统是从管理模式和信息技术两方面改变企业的现状,必然带来前所未有的变革,但是这种变革决不能是盲目和冒险的,必须遵循企业的发展规律,依照企业的生存环境逐步推行。

企业外部环境一方面是指企业的整体经营环境,即生态系统,包括社会、经济、政治、文化等;另一方面是指企业作为生态系统的一个生命体,需要按照生物链的规律来竞争,为自己争得生存的空间。对于企业外部环境的分析一般从两个方面进行:企业生态系统分析和企业生物链模式分析。

企业如同自然界的生物一样,在一定的时间、区域内形成了一个生物群体,这个群体与它生存的环境因素一起构成了生态系统。这个生态系统随着企业的产生而产生,并随着企业的消亡而消亡。一般地,企业生态系统经历产生阶段、成长阶段、成熟阶段和衰亡阶段。企业的生态系统分析可以分为生物成分和非生物成分来进行。生物成分主要是企业以及与企业进行业务往来的组织团体或与企业业务开展相关联的机关单位。如供应商、消费者、投资者、税务工商机关、金融机构等。非生物成分包括社会环境、经济形势、政治形势、科技水平、就业状况、文化背景、自然资源状况等。

企业的生物链是根据"利润"或"物质"来组成整个网络。每一个企业都是企业生态系统中的一个单元,从生物链网络中吸收资源、汲取利润,并为网络中的其他单元提供产品或服务,将整个链条传递下去。企业在生物链中的关系是多种多样的,并且企业在生物链中扮演的角色还会根据不同的环境、不同的时间阶段、不同的地域甚至于针对特定的业务而改变。每个企业都是其生物链网络中的节点,分别在网络中扮演其特有角色。企业的生物链网络并不一定局限于某一地域或行业,而是根据物流、价值、利润、资源等要素来具体分析其所涵盖的领域,它是具有复杂性、交叉性与动态性的网络结构。

企业的生物链网络从不同的角度分为资源投入型、物流传递型和网络共建型三种不同的模式。资源投入型生物链是将资源作为贯穿整个生物链网络的营养要素,认为资源带动了整个生物链网络的架构与传递过程。物流传递型生物链网络是以物流作为整个网络的营养要素,以实物的流动来分析生物链网络的结构与流动过程。从原始供应商开始,物流逐级向下一层的生物链企业转移,将实物资源从供应商处传递给生产商,生产商对实物资源进行加工与利用将生产出的产品提供给销售商以及最终的客户,从而实现了物资在整个生物链网络中的流动。网络共建型企业生物链网络是指企业选择一定的合作伙伴建立战略联盟,在联盟内部实行资源共享,提高整个联盟的竞争力。企业以整个联盟的形式与外部企业进行竞争,共同争夺自然资源、客户资源与技术资源企业在其生物网络体系中会扮演不同的角色,即在这一网络体系中企业与其发生关系的生物机体与非生物成分之间的关系是不同的,在企业生物链中各环节之间的关系有竞争、兼并、合作、寄生、中性、互利、偏利、偏害等。

(二) 企业经营与市场状况分析

在企业环境分析的基础上,必须对该企业的经营和市场状况进行调研和分析,以获得切实的战略规划。

企业经营状况的调研主要包括：

（1）将企业的产品与市场领导者的产品在质量、价格、声誉、设计等消费者关注的方面进行参照对比。

（2）将企业的流程与竞争环境需求以及竞争对手在销售、供应、制造、研发、人员等方面进行参照对比。

（3）弄清什么对获利最为重要。

（4）列出产品清单。分析企业在与市场增长率和市场份额相关联方面的产品所处位置。

市场分析：

（1）客户评估。包括其实力、需求、未来合作情况。

（2）供应商。包括国内、国外供应商的情况，管理层对他们的重视度。

（三）企业综合管理能力和信息化管理现状调研

要获得明确的系统需求，还必须对企业内部的管理和信息化水平进行调研和评估，必须对企业内部现有的管理和信息化水平作充分的了解和分析。从中找到解决问题的入口和系统建设的方向。对企业综合管理能力的调研分三个步骤：

第一步：确定企业所处行业成功的关键因素。

第二步：进行业务战略分析。

第三步：根据企业信息化系统需求，有针对性地进行调研。

在调研过程中，需要细分调研目标，选取合适的样本，并要深入调研对象，保证调研结果的真实性。调研人员的工作不仅仅限于设计问卷、发放问卷、统计问卷，关键是通过调研考察公司流程、企业文化、管理体系、管理结构和管理风格。因此整个调研必须是深入细致的交流过程，不能只依赖问卷的统计结果。

信息化管理现状的调研体现了企业实施快速反应系统的基础，同时为信息技术的选型提供依据，因此十分重要。一般调研是依据表格进行，主要了解企业软硬件的运用现状、人员现状等等。

四、服装企业信息化系统需求获取

需求获取是指系统实施项目组通过访谈、问卷等形式进行调研，组织需求的收集、分析、细化并核实需求。需求获取是在问题及其最终解决方案之间架设桥梁的第一步，具体而言，需求获取的目的是：①确定需求开发过程：确定如何组织需求的收集、分析、细化并核实的步骤，并编写成文档。对重要的步骤要给予一定指导，这将有助于分析人员的工作，而且也使收集需求活动的安排和进度计划更容易进行；②编写项目视图和范围文档：项目视图和范围文档应该包括高层的产品业务目标，所有的使用实例和功能需求都必须遵从能达到的业务需求。项目视图说明使所有项目参与者对项目目标能达成共识，范围文档则是作为评估需求或潜在特性的参考。

需求获取必须建立一个对问题进行彻底探讨的环境，而这些问题与产品有关。对需求问题的全面考察需要一种技术,利用这种技术不但可以考虑问题的功能需求方面,还可讨论项目的非功能需求。

作为分析者,必须透过所提出的表面需求,探索真正需求。如果我们把企业中系统的使用者都看成客户,把信息主管、信息部门的员工和参与到项目中来的外部咨询与分析专家看作项目分析员和开发者,就可以同企业内部各个部门更好地沟通,清楚地了解需求。下述的讨论模式会有助于需求的获取:

(1)分析人员要使用符合客户语言习惯的表达需求,集中讨论业务需求和任务,因此要使用术语。

(2)询问一个可扩充的问题有助于你更好地理解用户目前的业务过程,并且知道新系统如何帮助或改进他们的工作。

(3)调查用户任务可能遇到的变更,或者用户需要使用系统其他可能的方式。

(4)要探讨例外情况:什么会妨碍用户顺利完成任务?用户如何看待系统错误情况?

(5)记下每一个需求的来源,这样向下跟踪直到发现特定的客户。

(6)有些时候,试着问一些"愚蠢"的问题也有助于客户打开话匣子。

(7)需求讨论会上必须要指定专人把所有的讨论记录下来,记录的同时还要做一定的整理。

(8)尽量理解用户用于表述需求的思维过程,流程图和决策树是描述这些逻辑决策途径的好方法。

(9)需求的获取应该把重点放在"做什么"上,同时可以使用假设"怎么做"来分类并改善你对客户需求的理解。

(10)与单个客户或潜在的用户组一起座谈,对于业务软件包或信息管理系统的应用来说是一种传统的需求来源。而直接聘请客户获取需求的过程是为项目获得支持的一种新方式。

(11)恰当地把握需求获取的重点。如果用户不能想出更多的使用实例或者用户提出新的使用实例,我们可以从其他使用实例的相关功能需求中获得这些新的使用实例;如果用户开始重复原先讨论过的问题;如果所提出的新需求比你已确定的需求的优先级都低时;如果用户提出对将来产品的要求而不是现在我们讨论的特定产品,这时也许你就完成了收集需求的工作。

五、服装企业信息化系统需求管理

著名学者 Crosby 对于质量的定义是"同需求保持统一"。从这个意义上说,需求管理正是从质量出发以确定需求。每个人都应当始终明白他们所做的具体任务意义何在。然而,在一个产品的生命周期里,其需求性是能动的,是处于变化之中的。因此,需求的管理至关重要,系统建设者必须能随时跟踪需求的变更,并对其作出相应的调整,才能保障系统最终获得满意的效果。它涉及四个方面的内容:变更控制、需求版本控制、需求跟踪和需求状态跟踪。具体地包括:

(1)明确需求并达成共识。

(2)建立关联。

（3）根据不同需求设计相应解决办法。

（4）进行系统优化。

（5）提出设计方案。

（6）监控和解决可能出现的问题以及需要做出的改变。

（7）控制不同开发项目的进展。

（8）对最终产品做出评测。

（9）监控可能出现的重复开发。

（10）提出项目实施时间表。

（11）确定最终用户界面。

变更控制过程给项目风险承担者提供了正式的需求变更响应机制。通过这些处理过程，系统建设负责人可以在信息充分的条件下做出决策。这些决策的效果是减少实施期间的成本，增加业务价值。需求变更控制必须组织一个由项目风险承担者组成的小组作为变更控制委员会，由他们来确定进行哪些需求变更，此变更是否在项目范围内，评估它们，并对此评估做出决策以确定选择哪些，放弃哪些，并设置实现的优先顺序，制定目标流程。在确定需求变更时要十分慎重，应评估每项选择的需求变更，以确定它对项目计划安排和其他需求的影响。明确与变更相关的任务并评估完成这些任务需要的工作量。变更控制过程步骤一般来说如图5－2所述。

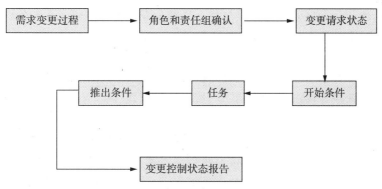

图5－2　变更控制过程的步骤

版本控制是需求管理的一个必要方面。一个项目组必须统一确定需求文档的每一个版本，每个人都必须能够得到需求的当前版本，必须清楚地将变更写成文档，并及时通知项目组所有人员。需求文档需要记录的内容包括：

（1）创建需求的时间。

（2）需求的版本号。

（3）创建需求的作者。

（4）负责批准该需求的人员。

（5）需求状态。

（6）需求的原因或根据。

（7）需求涉及的成果名称。

版本控制的最简单方法是考虑采用版本号。例如 1.0 版在进行了小的改动后将版本号变更成 1.1 版、1.2 版等等,如果改动较大,则可以将版本号变更为 2.0 版。

需求跟踪是我们确保需求管理有效性的一个方法,同时也是对需求管理有效性检测方法。跟踪能力链可以帮助跟踪一个需求使用期限的全过程。跟踪能力是优秀需求说明的一个特征,为了实现可跟踪能力,必须统一标出每一个需求,以便能明确地进行查阅。

六、服装企业信息化系统软件需求规格说明

需求分析的最终结果是形成一份完整可行的软件需求规格说明报告。依照目前通用的格式,该报告应包含以下几部分内容:

(一) 引言

引言是对这份软件产品需求分析报告的概览,是为了帮助阅读者了解这份文档是如何编写的,并且应该如何阅读、理解和解释这份文档。

1. 编写目的

说明这份软件产品需求分析报告是为哪个软件产品编写的,开发这个软件产品意义、作用、以及最终要达到的意图。通过这份软件产品需求分析报告详尽说明了该软件产品的需求规格,包括修正和(或)发行版本号,从而对该软件产品进行准确的定义。

如果这份软件产品需求分析报告只与整个系统的某一部分有关系,那么只定义软件产品需求分析报告中说明的那个部分或子系统。

2. 项目风险

具体说明本软件开发项目的全部风险承担者,以及各自在本阶段所需要承担的主要风险,首要风险承担者包括任务提出者、软件开发者、产品使用者。

3. 文档约定

描述编写文档时所采用的标准(如果有标准的话),或者各种排版约定。排版约定应该包括正文风格、提示方式、重要符号;也应该说明高层次需求是否可以被其所有细化的需求所继承,或者每个需求陈述是否都有其自己的优先级。

4. 预期读者和阅读建议

列举本软件产品需求分析报告所针对的各种不同的预期读者,例如,可能包括:

(1) 用户。

(2) 开发人员。

(3) 项目经理。

(4) 营销人员。

(5) 测试人员。

(6) 文档编写人员。

并且描述了文档中,其余部分的内容及其组织结构,并且针对每一类读者提出最适合的文档阅读建议。

5. 产品范围

说明该软件产品及其开发目的的简短描述,包括利益和目标。把软件产品开发与企业目

标,或者业务策略相联系。

描述产品范围时需注意,可以参考项目视图和范围文档,但是不能将其内容复制到这里。

6. 参考文献

列举编写软件产品需求分析报告时所用到的参考文献及资料,如可能包括:

(1) 本项目的合同书。

(2) 上级机关有关本项目的批文。

(3) 本项目已经批准的计划任务书。

(4) 用户界面风格指导。

(5) 开发本项目时所要用到的标准。

(6) 系统规格需求说明。

(7) 使用实例文档。

(8) 属于本项目的其他已发表文件。

(9) 本软件产品需求分析报告中所引用的文件、资料。

(10) 相关软件产品需求分析报告。

为了方便读者查阅,所有参考资料应该按一定顺序排列。如果可能,每份资料都应该给出:

(1) 标题名称。

(2) 作者或者合同签约者。

(3) 文件编号或者版本号。

(4) 发表日期或者签约日期。

(5) 出版单位或者资料来源。

(二) 综合描述

这一部分概述了正在定义的软件产品的作用范围以及该软件产品所运行的环境、使用该软件产品的用户、对该软件产品已知的限制、有关该软件产品的假设和依赖。

1. 产品的状况

描述了在软件产品需求分析报告中所定义的软件产品的背景和起源。说明了该软件产品是否属于下列情况:

(1) 是否是产品系列中的下一成员。

(2) 是否是成熟产品所改进的下一代产品。

(3) 是否是现有应用软件的替代品(升级产品)。

(4) 是否是一个新型的、自主型的产品。

如果该软件产品需求分析报告定义的软件系统是:

(1) 大系统的一个组成部分。

(2) 与其他系统和其他机构之间存在基本的相互关系。

那么必须说明软件产品需求分析报告定义的这部分软件是怎样与整个大系统相关联的,或者(同时)说明相互关系的存在形式,并且要定义出两者之间的全部接口。

2. 产品的功能

因为将在需求分析报告的第 4 部分中详细描述软件产品的功能,所以在此只需要概略地总结。仅从业务层面陈述本软件产品所应具有的主要功能,在描述功能时应该针对每一项需求准确地描述其各项规格说明。如果存在引起误解的可能,在陈述本软件产品主要功能的作用领域时,也需要对应陈述本软件产品的非作用领域,以利读者理解本软件产品。

为了很好地组织产品功能,使每个读者都容易理解,可以采用列表的方法给出。也可以采用图形方式,将主要的需求分组以及它们之间的联系使用数据流程图的顶层图或类图进行表示,这种表示方法是很有用的。

参考用户当前管理组织构架,了解各个机构的主要职能,将有助于陈述软件产品的主要功能。

3. 用户类和特性

确定有可能使用该软件产品的不同用户类,并且描述它们相关的特征。往往有一些软件需求,只与特定的用户类有关。描述时,应该将该软件产品的重要用户类与非重要用户类区分开。

用户不一定是软件产品的直接使用者,通过报表、应用程序接口、系统硬件接口得到软件产品的数据、服务的人或者机构也有他们的需求。所以,应该将这些外部需求视为通过报表、应用程序接口、系统硬件接口附加给软件产品的附加用户类。

4. 运行环境

描述了本软件的运行环境,一般包括:

(1) 硬件平台。

(2) 操作系统和版本。

(3) 支撑环境(例如:数据库等)和版本。

(4) 其他与该软件有关的软件组件。

(5) 与该软件共存的应用程序。

5. 设计和实现上的限制

确定影响开发人员自由选择的问题,并且说明这些问题为什么成为一种限制。可能的限制包括下列内容:

(1) 必须使用的特定技术、工具、编程语言和数据库。

(2) 避免使用的特定技术、工具、编程语言和数据库。

(3) 要求遵循的开发规范和标准,例如,如果由客户的公司或者第三方公司负责软件维护,就必须定义转包者所使用的设计符号表示和编码标准。

(4) 企业策略的限制。

(5) 政府法规的限制。

(6) 工业标准的限制。

(7) 硬件的限制,例如,定时需求或存储器限制。

(8) 数据转换格式标准的限制。

6. 假设和约束(依赖)

列举出对软件产品需求分析报告中,影响需求陈述的假设因素(与已知因素相对立)。如果这些假设因素不正确、不一致或者被修改,就会使软件产品开发项目受到影响。这些假设的因素可能包括:

（1）计划使用的商业组件，或者其他软件中的某个部件。

（2）假定产品中某个用户界面将符合一个特殊的设计约定。

（3）有关本软件用户的若干假定（例如：假定用户会熟练使用 SQL 语言）。

（4）有关本软件开发工作的若干假定（例如：用户承诺的优惠、方便、上级部门给予的特殊政策和支持等）。

（5）有关本软件运行环境的一些问题。

此外，确定本软件开发项目对外部约束因素所存在的依赖。有关的约束可能包括：

（1）工期约束。

（2）经费约束。

（3）人员约束。

（4）设备约束。

（5）地理位置约束。

（6）其他有关项目约束。

（三）外部接口需求

通过本节描述可以确定，保证软件产品能和外部组件正确连接的需求。关联图仅能表示高层抽象的外部接口，必须对接口数据和外部组件进行详细描述，并且写入数据定义中。如果产品的不同部分有不同的外部接口，那么应该把这些外部接口的全部详细需求并入到这一部分实例中。

1. 用户界面

陈述需要使用在用户界面上的软件组件，描述每一个用户界面的逻辑特征。必须注意，这里需要描述的是用户界面的逻辑特征，而不是用户界面。以下是可能包括的一些特征：

（1）将要采用的图形用户界面（GUI）标准或者产品系列的风格。

（2）有关屏幕布局或者解决方案的限制。

（3）将要使用在每一个屏幕（图形用户界面）上的软件组件，可能包括：

① 选单。

② 标准按钮。

③ 导航链接。

④ 各种功能组件。

⑤ 消息栏。

（4）快捷键。

（5）各种显示格式的规定，可能包括：

① 不同情况下文字的对齐方式。

② 不同情况下数字的表现格式与对齐方式。

③ 日期的表现方法与格式。

④ 计时方法与时间格式。

（6）错误信息显示标准

对于用户界面的细节，例如：一个特定对话框的布局，应该写入具体的用户界面设计说明中,而不能写入软件需求规格说明中。

如果采用现成的、合适的用户界面设计规范(标准),或者另文描述,可以在这里直接说明,并且将其加入参考文献。

2. 硬件接口

描述待开发的软件产品与系统硬件接口的特征,若有多个硬件接口,则必须全都描述。接口特征的描述内容可能包括:

(1) 支持的硬件类型。

(2) 软、硬件之间交流的数据。

(3) 控制信息的性质。

(4) 使用的通讯协议。

3. 软件接口

描述该软件产品与其他外部组件的连接,这些外部组件必须明确它们的名称和版本号以资识别,可能的外部组件包括:

(1) 操作系统。

(2) 数据库。

(3) 工具。

(4) 函数库。

(5) 集成的商业组件。

说明:这里所说的"集成的商业组件",是指与系统集成的商业组件,而不是与软件产品集成的商业组件。例如:中间件、消息服务,等等。

描述并且明确软件产品与软件组件之间交换数据或者消息的目的。描述所需要的服务,以及与内部组件通讯的性质。确定软件产品将与组件之间共享的数据。如果必须使用一种特殊的方法来实现数据共享机制,例如:在多用户系统中的一个全局数据区,那么就必须把它定义为一种实现上的限制。

4. 通讯接口

描述与软件产品所使用的通讯功能相关的需求,包括:

(1) 电子邮件。

(2) WEB 浏览器。

(3) 网络通讯标准或者协议。

(4) 数据交互用电子表格。

必须定义相关的:

(1) 消息格式。

(2) 通讯安全或加密问题。

(3) 数据传输速率。

(4) 同步和异步通讯机制。

(四) 系统功能需求

需要进行详细的需求记录,列出与该系统功能相关的详细功能需求,并且,唯一地标识每一项需求。这是必须提交给用户的软件功能,使得用户可以使用所提供的功能执行服务或者使用所指定的使用实例执行任务。描述软件产品如何响应已知的出错条件、非法输入、非法动作。

如果每一项功能需求都能用一项,也只需要用一项测试用例就能进行验证,那么就可以认为功能需求已经适当地进行描述了。如果某项功能需求找不到合适的测试用例,或者必须使用多项测试用例才能验证,那么该项功能需求的描述必然存在某些问题。

功能需求是根据系统功能,即软件产品所提供的主要服务来组织的。可以通过使用实例、运行模式、用户类、对象类或者功能等级来组织这部分内容,也可以用这些元素的组合。总而言之,必须选择一种是读者容易理解预期产品的组织方案。

用简短的语句说明功能的名称按照服务组织的顺序,逐条阐述系统功能。

可以通过各种方式来组织这一部分内容,例如:采用使用实例、运行模式、用户类、对象类、功能等级等,也可以采用它们的组合。其最终目的是,让读者容易理解即将开发的软件产品。一般来说,每个使用实例都对应一个系统功能,因而按照使用实例来组织内容比较容易让用户理解。

对应一些被共享的独立使用实例,可以定义一些公用系统功能。

1. 说明和优先级

对该系统功能进行简短的说明,并且指出该系统功能的优先级是:高、中、还是低。需要的话,还可以包括对特定优先级部分的评价,例如:利益、损失、费用和风险,其相对优先等级可以从 1(低)～9(高)。

2. 激励/响应序列

列出输入激励(用户动作、来自外部设备的信号或者其他触发)并且定义针对这——功能行为的系统响应序列,这些序列将与使用实例中相关的对话元素相对应。

描述激励/响应序列时,不仅需要描述基本过程,而且应该描述可选(扩充)过程,包括例外(引起任务不能顺序完成的情况称为例外)。疏忽了可选过程,有可能影响软件产品的功能;如果遗漏例外过程,则有可能会引发系统崩溃。

如果采用流程图来描述激励/响应序列,比较容易让用户理解。

3. 输入/输出数据

列出输入数据(用户输入、来自外部接口的输入或者其他输入)并且定义针对这些输入数据的处理(计算)方法,以及相应地输出数据,描述对应区别:输入数据和输出数据。

当有大量数据需要描述时,也可以分类描述数据,并且注明各项数据的输入、输出属性。

对于每一项数据,均需要描述:

(1) 数据名称。

(2) 实际含义。

(3) 数据类型。

(4) 数据格式。

(5) 数据约束。

对于复杂的处理方法,仅仅给出算法原理是不够的,必须描述详细的计算过程,并且列出每一步具体使用的实际算式;如果计算过程中涉及查表、判断、迭代等处理方法,应该给出处理依据和相关数据。如果计算方法很简单，也可以将其从略，不加描述。

（五）其他非功能需求

在这里列举出所有非功能需求，主要包括可靠性、安全性、可维护性、可扩展性、可测试性等。

1. 性能需求

阐述不同应用领域对软件产品性能的需求，并且说明提出需求的原理或者依据，以帮助开发人员做出合理的设计选择。尽可能详细地描述性能需求，如果需要可以针对每个功能需求或者特征分别陈述其性能需求。确定以下内容：

（1）相互合作的用户数量。

（2）系统支持的并发操作数量。

（3）响应时间。

（4）与实时系统的时间关系。

（5）容量需求，包括存储器、磁盘空间、数据库中表的最大行数。

2. 安全措施需求

详尽陈述与软件产品使用过程中可能发生的损失、破坏、危害相关的需求。定义必须采取的安全保护或动作，以及必须预防的潜在危险动作。明确软件产品必须遵从的安全标准、策略、或规则。

3. 安全性需求

详尽陈述与系统安全性、完整性问题相关的需求，或者与个人隐私问题相关的需求。这些问题将会影响到软件产品的使用和软件产品所创建或者使用的数据的保护。定义用户身份认证或备授权需求。明确软件产品必须满足的安全性或者保密性策略。也可以通过称为完整性的质量属性来阐述这些需求。一个典型的软件系统安全需求范例如下："每个用户在第一次登录后，必须更改他的系统预置登录密码，系统预置的登录密码不能重用。"

4. 软件质量属性

详尽陈述对客户和开发人员至关重要的在软件产品其他方面表现出来的质量功能。这些功能必须是确定的、定量的、在需要时是可以验证的。至少也应该指明不同属性的相对侧重点，例如：易用性优于易学性，或者可移植性优于有效性。

5. 业务规则

列举出有关软件产品的所有操作规则，例如：那些人在特定环境下可以进行何种操作。这些本身不是功能需求，但是他们可以暗示某些功能需求执行这些规则。一个业务规则的范例如下："进行达到或者超过 10,000 元人民币的储蓄业务时，必须通过附加的管理员认证。"

列举业务规则时，可以根据规则的数量，选取合适的编目方式。

6. 用户文档

列举出将与软件产品一同交付的用户文档，并且明确所有已知用户文档的交付格式或标准，例如：

（1）安装指南。

（2）用户手册。

（3）在线帮助。

（4）电子文档，与软件产品一同分发、配置。

（5）使用教程电子文档，与软件产品一同分发、配置。

（六）词汇表

列出本文件中用到的专业术语的定义，以及有关缩写的定义（如有可能，列出相关的外文原词）。为了便于非软件专业或者非计算机专业人士阅读软件产品需求分析报告，要求使用非软件专业或者非计算机专业的术语描述软件需求。所以这里所指的专业术语，是指业务层面上的专业术语，而不是软件专业或者计算机专业的术语。但是，对于无法回避的软件专业或者计算机专业术语，也应该列入词汇表并且加以准确定义。

（七）数据定义

数据定义是一个定义了应用程序中使用的所有数据元素和结构的共享文档，其中对每个数据元素和结构都准确描述：含义、类型、数据大小、格式、计量单位、精度以及取值范围。数据定义的维护独立于软件需求规格说明，并且在软件产品开发和维护的任何阶段，均向风险承担者开放。

如果为软件开发项目创建一个独立的数据定义，而不是为每一项特性描述有关的数据项，有利于避免冗余和不一致性。但是却不利于多人协同编写需求分析报告，容易遗漏数据，也不方便阅读。因此还是建议为每个特性描述有关的数据项，汇总数据项创建数据定义，再根据数据定义复核全部数据，使得它们的名称和含义完全一致。必须注意的是，为了避免二义性，在汇总数据项时应该根据数据项所代表的实际意义汇总，而不是根据数据项的名称汇总。

在数据定义中，每个数据项除了有一个中文名称外，还应该为它取一个简短的英文名称，该英文名称应该符合命名规范，因为在软件开发时将沿用该英文名称。可以使用等号表示数据项，名称写在左边，定义写在右边。常见数据项的描述方式如下：

1. 原数据元素

一个原数据元素是不可分解的，可以将一个数量值赋给它。定义原数据元素必须确定其含义、类型、数据大小、格式、计量单位、精度以及取值范围。采用以星号为界的一行注释文本，描述原数据元素的定义。

2. 选择项

选择项是一种只可以取有限离散值的特殊原数据元素，描述时一一枚举这些值，并用方括号括起来写在原数据元素的定义前。在两项离散值之间，使用管道符分隔。

3. 组合项

组合项是一个数据结构或者记录，其中包含了多个数据项。这些数据项可以是原数据元素，也可以是组合数据项，各数据项之间用加号连接。其中每个数据项都必须是数据定义中定义过的，结构中也可以包括其他结构，但是绝对不允许递归。如果数据结构中有可选项，使用圆括号把该项括起来。

4. 重复项

重复项是组合项的一种特例，其中有一项将有多个实例出现在数据结构中，使用花括号把该项括起来。如果知道该项可能允许的范围,就按"最小值:最大值"的形式写在花括号前。

(八)分析模型

这是一个可选部分,包括或涉及到相关的分析模型,例如:

(1)数据流程图。

(2)类图。

(3)状态转换图。

(4)实体—关系图。

(九)待定问题列表

编辑一张在软件产品需求分析报告中待确定问题时的列表,把每一个表项都编上号,以便跟踪调查。

七、案例:需求报告

需求报告的内容与格式如下。

1 引言

1.1 编写目的

依据在线商店需求说明书,对在线商店的结构进行概要设计,明确模块划分和界面设计,概要设计面向建设在线商店的系统程序员,帮助程序员安排开发计划。

1.2 背景

本项目作为软件文档写作课程工程作业,由本工作小组完成。本软件系统名称定为服饰商店,需要得到服务器软件,数据库软件的配合进行工作。系统面向服饰销售行业和在线购物。

1.3 定义

➢ Internet:是由横跨全球的各种不同类型的计算机网络连接起来的一个全球性的网络。

➢ 页面:使用浏览器浏览到的网页,包含了各种类型的信息,实现了某个特定功能。

➢ Internet Explorer:简称 IE,Micorsoft 公司推出的免费浏览器。

➢ PC:Personal Computer 的简称,意为个人计算机。

➢ 店长:系统的管理员,管理系统的所有业务。

➢ 商品序列号:每个商品具有的唯一的不同于其他任何商品的一串数字,有 11 位。

➢ Java:一种面向对象的程序设计语言。

➢ JDK:Java Developer's Kit,意为 Java 开发工具包,它是一种用于构建在 Java 平台上发布的应用程序、Applet 和组件的开发环境。

➢ Tomcat:是一个可以开放源代码,运行 JSP Web 应用软件的的 Web 应用软件容器。

➢ UID:uerID,记录用户名。

➢ PID:productID,记录商品序列号。

1.4 参考资料

《需求分析》

2　总体设计

2.1　运行环境

2.1.1　硬设备

本系统服务端可以运行在 PC 的 Windows98/2000/Xp,Linux 操作系统上,系统最低配置要求为 Pentium 133/32M 内存/VGA 256 色显示卡/100M 硬盘空间,推荐配置要求为 Pentium 4 2.4G/256M 内存/GF4 MX440/1G 硬盘空间。

浏览器端使用的浏览推荐为 IE 5.0 或以上版本。

2.1.2　支持软件

【服务端】

操作系统:Windows98/2000/XP,Linux 均可。

服务器:Tomcat6。

数据库:Microsoft SQL Server 和 JDBC 驱动。

程序语言编译系统:JDK1.6。

浏览器:IE 5.0 或以上版本。

【客户端】

浏览器:IE 5.0 或以上版本。

2.2　结构(图 5-3)

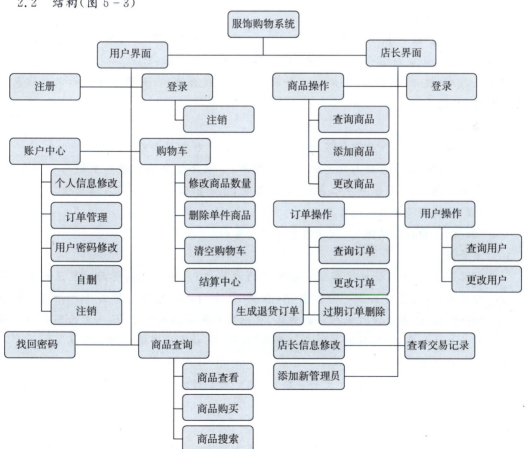

图 5-3　系统结构图

2.3 功能需求与程序的关系

2.3.1 用户界面

2.3.1.1 注册

点击主页面的"注册"按钮。填写注册内容,包括用户名、密码、真实姓名、身份证号码、性别、电子邮箱、联系电话、省份、设置密码遗失的提示问题及答案。

点击"提交"按钮,系统检测用户填写信息的合法性和用户名的唯一性。

➤ 信息合法,信息写入数据库,页面自动跳转到主页面,同时系统发送确认信件给用户填写的邮件地址,此信件包含数据库里系统随机生成的用户密码。

➤ 信息不合法,系统提示填写信息错误,并清空填写框,用户可重新填写相关信息。

点击"重置"按钮可以清除已经填写的内容,重新填写。

点击"取消"按钮返回到主页面,取消注册。

2.3.1.2 登录

在主页面登录的对话框中输入用户名和密码。

点击"登录"按钮。系统对输入的信息跟数据库里的用户信息进行比对,如果符合,则页面跳出登录成功信息,返回主页面。反之页面跳出错误信息,返回主页面。

登录成功后,登录框的位置出现欢迎信息和从 UID 得到的用户名以及"注销"按钮。

点击"注销"按钮,购物车清空,将相应表从数据库里删除;UID 数值置空;返回主页面。

2.3.1.3 账户中心

点击主页面的"账户中心"图标进入账户中心页面。根据 UID 里的用户名从数据库读取用户信息,若 UID 为空则跳出"请先登录"对话框,跳回到主页面;UID 不为空,但若用户在数据库里无法找到,显示出错信息并跳回主页面,若 UID 值合法,在页面直接显示用户信息,左边操作按钮包括:

➤ 个人信息修改
  ● 从数据库读取个人信息并显示,可修改除用户名和密码以外的所有信息。
  ● "修改信息"按钮将读入信息做合法性判断,如果合法则将数据库里的用户信息更新为新信息,跳转到账户中心页面;若不合法,显示出错信息,停留在信息修改页面。
  ● "重置"按钮清除输入的信息。
  ● "取消"按钮取消该操作,跳转到账户中心页面。

➤ 订单管理
  ● 根据 UID 信息到数据库查询到该用户的订单信息,并显示到页面。显示内容包括:订单号,订单生成时间。分页显示,每页 20 个订单。每个订单后面包括两个按钮:"详情"按钮,查看该订单含有的商品,可以对单件商品做修改,按确定后写入数据库,例如删除该商品、修改购买数量;"删除"按钮,从数据库删除该订单信息。

➤ 用户密码修改
  ● 输入旧密码和重复输入 2 次新密码,按确定后完成修改,将新密码写入数据库覆盖旧密码。

➤ 自删
  ● 用户删除自己的账号。按自删后,从数据库删除相应信息,包括未完成订单和用户所有信息，操作完成后将 UID 置空，并跳转到主页面。

➢ 注销

● 功能同 2.4.1.2 里的注销。

2.3.1.4　购物车

点击主页面的"购物车"图标或者按"购买"按钮进入购物车页面。

（1）按主页面的"购物车"图标进入购物车界面

根据 UID 里的用户名从数据库读取用户信息，若 UID 为空则跳出"请先登录"对话框，跳转到主页面；UID 不为空，但若用户在数据库里无法找到，显示出错信息并跳回主页面，若 UID 值合法，到数据库表查询当前该用户的购物车里所有信息并显示，若该表不存在说明购物车为空，则显示空信息。

（2）按"购买"图标进入购物车页面

经过购买按钮功能处理后成功进入购物车界面后，根据 UID 里的用户名从数据库读取用户信息，若 UID 为空则跳出"请先登录"对话框，跳转到主页面；UID 不为空，但若用户在数据库里无法找到，显示出错信息并返回主页面（该用户已被退出），若 UID 数值合法，到数据库表查询当前该用户的购物车里所有信息并显示。

根据 PID，从数据库得到该商品信息，添加到购物车中，并且数量初始为 1。并将金额加到原来的总计金额上。

看到购物车的信息后可做的操作为：

➢ 修改单件商品的购买数量

● 在输入框中输入商品的购买数量，点击"确认"按钮，系统判断数值大于 1，则到数据库读取该商品库存数量，若超过库存数量则提示信息不合法，购买数量变为原来的数量。如果合法，更新成功。

➢ 删除购买的单件商品

● 点击"删除"按钮，跳出提示框提示是否删除该商品。点击"确认"，在数据库的购物车表中删除该商品信息，并重新读取购物车信息显示到页面；点击"取消"放弃该操作。

➢ 清空购物车

● 点击"清空购物车"按钮，跳出提示框提示是否清空购物车，点击"确认"删除数据库相应的购物车表，页面显示购物车为空；点击"取消"放弃该操作。

2.3.1.5　找回密码

点击主页面的"找回密码"图标，跳转到相应页面，填写用户名，系统根据用户名拿到数据库里的该用户的密码遗失问题，用户需回答注册该问题。将回答和数据库里的答案对比，如果匹配正确，用户密码将会发送到用户电子邮箱；若注册用户仍然无法找回密码，需要与管理员联系，采取进一步的验证身份的方式。

2.3.1.6　商品操作

➢ 商品查看

可以通过主页面上的分类信息查看某一大类的商品，也可以通过点击某一商品的图片或是名称跳转到该商品的详细信息页面。从数据库得到该商品的详细信息，包括商品名称、价格、规格、详细介绍和购买按钮。

➢ 商品购买

点击"购买"按钮购买商品。若 UID 为空则跳出"请先登录"对话框；UID 不为空并在数据库中能查询到，购买物品后将数据库里的库存减 1，然后跳转到购物车界面。

➢ 商品搜索

主页面的查询输入框中可输入商品名称中包含的关键字，按"搜索"按钮，系统根据关键字到数据库中查询商品名中包含此关键字的商品，并且按照价格范围查询相应商品。然后显示查询结果的商品或者显示没有查询到结果。

2.3.2 店长界面

2.3.2.1 登录

在后台登录界面，在登录框里填写店长账号和密码或者管理员账号和密码，系统到数据库里对比信息，若匹配就进入了管理界面；否则跳出出错信息并清空输入框中密码。

2.3.2.2 商品操作

➢ 查看所有商品

店长或管理员点击店长主页面上的"查看所有商品"查看所有商品的信息，信息包括：商品名称，ID，价格，存货量，类别。

- 点击"查看"查看某商品的详细信息，详细信息包括商品名称、ID、价格、存货量、商品说明、照片、类别。点击"更改"跳转到"更改商品"页面，可做对 ID 号修改以外的所有修改。点击"删除"删除该商品。
- 点击"更改"跳转到"更改商品"页面，可做对 ID 号修改以外的所有修改，按"确定"以后写入数据库。
- 点击"删除"删除该商品。建议在删除商品的时候确定所有该商品的订单都已经发货（可用查询订单功能实现）。删除商品将数据库里的商品信息删除。

➢ 查询商品

店长或管理员点击店长主页面上的"查询商品"跳转到商品查询页面，通过输入商品名称中包含的关键字查询商品的详细信息。从数据库中查询包含关键字的所有商品，显示商品详细信息，每条信息后面包含"更改"与"删除"按钮。分页显示，每页 10 条信息。

➢ 添加商品

店长或管理员点击店长主页面上的"添加商品"进入商品添加页面。商品的 ID 号是自动生成的（递增），其余的商品相关信息都需要填写，包括名称、价格、规格、存货、介绍、照片（需要上传）、类别。然后按"确定"按钮写入数据库，跳转到店长主页面。点击"重置"按钮清除填写的内容，重新填写。

➢ 更改商品

店长或管理员点击店长主页面上的"更改商品"跳转到商品修改页面，通过输入商品 ID，根据商品号到数据库查询该商品的详细信息。可以修改除 ID 号之外的所有信息，包括名称、价格、规格、存货量、介绍、照片、类别。点击"确认更新"按钮将新信息写入数据库，完成商品信息的更新。

2.3.2.3 用户操作

➢ 查看所有用户

店长或管理员点击店长主页面上的"所有用户"进入用户信息查看页面。显示所有在数据库中的用户信息,显示的信息包括用户名、密码、email 地址、真实姓名、电话。每条信息后有"更改"和"锁定"按钮。

➤ 查询用户

店长或管理员点击店长主页面上的"查询用户"进入用户信息页面,输入关键字,系统在数据库里查询用户名里包含该关键字的用户,显示用户信息查用,分页显示,每页 20 个用户。每条信息后有"更改"和"锁定"按钮。

- 更改用户:点击"更改"按钮;可更改用户密码。修改后按确定写入数据库。
- 锁定用户:点击"锁定"按钮,可锁定用户账号,写入数据库,若账号被锁定则无法登录主要用于用户账号被盗。

2.3.2.4 订单操作

➤ 查看所有订单

店长或管理员点击店长主页面上的"所有订单"进入订单查看页面。数据库返回所有未发货的订单信息,页面显示订单的信息包括:订单号,用户名,商品种类,支付总金额,配送方式,是否支付,是否配送。

- 点击"查看"按钮查看该订单中商品的详细信息。包括商品 ID,单件购买数量,支付总金额。
- 点击"更改"跳转到订单更改页面。

➤ 查询订单

店长或管理员点击店长主页面上的"查询订单"进入订单查询页面,根据订单号或是用户名或者是商品名(支持模糊查询),系统到数据库查找相应订单,另外支持查看已经支付的订单相关信息。点击"确认"显示返回的所有订单信息,分页显示,每页 20 条信息。每条信息后面包含"查看"和"更改"按钮。

➤ 更改订单

店长或管理员点击店长主页面上的"更改订单"进入订单更改页面,输入订单号,系统选择该订单号的订单,并显示其信息。该页面显示订单中商品的信息,可以修改除订单号以外的所有订单相关信息,包括订单用户名、商品种类、单件商品 ID 及数量、支付总金额、配送方式、是否支付、是否配送。修改是否配送这项的时候,如果是修改为配送则自动转换为交易纪录,当前时间记为交易记录时间,在查询订单中不可见,可使用查看交易纪录功能查看信息。并且同时发送电子邮件给用户告之订单已经发货,电子邮件里包含订单信息和注意事项(超过应到时间未到货,请联系店长)以及店长联系方式。

➤ 过期订单删除

店长或管理员点击店长主页面上的"过期订单删除"进入过期订单删除页面,显示数据库中所有订单生成时间和现在超过 15 天仍未支付的订单信息,按"删除"清除所有过期订单,在数据库里清除所有订单信息。(要求店长每天查看)

➤ 生成退货订单

当配送到用户,用户当时没发现一些质量问题,商品在 7 天之内退货,生成退货订单;如果超过时间,则不能退货。

2.3.2.5　查看交易记录

店长点击店长主页面上的"交易记录"进入交易记录查看订单生成时间,交易成功时间,商品相关信息,收件人相关信息,交易金额,订单号等。交易时间即为发货时间,也就是修改"是否配送"项的日期。

2.4.2.6　添加新管理员

点击店长主页上的"添加新管理员"的按钮,跳转到新管理员添加页面。需要填写的内容包括账号、密码、身份证号码等;并且需要设置管理权限。按确定后将信息写入数据库,管理权限采用打勾选择方式。

2.3.2.7　店长信息修改

店长可以通过按"修改店长信息"按钮,跳转到修改页面,修改店长联系方式等信息,按确定后写入数据库。这部分信息也就是显示在主页面下方的"联系我们"对应的网页中的信息。

2.4　人工处理过程

说明在本软件系统的工作过程中不得不包含的人工处理过程(如果有的话)。

➤ 店长界面:
- 过期订单删除功能:需要店长人工将过期订单删除。
- 商品删除功能:需要店长事先手工查询是否还有涉及该商品的订单存在。

➤ 用户界面:
- 找回密码功能:若无法通过此功能拿回密码(比如,忘记了密码遗失问题的答案),则需要进一步通过电子邮件或者电话跟店长联系。

2.5　尚未解决的问题

尚无。

3　接口设计

3.1　用户接口

本软件属于购物商店,只需要用户输入适当的数据即可,不需要特殊命令。

3.2　外部接口

➤ 软件接口

服务端

本软件需要 TOMCAT 服务器、Microsoft SQL Server 数据库、JDK 和 JDBC 驱动的支持。

本软件需要通过 TOMCAT 服务器实现网站页面的正确显示;通过 JDBC 驱动连接 Microsoft SQL Server 数据库,实现网站页面与数据库数据之间的交互;需要 JDK 支持页面中的 JAVA 技术。

客户端

无特殊需要支持的软件,只需要安装有浏览器即可。

➤ 硬件接口

只要电脑配置正常运行,电源正常。

3.3　内部接口

只要网页之间的跳转关系及需要传递的参数正常。

3.3.1　用户操作界面

3.3.1.1　注册

用户点击主页面上的"注册"图标,跳转到注册页面。

用户填写的内容包括用户名(UserID),密码(Password),真实姓名(UserName),身份证号码(IdentityID),性别(Sex),电子邮箱(Email),联系电话(Phone),省份(Province),设置密码遗失的提示问题及答案。提交之后,系统将首先检查所填写内容的合法性。若合法,这些填写的内容将作为参数,传递到新用户生成页面(createuser.jsp)。由该页面将新用户的相关信息存储在数据库中,同时,系统将随机产生该新用户的初始密码,并将该密码发送到新用户的邮箱中。

3.3.1.2　登录

打开主页面,在用户名与密码输入框中填写相关信息。若信息合法且正确,则该用户登录成功。同时,需要把该用户的用户名(UID)放入页面的 session 中,作为参数传递到需要的页面。

3.3.1.3　帐户中心

用户点击主页面的"帐户中心"图标进入用户信息管理页面(accountcenter.jsp)。需要传递的参数为用户名(UID),该参数存放在页面 session 中。

可以进行的操作包括以下五种:

➢ 个人信息修改

点击"个人信息修改"图标进入个人信息修改页面(userinfo.jsp)。在该页面除用户名外的所有信息将作为参数,传递给隐藏页面(modifyuser.jsp)修改数据库内容。

➢ 订单管理

点击"个人信息修改"图标进入订单管理页面(orderinfo.jsp)。在该页面可以删除订单或修改订单内容。

➢ 用户密码修改

点击"用户密码修改"图标进入用户密码修改页面(changePW.jsp)。填写旧密码(PWold)及新密码(PWnew),并重复确认。可重新设置密码问题(PWQuestion)及答案(PWAnswer)。系统验证填写的内容合法有效之后,将新密码与密码问题及答案(若重新设置)作为传递的参数,更新数据库的相关用户密码信息。

➢ 自删

点击"自删"图标,将 session 中的用户名(UID)作为参数传递给隐藏页面(suicide.jsp)删除数据库中与该用户名相对应的用户信息。

➢ 注销

点击"注销"图标,退出登录。

3.3.1.4　购物车

用户点击主页面上的"我的购物车或购买"图标进入购物车页面(shoppingbag.jsp)。在该页面中能够进行如下操作:

➢ 修改单件商品的购买数量

修改商品数量输入框中的数据,验证合法后,将其作为参数传送到隐藏的修改页面

(modifynumber.jsp)对数据库做相应的修改,然后自动跳回购物车页面。

> 删除购买的单件商品

点击"删除"按钮,将需要删除的商品名(ProductName)作为参数传递给隐藏页面,(deleteproduct.jsp)删除数据库中的相关购物车信息。

> 清空购物车

点击"清空购物车"图标,将 session 中的用户名(UID)作为参数传递给隐藏页面,(cleanshoppingbag.jsp)删除数据库中存在的该用户的购物车信息。

> 结算中心

点击"去结算中心"按钮,页面跳转到订单生成页面。该页面根据 UID 信息,到数据库查询该用户的购物车的信息并显示以下内容:购买的商品信息(不可修改);收货人信息,即从数据库选择用户信息显示(可选择"非本人收货"来更改收货人信息,默认不选择此项);配送方式选择,其中配送方式包括普通邮寄(邮寄费 8 元)和快递(邮寄费 15 元)。

点击"生成订单"按钮生成订单,写入数据库,跳转到订单信息显示页面;点击"取消"放弃该操作。

点击"非本人收货"按钮填写临时收货人信息,包括:真实姓名,联系电话,省份,邮寄地址,邮政编码。点击"生成订单"按钮生成订单,写入数据库跳转到订单信息显示页面;点击"取消"放弃该操作。

点击"确定",系统则自动将订单生成时间信息,商品信息,货物收件人信息,注意事项(15 天订单过期等),以及付款方式发给用户的电子邮件。然后跳回主页。

点击"继续购物"图标,页面跳转到主页面,点击"去结算中心"图标,页面跳转到订单生成页面(oder.jsp)。

3.3.1.5 订单生成

在购物车页面(shoppinbag.jsp)点击"生成订单"图标,将用户名(UID),商品 ID(ProductID),购买数量(ProductNum),配送方式(Delivery),总金额(Sum)做为参数传递给隐藏页面(createorder.jsp)完成数据库中相关订单的生成操作。完成后,页面自动跳转到订单信息显示页面(orderinfo.jsp),告知用户订单已经生成。

点击"非本人收货"按钮填写临时收货人信息,包括真实姓名、联系电话(Phone)、省份(Province)、邮寄地址(Address)、邮政编码(PostCode)。点击"生成订单"按钮,将以上填写的信息作为参数传递给隐藏页面(createorder.jsp)完成数据库中相关订单的生成操作。完成后,页面自动跳转到订单信息显示页面(orderinfo.jsp),告知用户订单已经生成。

点击"取消"放弃订单生成操作,页面跳转到购物车页面(shoppinbag.jsp)。

3.3.1.6 找回密码

点击主页面的"找回密码"图标,跳转到相应的密码找回页面(findPW.jsp)。回答注册时设置的密码遗失问题,如果回答正确,返回用户密码;若注册用户仍然无法找回密码,需要与管理员联系,采取进一步的验证身份的方式。

3.3.2 店长管理界面

用店长或管理员帐号登录店长主页面后,能进行以下类型的操作。

3.3.2.1 商品操作

➢ 查看商品

店长或管理员点击店长主页面上的"查看商品",进入店长商品查看页面(admin_productinfo. jsp)。可对商品进行"查看""更改""删除"操作。

➢ 查询商品

店长或管理员点击店长主页面上的"查询商品",进入店长商品查看页面(admin_searchproduct. jsp),输入商品名称中包含的关键字查询商品信息。将输入的内容作为传递的参数,查询数据库中的相关商品信息。

➢ 添加商品

店长或管理员点击店长主页面上的"添加商品",进入商品添加页面(admin_addproduct. jsp)。添加除 ID 号之外的所有信息,包括价格(Price)、规格(Standard)、存货(Stock)、介绍(Intro)、照片(需要上传)(URL)、类别(Class),将输入的信息作为传递的参数,更新数据库的相应信息。

➢ 更改商品

店长或管理员点击店长主页面上的"更新商品",进入商品更改页面(admin_updateproduct. jsp)。通过输入商品 ID 查询商品的现有信息,可修改除 ID 号以外的所有信息。将修改过的信息作为传递的参数,更新数据库中该商品的相关信息。

3.3.2.2 订单操作

➢ 过期订单删除

店长或管理员点击店长主页面上的"过期订单删除",进入过期订单删除页面(admin_deleteorder. jsp)。凡是距今生成日期超过 15 天,还没有支付的订单,将予以删除。将订单号(OrderID)作为传递的参数,删除数据库中相关的订单信息。

➢ 更改订单

店长或管理员点击店长主页面上的"更改订单",进入订单更改页面(admin_updateorder. jsp)。可根据订单号查看相关订单的信息。可修改除订单号,用户名,总金额及订单生成时间以外的所有信息,包括订单用户名(UserID)、单件商品 ID(ProductID)及数量(ProductNum)、支付总金额(Sum)、配送方式(Delivery)、是否支付(IsPaied)、是否配送(IsDelivery),将修改过的信息作为传递的参数,更新数据库中该订单的相关信息。

➢ 订单查询

店长或管理员点击店长主页面上的"查询订单",进入订单查询页面(admin_orderinfo. jsp)。可通过输入订单号或是用户名查询相关订单信息。将输入的信息作为传递的参数,查询数据库中的相关订单信息。

3.3.2.3 用户操作

➢ 更改用户

店长或管理员点击店长主页面上的"更改用户",进入用户信息更改页面(admin_updateuser. jsp)。

只能更改用户的密码。

➢ 查询用户

店长或管理员点击店长主页面上的"查询用户",进入用户信息查询页面(admin_

searchuser.jsp)。输入用户名中包含的关键字查询用户的信息。将输入的信息作为传递的参数,查询数据库中的相关用户信息。

3.3.2.4 添加新管理员

店长点击店长主页上的"添加新管理员",跳转到新管理员添加页面(admin_addnewadmin.jsp)。需要填写的内容包括帐号(AdminID),密码(Password);设置管理权限,有商品操作权限(ProductEdit),用户操作权限(UserEdit),订单操作权限(OrderEdit),在相应的权限旁打勾表示授予。将输入的信息作为传递的参数,更新数据库中的相关管理员信息。

3.3.2.5 查看交易记录

店长点击店长主页面上的"交易记录",跳转到交易记录查看页面(admin_recordinfo.jsp)。通过订单号(OrderID),用户名(UserID)或交易成功时间(DealSucceedTime)查看关于交易记录的详细信息。

3.3.2.6 修改店长信息

店长点击店长主页面上的"修改店长信息",跳转到店长信息修改页面(admin_admininfo.jsp)。可修改店长的联系方式等信息,将修改的信息作为传递的参数,更新数据库中的相关店长信息。

4 运行设计

4.1 运行模块组合

4.1.1 用户操作界面

4.1.1.1 登录用户购物

用户必须在注册且登录之后才能够选购商品。

运行模块组合为:登录,新用户注册,选购商品等操作。所经历的页面包括主页面,注册页面,其他页面。

4.1.1.2 未登录用户购物

未注册的用户或是注册的未登录的用户不能够选购商品。

运行模块组合为:选购商品,登录,注册,继续选购商品等操作。所经历的页面包括主页面,商品信息显示页面,注册页面,其他页面。

4.1.1.3 购物生成订单

放在购物车中的订单需要生成订单才能结算,该运行模块的前提条件是用户已经登录。

其组合为:选择商品,确定购买,确定生成订单。所经历的页面包括主页面,登录页面,商品信息显示页面,购物车页面,订单生成页面,订单信息显示页面。

4.1.1.4 购物不生成订单

由于可能的突发时间导致用户无法为购物车中的商品生成订单,该运行模块的前提条件是该用户已经登录。

其组合为选择商品,确定购买,未确定生成订单。所经历的页面包括主页面,登录页面,商品信息显示页面,购物车页面,订单生成页面(未确定生成订单)。

4.1.2 店长管理界面

店长管理界面下,各个操作各自独立性同样较高,不需要特定的运行模块。

所有的运行模块都需要 TOMCAT 服务器、Microsoft SQL Server 数据库、JDK 和 JDBC

驱动的支持。

　5　系统出错处理设计(表5-1)

表5-1　系统出错处理设计

类别	发生情况	系统输出信息	处理方法
用户注册	用户想注册的用户名已经存在	在注册表单上输出"该用户名已经存在"提示	返回在注册页面,用户更改想注册的用户名
	用户没有将必要的注册信息填写完全	输出"请填写完整的注册资料"提示	返回在注册页面,用户要将个人注册信息填写完整
	电子邮件格式不正确	输出"电子邮件格式不正确"	返回注册页面,用户重新输入Email
用户登录	用户输入的用户名不存在	输出"该用户名不存在"	返回用户登录页面,用户重新填写登录用户名和密码
	用户输入的用户密码不正确	输出"用户密码不正确"	返回用户登录页面,用户重新填写登录用户名和密码
购物车	想加入购物车的商品库存为0	输出"抱歉,当前该商品没有库存"	返回上一页面
	去结算中心时购物车内没有商品	输出"无法生成订单,请先选定商品"	停留在购物车页面
	想要购买的商品数量超过库存	输出"购买数量超过库存"	该种商品购买数量设为1
用户信息修改	用户没有将必要的注册信息填写完全	输出"请填写完整的注册资料"提示	停留在修改页面,用户要将个人注册信息填写完整
未登录	未登录用户试图进入购物车,帐户中心	输出"请先登录"	返回主页面
用户密码修改	用户提供错误的当前密码	输出"当前密码不匹配,请重新输入"	返回密码修改页面
	用户未提供新设定密码	输出"请指定新密码"	返回密码修改页面
个人订单处理	确认订单时所有必需选项(如邮寄地址)没有填写完整	输出"订单信息不完整,请重新填写"	返回订单生成的页面

类别	发生情况	系统输出信息	处理方法
店长添加商品信息	没有填写所有必要的商品信息	输出"商品必要信息不完整，请重新填写"	返回添加商品页面
	商品库存数为负数或者小数或者不为正整数	输出"商品库存数量格式不正确"	返回添加商品页面
	商品价格不为数字或者小数精度过高	输出"商品价格格式不正确"	返回添加商品页面
店长更改商品信息	没有填写所有必要的商品信息	输出"商品必要信息不完整，请重新填写"	返回更改商品页面
	商品库存数为负数或者小数或者不为正整数	输出"商品库存数量格式不正确"	返回更改商品页面
	商品价格不为数字或者小数精度过高	输出"商品价格格式不正确"	返回更改商品页面
店长登录	输入的店长帐号不存在	输出"该店长帐号不存在"	返回店长登录页面
	输入的店长密码不正确	输出"店长密码不正确"	返回店长登录页面
店长更改用户信息	没有填写所有必要的用户信息	输出"用户必要信息不完整，请重新填写"	返回更改用户页面
	电子邮件格式不正确	输出"电子邮件格式不正确"	返回更改用户页面，店长重新输Email
	邮寄地址少于 10 个字符	输出"请填写详细的邮寄地址"	返回更改用户页面，店长重新输入详细的邮寄地址
店长更改订单	确认订单时所有必需选项（如邮寄地址）没有填写完整	输出"订单信息不完整，请重新填写"	返回店长更改订单的页面
	更改后某种商品的数量超过库存	输出"购买数量超过库存"	该种商品购买数量设为 1
店长信息修改	没有填写完整所有的信息	输出"请填写完整的资料信息"	返回店长信息修改页面

第六章　服装企业信息化绩效评价

授课重点:本章节阐述企业信息化绩效的内容及评估方法,促进学生对企业信息化工程的完整认识和理解,重点阐述企业信息化绩效评估指标。

知 识 点:企业信息化绩效评估指标的建立。

思考问题:1) 企业信息化绩效包含哪些内容?

　　　　　　2) 企业信息化绩效评估指标建立的依据是什么?

第一节　企业信息化绩效概述

一、企业信息化绩效的概念

"绩效"一词来源于英文"Performance",不仅指某一执行过程的表现也指该过程的产出结果。

1985 年,Srinivasan 认为企业信息化绩效即为 IT 的有效性。有效性是企业信息系统为企业带来的各方面利益的数值表现,它客观地反映出信息系统预期与实际运行后的差别。信息系统的有效性一般利用三个常用的度量标准来进行衡量:决策性能、系统利用率和用户满意度。2002 年,蒙肖莲将信息化价值认识问题的争论从三个角度进行了划分:即 IT 对生产力的影响、企业收益的影响以及对消费者剩余的影响。2005 年,方卫国、陈凤荣认为企业信息化绩效是系统—用户—商业三维价值共同作用的结果,可用一个四面体形象描述。企业信息化价值的三个维度分别对应四面体的三个侧面,底面表示应用的具体情景,如特定的组织及其运行环境。三个侧面的交互形成了四面体的形状和体积,对应信息化价值的不同构成形态和价值大小。

对信息化绩效研究最多的来自对"IT 生产力悖论"问题的研究。1987 年,诺贝尔经济学奖获得者 Robert Solow 在考察了美国国民经济效益后提出对信息技术的质疑,他在 1987 年 7 月 22 日《纽约时报书评》(NewYorkTimesBookReviev)上撰文指出"我们处处可见计算机时代已经到来的证据,除了关于生产率的统计数据"。从此之后,人们把在实际测度中表现出来的这种"高速的 IT 投资与缓慢增长的生产率"矛盾的关系称为"rr 生产率悖论"。国内外大量学者 Btynjolfsson(1993 年),Landauer(1995 年),PaulBelleflamme(2001 年),LindaChang(2004 年),AhituvNiv 和 GreensteinGil(2005 年),WinstonT. Lin(2006 年),周先波(2003 年),彭赓(2004 年),金世伟(2006 年)等从实证、理论角度对这一现象进行了广泛研究,并分析

论证了该现象产生的原因。经过众多学者的研究总结,"IT 生产力悖论"产生的原因可以归结如下:

(1)度量方法的问题,即度量产生了偏差或错误。传统的生产力计算方式都是通过基于给定的输入来计算输出,但此方法不能反映出信息技术对其他经济产出的改善,如服务反应的敏捷、商业信息的快捷获取等。

(2)绩效滞后问题,即对 rr 的投资并不能在短时间内显现绩效。有研究表明 ERP 项目的收益在 3~5 年才能收到回报。

(3)收益再分配问题,即 rr 应用带有大量隐性收益和战略收益,这些收益很难量度。行业内首先应用 IT 的企业可以获得更大的市场份额等竞争优势,随着 lT 在行业内的普及,rr 的应用成为竞争的门槛,增加了新进入者的难度,整个行业得到提升。这种收益是很难反应在企业自身收益中的。

(4)管理和人为问题,即信息技术与企业业务流程是逐渐匹配融合的过程。若信息技术的应用没有和企业业务流程相匹配、融合,就不能发挥其真正价值。再加上学习、适应等人为问题和 rr 管理制度的不完善问题,导致系统效率低下与其投入不相称。

纵观前述研究,企业信息化绩效是指在一定时期内企业通过信息化投资所产生的整体绩效或成果,即企业在一定时期内综合利用信息技术从事生产经营管理活动所取得的收益。企业信息化绩效的表现形式是多方面的,有形的如企业销售收入、投资报酬率的提高和其他一些无形资产价值的变动,如工作效率的提高、客户满意度的增加等。同时还包括信息化对企业未来发展潜力的支撑作用和影响。企业信息化绩效的获得并非完全来自技术本身,虽然技术一直在革新,但技术绩效并不等于实际性收益。通过分析可以得出企业信息化绩效有以下特点:

(1)长期性

即企业信息化绩效的显现是与企业业务流程匹配融合程度、人员的培训、管理制度的完善以及组织结构等的变革等密切相关的,由此信息化的收益是滞后的。

(2)间接性/模糊性

信息化绩效大部分为隐性收益,战略收益。相对于传统建设项目的回报不能用"归结为效益的货币形态"来度量,很难用传统直接收益方法来衡量。

(3)复杂性

信息化绩效不仅仅是技术的价值,还包括和业务融合所产生的更大的价值。而这部分价值是 rr 部门和其他业务部分共同协作努力的结果,是一个合集。很难说清哪些是由单纯的信息化带来的,谁的贡献更大一点。

正是由于企业信息化绩效所具有的长期性、模糊性、复杂性等特点决定了对其进行评估的难度和复杂,至今国内外的大量学者、管理咨询公司从理论和实践角度对其进行了大量深入研究,但仍没有一种公认的、有效的方法来评估企业信息化绩效。目前仍是研究的热点和难点。

二、企业信息化效益的组成

企业信息化效益因素包括直接效益和潜在效益两部分。

1. 直接效益

(1)企业运作过程会产生许多成本,包括制造成本、销售成本、库存成本、管理成本、研发成本等。譬如通过办公自动化系统,实现无纸化,降低办公成本、人力成本;通过虚拟制造、虚拟设计降低产品研发成本。

（2）信息技术使企业效率提高。直接体现就是完成同一工作的单位时间缩短。如果一个企业从供应链开始到将产品销售给客户,通过信息化使整个周期缩短,相关资金周转加快。

2. 潜在效益

（1）资金时间价值是企业信息化带来的潜在价值。成本减少,使可用现金流增加,占用资金减少;效率提高使占用资金周转周期缩短,资金可重复应用频率就增加,资金占用的提前期也将产生新的时间价值。

（2）企业信息化推动企业市场扩大,市场响应速度加快,市场效益增加

（3）企业的社会效应,其中包括对企业形象的提升和对社会的价值增加,从长远上为企业带来不可估量的回报。

三、企业信息化绩效影响因素分析

影响企业信息化绩效的因素包括外部环境因素、信息技术因素、业务管理因素和人员因素四个方面。在企业信息化与四个要素之间,存在着双向互动的耦合关系。一方面,企业信息化实施对行业环境、信息技术的应用和普及、员工的素质及工作技能、业务流程以及组织管理等,都具有广泛而深远的影响;另一方面,企业信息化绩效也受到企业外部经营环境、员工对企业信息化的认知和参与程度、信息技术与业务管理的融合匹配程度等因素的影响和制约。

1. 外部环境因素

是指一个国家的经济制度、经济结构、产业布局、资源状况、经济发展水平以及未来的经济走势等。企业经营环境的变化,原有的管理思想已不能完全满足企业管理的需要,一些新的企业环境的管理思想被提出。同时,反映这一管理思想的信息化管理系统就相应产生,从而也就实现了企业信息化的阶段式演进。在这种以 3C(Customer,Competition,Change)为特征的环境下,面向企业内部的管理理想已难以适应企业管理的需要。

外部环境因素将决定企业的战略选择,进而影响信息化战略的选择与实施。譬如,行业信息化水平直接制约企业对供应链管理软件的应用。外部环境因素大多是间接的对企业信息化应用发挥作用,决定了企业的宏观环境,决定了企业可用的技术。

2. 信息技术因素

信息技术的应用是企业信息化的技术基础,信息技术对企业信息化绩效的影响可以从纵横两个方向来说明。纵向上,从初期的简单事务处理到现代获得竞争优势的支撑技术,其绩效也从简单的提高效率到现在复杂模糊的战略、长期收益。横向上,是企业对信息技术的吸收与应用。纵向上的影响对每个企业基本上都是相同的,同样的技术投资产生不同绩效的原因主要在与各个企业对信息技术的吸收和应用的不同。企业对信息技术的吸收和利用的物化形式主要表现为购买的硬件设施和上马的系统数量等;而深层的利用形式则是和业务管理的融合匹配。

3. 业务管理因素

改善业务管理,增强企业竞争力,提高企业经济效益是应用信息技术的最终目的。企业的

业务管理是信息技术应用的载体,同时也是信息技术输入的接收者和企业最终绩效的输出者。这完全考验企业的"内功",信息技术怎样和业务流程、企业经营管理很好的融合,以发挥信息技术的功效,为企业创造价值,是企业信息化的关键所在。

4. 人员因素

无论怎样的业务流程,无论怎样先进的信息技术,最终必须依靠人员使用以实现其功能。人作为企业信息化的主观能动者,在整个过程中处于主导地位,人的素质及组织的知识水平、业务经验等都对企业信息化绩效有重大影响。实践表明,无论在信息化建设的任何环节和阶段,都需要人来参与和指导信息技术与各方面因素的整体协调,人在这个过程中处于不可替代的主导地位。而在人的因素中,高级决策层的支持、员工的参与尤为重要。

第二节　企业信息化绩效评估方法

关于企业信息化绩效评估方法国外已经进行了大量的研究,随着研究的不断深入完善,催生出众多评估方法。从一开始的简单定性评估,到复杂的定性定量综合评估。总体说来可以分为以下几类。

一、基于财务方法的企业信息化绩效评估

传统财务方法利用财务会计的理论,将企业信息化建设视为投资项目来考察。主要考察净现值(Net-Present-Value,NPV)、投资回报率(Retun on Investment,ROI)、内部收益率(Intenal Rateof Retun,IRR)、总体拥有成本(Total Costof Ownership,TCO)等指标。净现值,是指未来报酬的总现金净流量按照一定的折现系数折现之后与原始投资额现值的差额。投资回报率,是指达产期正常年度利润或年均利润占投资总额的百分比。内部收益率(IRR),是指项目投资实际可望达到的收益率,实质上,它是能使项目的净现值等于零时的折现率。

Gartner 公司的 BillKirwin 等人于 1986 年提出总体拥有成本法(TCO),对拥有设备整个生命周期的所有成本进行计算,包括的内容有:购买、安装、运行、管理、技术支持、维护等,以及其他隐含成本。这样计算的成本远远大于购买的价格,可以很好的控制 IT 投资开销,并将致力于降低维护和支持费用等费用。Gilbert,JillBarson(2003 年)利用 TCO 讨论了信息系统整个生命周期的安装、维护、升级成本。Michael,Ron(2003 年)认为以 TCO 来确认和评估所有相关费用是进行 IT 投资决策的必须。因为 TCO 远大于仅购置设备所花费,而这又是管理者必须考虑的。

Verhoef,C(2005)在修正加权平均资本成本(Weighted Average Cost of Capital,WACC)的基础上,提出信息技术加权平均成本(Weighted Average Cost of Information Technology,WACIT)然后计算 NPV、IRR、ROI 等财务指标来衡量 IT 价值,以修正单纯计算上述指标的局限性。

用财务方法虽然简单易用,但仅用财务指标来评估企业信息化绩效未能考虑信息化的隐性收益以及对企业竞争优势的影响。因此仅用财务指标很难综合、全面反应企业信息化给企

业带来的收益。于是又在此基础上发展出新的评估方法。

二、基于经济学方法的企业信息化绩效评估

经济学方法不仅考虑企业的财务数据,而且考虑对企业整体价值的影响,弥补了财务方法的不足。这类方法很多,主要有以下三种。

(一) EVA 方法

EVA 方法(经济附加值,即 Economic Value Added)由美国顾问公司 Stemstewart 在 1993 年首次提出并迅速在世界范围内获得广泛的运用。它等于税后净经营利润再减去资本(包括债权和股权资本)的成本。简单说就是使用资本必须付费,而且 EVA 为正,公司才真正盈利。该指标的创新之处在于全面考虑了企业的资本成本,同时从企业价值增值这一根本目的出发,促使经理层除了关注收入外还要关注资产,并且强调二者之间的转化关系。

这种方法关注的是信息化在提高企业竞争力、促进企业增长方面的基础作用。针对众多公司外包其 IT 相关活动来创造企业价值和核心竞争力,Viswanadham N. (2005)利用 EVA 进行了分析,并对四家公司进行了实证研究,很难将 rr 投入和企业价值直接联系起来。

(二) TEI 方法

TEI 方法(总体经济影响,即 Total Economic Impact)由 Giga 公司提出,是一种决策支持方法,该方法致力于测量风险和所谓的"柔性",即考虑被直接的成本或收益方法排除在外的延迟收益或者潜在收益。在分析开支时,IT 经理层估算三个核心指标,即成本、收益和柔性,并且确定各方面的风险。成本分析采用类似于 TCO 的方法,收益分析关注项目在 IT 之外的业务价值和策略性贡献。柔性分析主要使用期权方法计算,诸如实物期权评价法(Rov)或 Black-scholes 模型,二者都是对在将来兑现的权利进行评价。该方法适于分析选择两种截然不同的方案。

(三) IE 方法

IE 方法(信息经济学法,即 Information Eeonomics)是利用信息经济学的相关理论与方法对企业信息化绩效进行评估。这种方法对多项目组合进行中立的评估,以使资源分配产生最大的收益。该方法要求 IT 和业务经理对什么是发展重点达成一致的意见并给出优先级别,就项目战略性的商业价值形成更为客观的结论。评估结果就是每个项目都有一个总体相对价值数。信息经济法是一个相对快速确定投资重点的方法,并且可以把 IT 和业务目标结合起来。该方法中的风险分析虽说很主观,但相当细致。

利用经济学方法来评估 IT 绩效还有其他方面,如:Lin winstonT. (2006)利用 CES 生产函数,即固定替代弹性生产函数在公司、产业、地区三个层次通过考察 IT 对技术效率的影响来评估企业信息化的价值,同时进一步讨论了"IT 生产力悖论"的问题,以及 IT 资本和传统资本与人力的替代的可能性。

基于经济学的方法改善了单纯使用财务指标的局限,利用成熟的经济学理论、模型来探讨对信息化绩效的评估,加深了人们对信息化的认识和理解。但总体上,这类方法还是基于投

入—产出关系,更适合于项目决策时的评估。

三、基于数学方法的企业信息化绩效评估

基于数学的方法主要是数据包络分析方法。数据包络分析(DEA,即 Data Envelopment Analysis)是 1975 年由美国著名的运筹学家 A. Chames,W. W. Cooper 和 E. Rhodes 首先提出的,使用数学规划的模型去评估具有多个输入,特别是多个输出的"部门"或"单位"(称为决策单元)间的相对有效性。使用 DEA 对决策单元进行效率评估时,可以得到很多管理信息。DEA 提出后,一直是研究的热门。

Shao Benjamin B. M. (2002),Ross Anthony(2006),Wu Desheng(2006)等都用数学包络分析方法对企业信息化绩效问题做了深入研究。但 Chen Yao 等(2006)认为当前的 DEA 方法模型只能分析多阶段商业过程中特定过程的信息化绩效,对连续阶段则存在限制。于是建立了一个 DEA 非线形规划模型根据 IT 相关资源如何配置来评估每一阶段信息化的绩效。但由于此方法的复杂性,对于非专业人员来说不易操作和使用。

四、综合评估方法

(一) 作业成本计算法

作业成本计算法(activity-based costing,简称 ABC 法)是一种以作业为基础的成本核算制度和成本管理系统,它实现了行为科学和经济学、财务的结合。作业成本法以成本对象(产品、服务、客户等)作业消耗资源为理论原则,以作业为中介,确定成本动因,把资源成本归集到作业上,再把作业成本归集到相应的成本对象上,从而摆脱了传统成本核算无法分配复杂而高额的间接费用和辅助费用的困境,使间接费用和辅助费用分配的更为合理,以便较及时、准确、真实地计算出成本对象的真实成本。再结合其他技术模型来更合理的衡量信息化的绩效。RoZtocki,N(2004)利用作业成本法结合集成价值链模型来评估新兴经济市场信息技术投资的价值。目的是降低成本,改善成本结构,以保持低成本竞争优势。

(二) 平衡记分卡方法

平衡记分卡(BSC,即 Balanced Scorecard Card)源自于哈佛大学教授罗伯特·卡普兰与诺顿研究所的戴维·诺顿于 20 世纪 90 年代所从事的"未来组织绩效衡量方法"研究计划,该计划的目的在于找出超越传统以财务会计量度为主的绩效衡量模式,以使组织的战略能够转变为行动。平衡记分卡推出了一套具体的指标框架体系,包括四个部分:财务维度、客户维度、内部流程维度、学习与成长维度。

财务维度。财务维度是平衡记分卡最后的归宿。是从公司股东的角度来看利润率、企业成长和风险,是衡量企业战略目标最终实现的落脚点。通过努力可以不断改善流程、提高生产率、产品质量、客户满意度等事情,但是这些改善提高如果不能反应到诸如销售收入、经营利润、资本回报等反映企业财务回报的指标上,则不能直接反映出企业利益相关者的收益问题。

财务维度是以结果性财务指标为主要构成的,虽然具有局限性但已经很成熟,而且能够反映企业的战略以及实施和执行是否为最终经营结果的改善做出贡献,直接体现股东的利益。典型的指标可以包括利润率、资本回报率、经济增加值等,需要根据公司的战略目标来确定具体所包括的指标。

客户维度。客户维度主要反映企业创造价值和差异化的战略,体现着公司对外界变化的反应能力。客户是企业利润的源泉,满足客户的需求是企业完成财务目标的保证。因此企业的管理者必须进行有效的市场细分,确定目标客户群,区分现有客户群和潜在客户群。该维度的典型指标包括:产品和服务的质量、顾客满意度、顾客持留、新顾客获得等。这些指标又是内在因果联系的,好的产品和服务质量,可以增加顾客满意度,进而增加顾客持留率和新顾客获得,进而增加市场份额,最后影响企业财务绩效。

内部流程维度。内部流程方面反映了企业各种业务流程满足客户和利益相关者需求的优先战略。内部流程是指企业从输入各种原材料和客户需求到企业创造出对客户有价值的产品或服务为终点的一系列活动,它是企业改善其经营业绩的重点,客户满意和利益相关者价值的实现都要通过内部流程来获得支持。先前不适合财务和客户维度目标的流程应该进行调整优化,以满足当前和将来的需要。

学习和成长维度。学习和成长维度主要反映企业如何创造一种支持企业变化、革新和成长的氛围。目标是为达到上述三个维度的目标和实现长期成长而在员工、系统以及组织程序方面提供良好的基础设施。这个角度主要是评估企业获得持续发展的能力,强调员工满意度、员工的培训和技能,因为员工素质的提高是企业的无形资产,对企业的未来成长具有重大影响。而且从长远角度来看,企业唯有不断学习和创新,才能实现长远的发展。学习和成长目标是使公司实现上述三项目标和取得良好的绩效的推动力量。在目前日益激烈的竞争市场环境里,公司的学习和创新能力是决定公司竞争力的关键因素。

平衡记分卡是作为基于战略的评估、管理系统,以战略为出发点,针对以财务指标为归宿,同时它强调非财务指标的重要性。其核心思想是通过财务、客户、内部流程和学习与成长四个维度间的相互驱动的因果关系来展现组织的战略轨迹。以上四个方面存在着深层的内在联系:企业良好的财务利益将更多来源于客户的满意程度;而企业只有提高内部流程能力才能为客户提供更大的价值,最大地满足客户的需要;内部流程能力的提升则要以学习与成长为基础。

第三节　服装企业信息化绩效评价体系

一、企业信息化效能指标

围绕全面提高企业管理水平和整体竞争能力,构筑科学的指标体系和评价方法,从适宜度、灵敏度、效能测度的独特角度切入,全方位深入评价,解决了当前企业信息化评价面临难以确定信息化投入和产出之间逻辑关系的问题。

"企业信息化测评指标体系"已经在 863 项目"中国制造业信息化指数"和"中国企业信息化500 强"评选中成功应用。以下介绍国家信息化测试中心推出的"企业信息化效能指标构成方案"。

（一）企业信息化效能指标设计原则

1. 功能性

企业信息化补充指标与企业信息化基本指标互相联系又相对独立,基本指标主要适用于政府、社会对企业信息化基本状况的普测、监测;补充指标是测量、评价企业信息化所达到的实际效果的评价系统,因而又称效能指标。补充指标与基本指标、评议指标一起,用于企业信息化水平的测定、评级、认证等。

2. 目的性

把企业信息化引导到有效益、有竞争力和可持续发展的方向上来;使企业信息化配合企业总体战略;使企业领导正确认识和正确实施所在企业的信息化工作,讲求实效,避免浪费。

3. 可操作性

易懂,易用,易推广。

4. 参考标杆值系统进行信息化水平评价

（二）企业信息化效能指标（表 6-1）

表 6-1　企业信息化效能指标

序号	一级指标	二级指标	三级指标	指标解释	指标内容构成举例
1	适宜度	战略适宜度	企业战略匹配度	企业信息化战略与企业战略之间配合协调程度	主营业务相关度等
2			技术战略适宜度	企业信息化技术战略与技术环境之间的配合协调程度	战略性合作伙伴的信息技术战略等
3		应用适宜度	管理信息化应用适宜度	管理信息化水平的合理性	营销管理应用的深度、广度等
4			数据库应用适宜度	数据库应用的合理性	数据库整合的领域等
5			安全应用适宜度	企业信息安全状况的合理性	安全费用等
6		投资适宜度	投资理念适宜度	企业主要领导对企业信息化的正确认识水平	投资的价值导向等
7			投资力度适宜度	反映企业信息化投资力度的合理性	投资规模等
8			客户价值适宜度	反映信息化投资给上下游及最终客户带来的实际价值水平	客户满意度等
9		资源匹配适宜度	信息化的投入结构适宜度	反映信息化投入在各要素之间分配状况的合理性	培训费用等
10			人力资源结构适宜度	反映信息化人力资源结构的合理性	员工结构、CIO 的业务背景等
11			系统运行协调度	反映系统运行状况和功能发挥状况的合理性	信息系统平均无故障运行时间等
12		组织、文化适宜度	企业组织的网络化程度	反映企业结构的合理性和企业行为的网络化状况合理性	信息化管理部门的设置、产品编码标准化状况等
13			企业文化适宜度	反映企业文化对企业信息化支持程度	管理科目编码标准化状况、员工学习状况等

续表

序号	一级指标	二级指标	指标解释	指标内容构成举例
14	灵敏度	信息灵敏度	反映企业收集各种外部信息的渠道、手段和速度水平	终端顾客信息反馈速度、数据挖掘状况等
15		管理运行灵敏度	反映企业管理运行的智能和速度水平	虚拟财务决算速度等
16		对外反应灵敏度	反映企业对外反应的智能、广度和综合速度水平	企业定制化水平、客户服务电话拨通率等
17		创新灵敏度	企业创新能力	产品创新灵敏度等

（三）效能指标计算方法

企业信息化效能指标，是反映和评价企业信息化实效的一套评价指标体系，包含适宜度和灵敏度两大类指标。适宜度指标，主要从"是否合理"的角度，考察企业在信息化过程中的行为和状况，主要计算方法是通过考察企业的实际情况与标杆值的相似度，判断其是否适宜。

企业信息化效能指标的标杆值，是一套"标杆值"体系，根据企业所处的行业、规模和发展阶段的不同，评价其信息化实效的标杆值也各不相同。中国企业信息化标杆企业库，是"标杆值"体系的一个重要参考系统。

灵敏和有活力，是企业信息化的最重要目标之一，灵敏度指标，通过考察其灵敏程度的水平及质量，判断其得分。

效能指标总分，是适宜度和灵敏度得分的综合。

二、企业信息化绩效评估指标体系

根据国家信息化测试中心发布的企业信息化指标体系，分为 6 个一级指标，21 个二级指标，详细如下。

（一）企业信息化指标体系的设计原则

1. 目的性

企业信息化指标体系的设计，从"以信息化带动工业化"的战略任务出发，旨在引导企业信息化建立在有效益、务实、统筹规划的基础上。指标体系为政府了解企业信息化应用情况和进行相关决策服务，为企业提高信息化水平服务，从领导、战略、应用、效益、人力资源、信息安全等多个方面，引导中国企业信息化健康发展。

2. 简约性

尽量选取较少的指标反映较全面的情况，为此，所选指标要具有一定的综合性，指标之间的逻辑关联要强。

3. 可操作性

所选取的指标应该尽量与企业现有数据衔接，必要的新指标应定义明确，便于数据采集。

4. 可延续性

所设计的指标体系不仅可在时间上延续，而且可以在内容上拓展。

（二）企业信息化基本指标(表 6-2)

表 6-2　企业信息化基本指标

序号	一级指标	二级指标	指标解释	指标数据构成
1	战略地位	信息化重视度(分)	反映企业对信息化的重视程度和信息化战略落实情况	企业信息化工作最高领导者的地位；首席信息官(CIO)职位的级别设置；信息化规划和预算的制定情况
2	基础建设	信息化投入总额占固定资产投资比重(%)	反映企业对信息化的投入力度	软件、硬件、网络、信息化人力资源、通讯设备等投入
3		每百人计算机拥有量(台)	反映信息化基础设施状况	大、中、小型机；服务器；工作站；PC 机
4		网络性能水平(分)	反映信息化基础设施状况	企业网络的出口带宽
5		计算机联网率(%)	反映信息化协同应用的条件	接入企业内部网的计算机的比例
6	应用状况	信息采集的信息化手段覆盖率(%)	反映企业有效获取外部信息的能力	采集政策法规、市场、销售、技术、管理、人力资源信息时信息化手段的应用状况
7		办公自动化系统应用程度(分)	反映企业在网络应用基础上办公自动化状况	是否实现了日程安排、发文管理、会议管理、信息发布、业务讨论、电子邮件、信息流程的跟踪与监控等
8		决策信息化水平(分)	信息技术对重大决策的支持水平	是否有数据分析处理系统，方案优选系统、人工智能专家系统等
9		核心业务流程信息化水平(分)	核心业务流程信息化的深广度	主要业务流程的覆盖面及质量水平
10		企业门户网站建设水平(分)	反映企业资源整合状况	服务对象覆盖的范围；可提供的服务内容
11		网络营销应用率(%)	反映企业经营信息化水平	网上采购率；网上销售率
12		管理信息化的应用水平(分)	反映信息资源的管理与利用状况	管理信息化应用覆盖率及数据整合水平
13	人力资源	人力资源指数(分)	反映企业实现信息化的总体人力资源条件	大专学历以上的员工占员工总数的比例
14		信息化技能普及率(分)	反映人力资源的信息化应用能力	掌握专业 IT 应用技术的员工的比例；非专业 IT 人员的信息化培训覆盖率
15		学习的电子化水平(分)	反映企业的学习能力和文化的转变	电子化学习的员工覆盖率；电子化学习中可供选择的学习领域
16	安全	用于信息安全的费用占全部信息化投入的比例(%)	反映企业信息化安全水平	用于信息安全的费用包含软件、硬件、培训、人力资源支出
17		信息化安全措施应用率(%)	反映企业信息化安全水平	信息备份、防非法侵入、防病毒、信息安全制度与安全意识培养等措施的应用状况

续表

序号	一级指标	二级指标	指标解释	指标数据构成
18	效益指数	库存资金占用率（%）	反映企业信息化效益状况	库存平均占用的资金与全部流动资金的比例
19		资金运转效率（次/年）	反映企业信息化效益状况	企业流动资金每年的周转次数
20		企业财务决算速度（日）	反映企业信息化响应水平	从决算指令的发出到完成一次完整的企业决算所需的最短时间
21		增长指数	反映企业绩效	销售收入增长率、利润增长率

（三）企业信息化基本指标计算方法

企业信息化基本指标可以根据指标加权获得无量纲化总指数，反映企业信息化基本发展状况。具体权重根据德尔菲法、层次分析法，结合政策导向确定。

企业信息化基本指标的计算方法如下：

1. 信息化重视度（分）

（1）企业信息化工作最高领导者的地位：最高领导者是一把手，得 100 分；是二把手，得 70 分；是三把手，得 50 分；是部门领导得 30 分。

（2）首席信息官（CIO）职位的级别设置：

① 正式设置 CIO 职位，得 50 分，否则得 0 分。

② CIO 的职位级别处于企业最高层，得 50 分，处于中层，得 25 分。

计算方法：①项得 0 分，则要素得总分为 0，否则，将①和②的得分相加。

（3）信息化规划和预算的制定情况

① 单列信息化规划，得 50 分，分散在总体规划中，得 25 分，无成文的信息化规划，得 0 分。

② 单列信息化预算，得 50 分，分散在总体预算中，得 25 分，无成文的信息化预算，得 0 分。

计算方法：将①和②得得分相加。

本指标总分：（1）、（2）、（3）的得分相加除以 3。

2. 信息化投入总额占固定资产投资比重（%）

信息化投入总额的计算口径包含软件、硬件、网络、信息化培训、聘用专业 IT 技术人员发生的直接费用、通讯设备、维护费用投入。本指标的得分由以下公式计算（总分最高为 100 分）：

$$\frac{近3年平均的本企信息化投入占固定投比重}{50\%}\times100$$

企业成立时间少于 3 年的，可以按照实际成立时间计算。

3. 每百人计算机拥有量（台）

计算机拥有量的计算口径为：能够正常运转的大、中、小型机以及服务器和工作站，并包括主频在 75MHz（含）以上的 PC 机。本指标得分由以下公式计算（总分最高为 100 分）：

$$\frac{本企业拥有的能够正常运转的计算机总量}{员工总数}\times100$$

4. 网络性能水平(分)

企业网络的出口带宽小于 128K(含)得 30 分,在 128K~512K(含)之间得 50 分,在 512K~2M(含)之间得 70 分,在 2M~10M(含)之间得 80 分,在 10M 和 100M(含)之间得 90 分,在 100M 以上得 100 分。

通过调制解调器(ISDN)和普通电话上网,带宽在 128K(含)以下,即使可以同时开辟多个联接通道,得分依然按 30 分计。

5. 计算机联网率(%)

计算机的统计口径与指标 3 相同。本指标得分由以下公式计算:

$$\frac{接入企业内部网的计算机总量}{本企业拥有的能够正常运转的计算机总量} \times 100$$

6. 信息采集的信息化手段覆盖率(%)

企业在进行政策法规、市场、销售、技术、管理、人力资源等 6 个领域的信息采集时,信息化手段占有重要位置的,每覆盖一个领域得 16 分,全部覆盖,得 100 分。

7. 办公自动化系统应用程度(分)

本指标计分方法:

如果没有建立基于 Intranet/Extranet 的企业网,得 0 分。

在具备基于 Intranet/Extranet 的企业网的基础上,实现信息流程的跟踪与监控的得 5 分,实现面向外部的电子公文交换的得 5 分,每实现一个其他功能(见下列举)得 1 分,总分乘以 3.85,满分为 100 分。

其他功能包括文档共享、收文管理、发文管理、会议管理、签报管理、周报(月报)管理、信息集成、信息发布、业务讨论、电子邮件、个人数据管理、档案管理、人力资源管理、固定资产管理、日程安排、决策支持(具备数据库、模型库和方法库)等。

8. 决策信息化水平(分)

本指标为定性考核指标,初级水平为 50 分,中级水平为 80 分,高级水平为 100 分。级别划分标准如下:

初级水平:通过信息资源的开发利用,能为企业决策提供初步支持。

中级水平:能开展数据分析处理,对各种决策方案进行优选,为企业决策提供有力的辅助支持。

高级水平:采用人工智能专家系统,进入管理决策智能化。

9. 核心业务流程信息化水平(分)

本指标为综合考核指标,初级水平为 50 分,中级水平为 80 分,高级水平为 100 分。级别划分标准如下:

初级水平:信息化覆盖部分主要业务流程,业务流程自身及业务流程之间的信息流通不畅,在主要业务流程方面存在比较严重的信息孤岛现象。

中级水平:信息化覆盖 80% 以上的主要业务流程,并能实现及时充分的数据共享。

高级水平:主要业务流程全部实现最优控制。

10. 企业门户网站建设水平(分)

指标得分计算方法:

① 对以下服务对象覆盖一个得 1 分,总分乘以 7.2,满分 50 分。

服务对象列表:企业员工、招聘对象、管理者、决策者、最终客户、供应商、其他合作伙伴。

② 对以下服务功能覆盖一个得 1 分,总分乘以 6.25,满分 50 分。

服务功能列表:信息发布、网上采购、网上销售、客户网上自助服务、员工入口、移动商务、消息自动传送、业务报警功能。

指标总分为两者之和。

11. 网络营销应用率(%)

经电子商务产生的销售额/采购额占总销售额/采购额的比例。

计算口径:以下两点满足其一,即认为是经电子商务产生的销售额/采购额。

① 线上沟通并达成交易。

② 采取在线支付方式。

$$网上售率 = \frac{年子商生的售}{全年售}\%$$

$$网上采率 = \frac{年子商生的采}{年全部采}\%$$

指标得分 = 网上采购率 × 50 + 网上销售率 × 50

12. 管理信息化的应用水平(分)

① 管理信息化的应用覆盖率,计分方法:覆盖 1 项加 1 分,结果乘以 6.25。

管理信息化的应用领域包括:财务管理、购销存管理、生产制造管理、分销管理、客户关系管理、人力资源管理、商业智能、电子商务等。

② 管理信息化的数据整合水平,计分方法:以下数据库,有 2 个实现共享为 2 分,3 个实现共享为 3 分,依次类推;结果乘以 6.25。

数据库包括:财务、购销存、生产制造、分销、客户关系、人力资源管理、商业智能、电子商务等。

指标总分为①和②的分数相加。

13. 人力资源指数(分)

指标分值 = 有大专(含)以上学历的员工数占员工总数的百分比 × 100

14. 信息化技能普及率(分)

指标由 2 部分构成,指标得分计算方法如下:

① 掌握专业 IT 应用技术的员工的比例,指掌握专业 IT 技术得员工占全部正式员工的比例。计分方法:

该比例大于 15%,得 35 分,10%～15%,得 28 分,5%～10%,得 24 分,3%～5%,得 17 分,1%～3%,得 10 分,1% 以下,得 5 分。

② 管理层非专业 IT 人员的信息化培训覆盖率,统计口径为:管理层包含高层管理者、中层管理者和基层管理者,需接受过 2 小时以上的正式培训,方可进入培训覆盖的范围。计分方法:

管理层非专业 IT 人员的信息化培训覆盖率(%) × 65

指标总分为以上两部分分值之和。

15. 学习的电子化水平(分)

① 电子化学习的员工覆盖率,计分方法:

$$\frac{\text{正式与企的子化目的工量}}{\text{企全部工的量}} \times 50$$

② 电子化学习中,可供选择的学习领域的覆盖率,计分方法,以下各选项有 1 项加 1 分,总分乘以 7.2,满分 50 分。

选项包括:管理、营销、财务、企业文化等、生产及工作技术、技能、规章制度等。

指标总分为以上两部分分值之和。

16. 用于信息安全的费用占全部信息化投入的比例(%)

计算口径:用于信息安全的费用包含安全软件、安全硬件、信息安全培训、信息安全人力资源支出。

指标分值计算方法:该比例大于 30%,得 100 分,20%~30%,得 90 分,15%~20%,得 80 分,10%~15%,得 70 分,5%~10%,得 50 分,5% 以下,得 20 分。

17. 信息化安全措施应用率(%)

本指标计分方法:重视员工安全意识的培养及制定严格的员工信息安全制度,得 2 分,每采取一个其他安全措施,加 1 分,结果乘以 7.6,满分 100 分。其他安全措施包括:

① 本地实时备份。

② 本地定时备份。

③ 异地实时备份。

④ 异地定时备份。

⑤ 拥有 2 个(含)以上的 ISP。

⑥ 安装了防火墙。

⑦ 安装了企业级杀毒软件,并严格按照供应商要求按时升级。

⑧ 全面安装了单机版杀毒软件,并严格按照供应商要求按时升级。

⑨ 安装了邮件加密系统。

⑩ 建立了虚拟专用网。

⑪ 档案服务器、网络服务器、防火墙等网络流量相关的设备有备份。

18. 库存资金占用率(%)

数据采集的跨度不得超过 3 年。

$$\text{库存资金占用率} = \text{库存平均占用的资金} / \text{全部流动资金}$$

库存资金占用率降低的计算方法:

$$\frac{\text{信息化施前存金占用率} - \text{信息化施后存金占用率}}{\text{信息化施前存金占用率}}$$

指标分值:库存资金占用率降低 80% 以上得 100 分,降低 60% 以上得 80 分,降低 50% 以上得 60 分,降低 20% 以上得 20 分,降低 20% 以下得 0 分。

19. 资金运转效率(次/年)

数据采集的跨度不得超过 3 年。

企业流动资金每年的周转次数增长幅度的计算方法：

$$\frac{信息化施后企流金每年的周次}{信息化施前企流金每年的周次}$$

指标分值：企业流动资金每年的周转次数是原来的 5 倍以上得 100 分，3～5 倍得 80 分，2～3 倍得 60 分，1～2 倍得 20 分。

20. 企业财务决算速度(日)

此项指标考察企业实现一次完整的虚拟财务决算所需要的时间。

指标得分计算方法：实现 24h 以内完成决算为 100 分；1 日至 10 日为 80 分；10 日至 20 日为 60 分；20 至 30 日为 30 分，30 日以上为 0 分。

21. 增长指数

本指标为综合考核指标，是根据现阶段对信息化的认识制定的重要参考指标。

本指标考察企业自身销售收入的增长比率、企业自身利润的增长比率、行业平均销售收入增长比率、行业平均利润增长比率以及它们之间的关系。

通过对企业自身发展变化的考察，以及与同期行业状况的比较，判断企业信息化在相关方面带来的影响。

计算方法：

$$增长指数 = K_1 \times \frac{企业自身销售收入增长率 - 行业平均销售收入增长率}{行业平均销售收入增长率} +$$

$$K_2 \times \frac{企业自身利润增长率 - 行业平均利润的增长率}{行业平均利润增长率} +$$

$$K_3 \times 企业自身的销售收入增长比率 + K_4 \times 企业自身利润的增长比率$$

K1、K2、K3、K4 为各项的系数，具体数值以另发的形式落实。

考察期限为近 3 年，企业成立时间少于 3 年的，可以按照实际成立时间计算。

(说明：以上各指标的计算方法中，在表达上如存在时间段等数据区间，除非特别说明，则包含数据的上限，不包含下限，如"2%—5%"意味着包含 5%，不包含 2%。)

企业信息化基本指标总分计算方法：

$$I = \sum (Pi * Wi)$$

i 表示指标体系的总得分；Pi 表示第 i 个指标的得分，各指标得满分都是 100 分；Wi 表示第 i 个指标的权重，所有指标权重的和为 100%。

权重表将基本指标划分成 5 个大类，每一类的权重设计如下：

战略地位：10%；基础建设：20%；应用状况和效益指数：50%；人力资源：15%；安全：5%。

各个指标的具体权重，以权重表(另发)形式落实。

参考文献

［1］张鸿志.服装 CAD 原理与应用［M］,北京:中国纺织出版社,2005,2,3.

［2］徐军.虚拟三维服装研究技术及发展［J］.上海纺织科技,2002,30(3).

［3］徐继红.三维服装技术现状综述［J］.扬州职业大学学报,6(1).

［4］赵错平等.服装技术发展与展望［J］.天津纺织工学院学报,19(5).

［5］刘哲,汪秀琛.服装 CAD 应用推广研究［J］.上海纺织科技,2004,32(2).

［6］徐美玲.CAD 在服装业中的应用和发展［J］.纺织导报,2002,(2).

［7］郑秋霞,冯雪芬.服装 CAD 应用分析［J］.太原科技,2009,6:69-70.

［8］冯洁.我国服装 CAD 市场现状分析［J］.天津纺织科技,2006,3:5-7.

［9］王璞.企业信息化咨询实务［M］.北京:中信出版社.2004.

［10］王祺明.服装业三维人体测量技术的方法和现状分析［J］.绍兴文理学院学报,2002,(4):66-69.

［11］肖正扬,陶恒学,杨继新,等.基于数字化立体裁剪的人体非接触式测量技术［J］.组合机床与自动化加工技术,2001,(11):45-47.

［12］刘卉,许瑞清,陈纯.服装 CAD 综述［J］.计算机辅助设计与图形学学报,2000,(6):476-478.

［13］周旭东,李艳梅.人体三维测量技术分析［J］.上海纺织科技,2002,(6):58-59.

［14］(英)斯蒂芬·格瑞著,张辉,张玲译.服装 CAD/CAM 概论［M］.北京:中国纺织出版社,2000.

［15］陆永良,李汝勤,胡金莲.虚拟服装的发展趋势和现状［J］.纺织学报,2005,(1):132-134.

［16］范福军.服装 CAD 系统在服装行业中的应用探讨——服装 CAPP 的开发与应用［J］.四川丝绸,2004,(3):40-43.

［17］黄灿艺.服装 CAPP 的发展现状与趋势［J］.轻纺工业与技术,2011(2):34-35.

［18］王萍.计算机辅助工艺设计(CAPP)在服装上的应用［J］.轻纺工业与技术,2012,(4):93-94.

［19］丁文捷.服装 CAPP 导航工具设计［J］.中国制造业信息化,2007,(15):12-15.

［20］魏静,欧力,邢旭佳.论服装 CAPP 与 IE［J］.纺织学报,2008,(2):110-113.

［21］金春来.信息技术在服装生产管理中的应用［J］.丝绸科技,2012,(3):38-40.

［22］黄洁.探究 PLM 在国内服装企业的发展趋势［J］.山东纺织经济,2009,(2).

［23］朱浩,尹泽勇,刘建武等.PLM 的内涵和功能分析［J］.中国制造业信息化,2004,33(7).

［24］崔剑,蔡敏,丁祥海.服装企业的 PLM 客户需求信息模型［J］.纺织学,2010,31(4).

[25] 周莉.基于 PLM 的服装企业信息化整体解决方案研究[D],2005.

[26] 纪鹏.张红华.基于 PLM 的服装企业信息化系统分析[J].现代商贸工业 2009,21(21).

[27] 朱广舟,薛嘉雯.Zhu Guangzhou.Xue Jiawen PLM 及其在服装企业的应用[J].国际纺织导报,2009,37(3).

[28] 斯达克(Stark.J.),杨青海.产品生命周期管理[M].机械工业出版社,2008.

[29] 宋惠景,万志琴.服装生产筹划与组织[M].中国纺织出版社,2001.

[30] 黄喜蔚等.服装生产管理[M].中国纺织出版社,2006.

[31] 葛玉珍.现代服装 ERP 系统研究[D].天津工业大学,2010.

[32] 徐清清.数字化服装设计与管理[M].北京:中国纺织出版社,2006.

[33] 葛玉珍.服装生产企业的 ERP 系统架构[D].武汉理工大学,2012.

[34] 陈哲,喻芳.服装企业 ERP 的系统功能分析[J].山东纺织经济,2003,(4):39-41.

[35] 杨德宏,李玲.客户关系管理成功案例[M].北京:机械工业出版社,2002.

[36] 罗琴.DJ 服装公司供应链生产计划与控制研究[D].北京:北京交通大学,2007.

[37] 裘建新,张曼.服装大批量定制配置技术体系研究[J].上海纺织科技,2009,37(7):11-14.

[38] 周玉清,刘伯莹,周强.解读 ERP[M].天津:天津大学出版社,2003.

[39] 斯蒂芬·哈伍德.ERP 实施流程:企业如何实施 ERP[M].北京:清华大学出版社,2005.

[40] 李敏,石旭光.基于时间竞争的服装生产工艺与组织方式[J].纺织学报,2007,28(06):123-127.

[41] 范丹丹.生产计划智能调度及其在服装 ERP 中的应用[D].东华大学,2004.

[42] 牟世超等.企业信息化建设的对策与建议[J].中国纺织,2001,(1):19-21.

[43] 黄燕敏.计算机技术与服装业的结合[J].苏州丝绸工学院学报,2000,(02).

[44] 端传海,蔡启明.服装供应链快速反应机制研究[J].商业时代,2006,(34):20-21.

[45] 廖春艳,陈超凡.服装业供应链管理现状分析及对策研究[J].物流科技,2010,(7):68-69.

[46] 曾宪萍.基于服装企业的供应链管理研究[J].现代商贸工业,2012,(16):55-56.

[47] 赵红梅.服装供应链管理的研究现状及其发展趋势[J].价值工程,2009,(2):72-73.

[48] 王丽霞.CRM 在我国服装行业中的应用[J].广西轻工业,2008,24(3).

[49] 方芳,刘大有,王新华.电信 CRM 技术发展研究[J].计算机工程,2010,36(5).

[50] 陈瑀.服装公司客户关系及生产管理系统设计与实现[D].北京工业大学,2010.

[51] 佟婷,翁钢民.国内外客户关系管理研究综述[J].现代管理科学,2006,(10).

[52] 谷再秋,于福.客户关系管理(CRM)系统功能分析[J].中国管理信息化,2009,12(12).

[53] 李敏.面向定制化的我国服装企业的客户关系管理研究[D].中国海洋大学,2011.

[54] 岳鹏,刘淑娟.数据仓库和 OLAP 技术在 CRM 投诉分析中的应用研究[J].电子测试,2012,(2).

[55] 殷存举.数据挖掘技术在服装生产企业 CRM 构建中的应用研究[D].苏州大学,2009.

[56] 郭佳.数据挖掘技术在企业客户关系管理(CRM)中的应用[J].制造业自动化,2012,34(3).

[57] 宋淑芳.网络环境下纺织服装企业 CRM 系统的研究与开发[D].天津工业大学,2008.

[58] 唐敏,刘红平.信息技术在 CRM 中的应用研究[J].西南农业大学学报,2006,28(3).

[59] 毛燕军.基于服装专业市场电子商务构建的研究[J].信息与电脑,2012,02:64-68.

[60] 钱超琳,胡淑云,洪逸勤,吴冷.电子商务在服装业的应用调研及分析[J].电子商务,2012,07:18-20.

[61] 刘纪元.电子商务发展的新阶段——移动电子商务[J].学园(教育科研),2013,01:26-27.

[62] 高原.浅谈服装零售业电子商务应用模式[J].现代营销(学苑版),2012,05:182-182.

[63] 张海波,张艾莉,郭平建.浅析我国服装电子商务应用的现状和发展趋势[J].商场现代化,2009,30:24-25.

[64] 肖慧慧,王小军.服装电子商务发展趋势的战略研究[J].电子商务,2011,04:59-60.

[65] 任力,赵妍.我国高校服装电子商务人才的培养[J].浙江理工大学学报,2012,29:923-927.

[66] 张大志.服装电子商务的未来 线上线下融合是大趋势吗?[J].中国服饰,2012,07:94-95.

[67] 夏冬胜.我国中小服饰企业电子商务发展的影响因素及策略分析[D].暨南大学,2011.

[68] 张晓倩,徐园园,顾新建等.服装电子商务[M].北京:中国纺织出版社,2007.

[69] 谢红等.服装快速反应系统[M].中国纺织出版社,2008.

[70] (美)大卫·辛奇-利维,菲利普·卡明斯基著;季建华,邵晓峰译.供应链设计与管理——概念、战略与案例研究[M].北京:中国财政经济出版社,2004.

[71] 梅绍祖,James T.C.Teng 著.流程再造——理论、方法和技术[M].北京:清华大学出版社,2004.

[72] Thomas A Curran,Andrew Ladd 等.SAP 业务蓝图:理解供应链管理[M].朱岩,肖勇波译.北京:中国人民大学出版社,2003.

[73] 关志民,陈晓东等.企业重组咨询方法论及其应用[M].北京:中国物资出版社,2004.

[74] 张凯编.信息资源管理[M].北京:清华大学出版社,2005.

[75] 陈庄,杨立星等.ERP 原理与应用教程[M].北京:电子工业出版社,2003.

[76] 霍国庆等.企业信息资源集成管理战略理论与案例[M].北京:清华大学出版社,2004.

[77] 宁俊.服装企业信息化[M].北京:中国纺织出版社,2005.

[78] 田也壮等.企业信息化与先进管理模式[M].北京:科学出版社,2005.

[79] 中国国家企业网编,全国企业信息化工作领导小组办公室审定.企业信息化优秀案例及解决方案选[M].北京:经济科学出版社,2002.

[80] 彭一.信息化主管案头手册[M].北京:机械工业出版社,2004.

[81] 李清,陈禹六.企业信息化总体设计[M].北京:清华大学出版社,2004.

[82] 王璞.企业信息化咨询实务[M].北京:中信出版社,2004.